Soziale Isolation und psychische
Erkrankung im Alter

Campus Forschung
Band 352

Ute Sosna, Dr. phil., ist seit 1976 wissenschaftliche Mitarbeiterin am Zentralinstitut für Seelische Gesundheit in Mannheim.

Ute Sosna

Soziale Isolation und psychische Erkrankung im Alter

Eine medizinsoziologische Felduntersuchung

Campus Verlag
Frankfurt/New York

CIP-Kurztitelaufnahme der Deutschen Bibliothek

Sosna, Ute:
Soziale Isolation und psychische Erkrankung im Alter :
e. med.-soziolog. Feldunters. / Ute Sosna. –
Frankfurt/Main ; New York : Campus Verlag, 1983.
  (Campus : Forschung ; Bd. 352)
  ISBN 3-593-33271-X

NE: Campus / Forschung

Alle Rechte, insbesondere das Recht der Vervielfältigung und Verbreitung
sowie der Übersetzung, vorbehalten. Kein Teil des Werkes darf in irgendeiner
Form (durch Photokopie, Mikrofilm oder ein anderes Verfahren) ohne
schriftliche Genehmigung des Verlages reproduziert oder unter Verwendung
elektronischer Systeme verarbeitet, vervielfältigt oder verbreitet werden.
Copyright © 1983 bei Campus Verlag GmbH, Frankfurt/Main
Umschlaggestaltung: Eckard Warminski, Frankfurt/Main
Druck und Bindung: difo-druck, Bamberg
Printed in Germany

INHALTSVERZEICHNIS

1.	EINLEITUNG	9
2.	THEORETISCHER HINTERGRUND UND STAND DER FORSCHUNG	13
2.1.	Soziale Umwelt und Krankheit	13
2.1.1.	Sozialmedizin: Öffentliche Gesundheitspflege und präventive Medizin	13
2.1.2.	Der epidemiologische Forschungsansatz	16
2.1.3.	Erkrankung als soziales Phänomen: der 'strukturell-funktionale' und der 'labelling'-Ansatz einer Theorie abweichenden Verhaltens	17
2.2.	Soziale und somatische Korrelate psychischer Erkrankung	22
2.2.1.	Geschlecht, Alter und psychische Erkrankung	22
2.2.2.	Körperlicher Gesundheitszustand, körperliche Behinderung und psychische Erkrankung	23
2.2.3.	Sozialschicht und psychische Erkrankung	25
2.2.4.	Isolierende Lebensereignisse und psychische Erkrankung	30
2.3.	Der Begriff soziale Isolation und seine Bedeutung für psychische Erkrankung	31
2.3.1.	Soziale Isolation und Anomie als Kontextvariablen: der sozialökologische Forschungsansatz	35
2.3.1.1.	Untersuchungen über Patienten psychiatrischer Einrichtungen	35
2.3.1.2.	Sozialpsychiatrische Feldstudien	38
2.3.2.	Soziale Isolation als Alleinleben und Kontaktmangel	39
2.3.3.	Soziale Isolation als Mangel an unterstützenden Beziehungen	43
2.3.4.	Soziale Isolation als Abweichung von Gruppennormen: 'alienation' und 'anomia'	48
2.3.5.	Subjektive und emotionelle Erlebnisse: Einsamkeit	52
2.4.	Soziale Isolation als Merkmal älterer Menschen: Aktivitäts- gegenüber Disengagementtheorie	53

2.5.	Eine frühere Untersuchung psychischer Erkrankungen bei älteren Menschen in Mannheim	55
3.	FORSCHUNGSZIELE, -DESIGN UND -METHODEN	59
3.1.	Fragestellung und wichtigste Arbeitshypothesen	59
3.2.	Zum Aufbau eines kausalen Modells	61
3.3.	Forschungsplan und -methoden	63
3.3.1.	Untersuchungsrahmen und Stichprobenziehung	64
3.3.2.	Das soziologische Meßinstrument	67
3.3.2.1.	Indizes sozialer Isolation	68
3.3.2.2.	Sozialschicht-Indizes	78
3.3.2.3.	Weitere wichtige Lebensumstände	80
3.3.3.	Das psychiatrisch-medizinische Meßinstrument	81
3.4.	Modellbildung für die Pfadanalyse	82
4.	DURCHFÜHRUNG DER UNTERSUCHUNG	99
4.1.	Pilotuntersuchung	99
4.2.	Ablauf der Hauptfelderhebung	102
4.2.1.	Kontaktaufnahme mit den Probanden	102
4.2.2.	Durchführung des Interviews	103
4.3.	Auswertungs- und Analyseverfahren	103
5.	ERGEBNISSE	107
5.1.	Die Untersuchungsstichprobe: Erfolgsquote und Repräsentativität	108
5.2.	Verteilung von psychischer Erkrankung in der Untersuchungsstichprobe	111
5.3.	Zusammenhang der Häufigkeit psychischer Erkrankung mit somatischen und soziodemographischen Variablen	113
5.3.1.	Körperliche Behinderung und psychische Erkrankung	113
5.3.2.	Alters- und Geschlechtsverteilung psychischer Erkrankung	114
5.3.3.	Sozialschicht, psychische Erkrankung und körperliche Behinderung	117
5.3.4.	Familienstand und psychische Erkrankung	122
5.3.5.	Verteilung von psychischer Erkrankung über die statistischen Bezirke und ihr Zusammenhang mit Kontextvariablen	123
5.4.	Zusammenhänge zwischen den Indizes sozialer Isolation in der Untersuchungsstichprobe	125
5.4.1.	Einzelfallbeispiele	125
5.4.2.	Statistische Zusammenhänge	132
5.5.	Verteilung der Indizes sozialer Isolation in der Untersuchungsstichprobe	133

5.6.	Soziale Isolation und psychische Erkrankung	141
5.6.1.	Einzelfallbeispiele	141
5.6.2.	Zusammenhänge zwischen den einzelnen Indizes sozialer Isolation und psychischer Erkrankung	151
5.6.3.	Einfluß von Moderatorvariablen auf die Zusammenhänge zwischen sozialer Isolation und psychischer Erkrankung	157
5.7.	Multivariate Überprüfung der Zusammenhänge zwischen sozialen Variablen und psychischer Erkrankung mit Hilfe der Pfadanalyse	165
5.7.1	Vorgehensweise und Probleme bei der Prüfung der Modelle	165
5.7.1.1.	Das Skalenniveau	166
5.7.1.2.	Entscheidungskriterien für die Falsifizierung der modifizierten Modelle	166
5.7.1.3.	Die Zerlegung der Wirkung von Variablen	167
5.7.2.	Die modifizierten Modelle: Die Wirkung von sozialen Variablen auf psychische Erkrankung und soziale Isolation	168
5.7.2.1.	Effekte auf funktionelle psychische Erkrankung	177
5.7.2.2.	Effekte auf organisches Psychosyndrom	177
5.7.2.3.	Effekte auf Einsamkeitsgefühle	178
5.7.2.4.	Effekte auf 'anomia'	179
5.7.2.5.	Effekte auf Hilfs- und Unterstützungsmöglichkeiten	180
5.7.2.6.	Effekte auf Sozialkontakthäufigkeit	181
5.7.2.7.	Modelle mit Interaktionstermen	181
5.7.2.8.	Überprüfung der Linearitätsannahme	183
5.7.2.9.	Modelle mit Rückkoppelung	186
5.7.3.	Zusammenfassung der Ergebnisse der multivariaten Analyse	187
5.8.	Kontakte mit sozialen und medizinischen Einrichtungen	188
6.	DISKUSSION UND SCHLUSSFOLGERUNGEN	191
6.1.	Die Bedeutung von sozialer Isolation und Sozialschicht für die soziale Gerontologie	191
6.1.1.	Zum Begriff sozialer Isolation und seiner Anwendung in der empirischen Forschung	191
6.1.2.	Soziale Isolation in der Altenbevölkerung: Die Größenordnung des Problems	192
6.1.3.	Die Zusammenhänge von sozialer Isolation und Sozialschicht mit biomedizinischen Variablen im Alter	193
6.2.	Probleme der kausalen Interpretation und Modellbildung	200

6.2.1.	Probleme der kausalen Interpretation der Forschungsergebnisse	200
6.2.2.	Mögliche soziogenetische Modelle	204
6.3.	Methodische Probleme	206
6.4.	Implikationen für weitere Forschung	208
6.5.	Praktische Implikationen und Schlußfolgerungen	210

LITERATURVERZEICHNIS 215

1. Einleitung

Der Altersaufbau der Bevölkerung hat sich in den entwickelten Ländern in den letzten hundert Jahren dramatisch verändert. In der Bundesrepublik Deutschland (bzw. im Deutschen Reich) ist die Prozentzahl der über 65jährigen Menschen während der letzten hundert Jahre von 5 Prozent auf 14 Prozent gestiegen. Nach einem Bericht der Vereinten Nationen (1971) wird dieser Trend weiter anhalten. In den entwickelten Ländern wird danach die Bevölkerung als Ganzes zwischen 1970 bis zum Jahr 2000 um 33 Prozent zunehmen, während die über 60-jährige Bevölkerung um 50 Prozent zunehmen wird. Es stellt sich nun die Frage, wie die zunehmende Zahl abhängiger alter Menschen in Zukunft unterstützt und versorgt werden soll, wenn gleichzeitig der Trend zu kleineren Familien anhält.

Parallel dazu haben sich strukturelle Veränderungen vollzogen, die PARSONS in mehreren Veröffentlichungen (1954, 1962, 1968a, 1968b) mit Hilfe seiner Typologie der 'pattern variables' in der These von der isolierten Kernfamilie zu erfassen gesucht hat. Danach sei die moderne Familie durch 'partikularistische' und 'diffuse' Beziehungen gekennzeichnet, während der Bereich der Berufsarbeit 'universalistisch' und 'spezifisch' im Sinne der Leistungsgesellschaft strukturiert sei.

"The isolation of the nuclear family and the development of occupational organizations with policies of retirement have resulted in an unprecedented exclusion of the elders from these main operative structures" (1962, S. 29).

Er betrachtet die isolierte Kernfamilie wegen der weitgehenden Trennung zwischen den Berufsrollen und den Verwandtschaftsrollen der gleichen Individuen, als der modernen Gesellschaft angepaßt. Tatsächlich stellt die Kernfamilie heute die normale Haushaltseinheit dar. Als Konsequenz der beruflichen Differenzierung und der Bildung der modernen Kernfamilie sieht er die Gefahr der Isolierung älterer Menschen.

Es gibt nun aber überzeugende Hinweise auf die Bedeutung von sozialen Netzwerkstrukturen und ihrer integrierenden Funktion für die Gesundheit des Menschen im allgemeinen, ja sogar für sein Überleben. Soziale Isolation zeigte sich als eine wichtige Mortalitätsdeterminante bei allen Altersgruppen (BERKMAN & SYME, 1979).

Durch diese Veränderungen sind bereits viele komplexe soziale, ökonomische und medizinische Probleme entstanden. Da psychische Krankheit eine der verbreitetsten chronischen Behinderungsursachen im Alter ist, wird insbesondere die Versorgung psychisch kranker alter Menschen ein zunehmend dringlicheres sozialpolitisches Problem (Bericht über die Lage der Psychiatrie in der BRD, 1975).

Für eine rationale Planung von Sozial- und Gesundheitsdiensten sind zunächst grundlegende epidemiologische Untersuchungen in der Gerontopsychiatrie erforderlich, um umfassende und zuverlässige Morbiditätsdaten zu gewinnen. Epidemiologische Forschung stellt einen Versuch dar, die Inzidenz, Prävalenz und Verteilung von Erkrankungen in bestimmten Bevölkerungsgruppen festzustellen und die dabei beobachteten Unterschiede zwischen Populationen oder innerhalb einer Population in Abhängigkeit von verschiedenen Umwelt- bzw. biologischen Merkmalen zu untersuchen (PFLANZ, 1973).

Die Ergebnisse bisheriger epidemiologischer Untersuchungen zeigen (BREMER, 1951; ESSEN-MÜLLER, 1956; GRUENBERG, 1961; NIELSEN, 1962; KAY et al., 1964a), daß die Anzahl der psychisch kranken alten Menschen viel zu groß ist, um in Institutionen oder von psychiatrischen Spezialeinrichtungen versorgt werden zu können. Sowohl ökonomische als auch humanitäre Gründe - die zahlenmäßige Größe des Problems, Trennung von Familien und die schädlichen Institutionalisierungsfolgen u.ä. - legen es nahe, der Versorgung in der Gemeinde hohe Priorität einzuräumen.

Da sich also der Schwerpunkt der psychiatrischen Versorgung in den letzten Jahren immer mehr auf die Versorgung in der Gemeinde hin verschiebt, stellt sich immer dringlicher die Frage, welchen Einfluß die Familie und das gesamte supportive soziale Netzwerk auf die Entstehung und den Verlauf einer psychischen Krankheit bei alten Menschen hat.

Die psychiatrische Forschung hat traditionellerweise die Erklärung von psychischer Erkrankung in der individuellen Vulnerabilität gesehen und versucht diese auf Erfahrungen in der kindlichen Sozialisation und die genetische Ausstattung zurückzuführen. In der vorliegenden Arbeit wird die Frage gestellt, welche Eigenschaften der gegenwärtigen sozialen Umwelt des älteren Menschen seine psychische Gesundheit beeinflusset. Die hier unerklärte Varianz verbleibt als Gegenstand von Untersuchungen, die ihren Schwerpunkt auf Persönlichkeit, Lebensgeschichte und Genetik legen (s. KAHN, 1979, S. 78).

Psychische Störungen werden jedoch heute von vielen als ein rein soziales Phänomen betrachtet; das birgt die Gefahr einer Tautologie in sich, nämlich, daß man insbesondere in

Felduntersuchungen psychische Krankheit mit Hilfe von Charakteristika definiert, gegen die man sie testen will. Das kann z.B. dazu führen, daß in einer Untersuchung eine Person eine größere Chance hat als psychisch krank definiert zu werden, weil sie wenig Kontakte zu anderen Menschen hat; man muß dann erwarten, in der Untersuchung einen Zusammenhang zwischen psychischer Erkrankung und sozialer Isolation zu finden (s. GRAD de ALARCON, 1971, S. 83). In der vorliegenden Arbeit wurde deshalb versucht, psychische Krankheit in Form gestörter psychischer Funktionen und die soziale Situation so weit wie möglich in Form objektiv identifizierbarer Umwelteigenschaften zu definieren; d.h. jedoch nicht, daß die Bedeutung der Interaktion zwischen den beiden Gruppen ignoriert wurde.

Untersuchungen wie die vorliegende können in mehrfacher Hinsicht zu unserem deskriptiven Wissen über soziale Sachverhalte beitragen und können damit von Bedeutung für soziologische Theorien werden.

1. Aus den obigen Ausführungen ergibt sich als Forschungsziel die Feststellung des Bedarfs an sozialen Diensten und Interventionsmöglichkeiten für eine soziale Problemgruppe - dies allein wäre schon eine hinreichende Aufgabe für eine soziologische Analyse - nämlich die Beschaffung von Material für sozialpolitische Maßnahmen.
2. Ein Beitrag zur Medizinsoziologie, aber zugleich zur sozialen Epidemiologie und zur präventiven Medizin, ist die Identifizierung und Beschreibung von Gruppen mit hohem Risiko für psychische Erkrankungen in der älteren Bevölkerung.
3. Von Bedeutung ist auch die Beschreibung von Kontaktmustern älterer Menschen in einer industriellen Großstadt.
4. Außerdem zielt die vorliegende Arbeit auf einen begrifflichen und methodischen Fortschritt hinsichtlich des in der Literatur sehr widersprüchlich gebrauchten Konzepts der 'sozialen Isolation' ab.
5. Schließlich und vor allem kann mit der Erhebung der sozialen Bedingungen psychischer Krankheit ein Beitrag zur Soziologie abweichenden Verhaltens geleistet werden und ein Versuch gemacht werden, für weitere Forschung ein soziogenetisches Modell der Entstehung psychischer Krankheiten im Alter zu generieren.

2. Theoretischer Hintergrund und Stand der Forschung

In diesem Kapitel wird in einem ersten Teil dargelegt wie sich allmählich in der Sozialmedizin der Gedanke durchsetzte, daß soziale Faktoren an der Entstehung von Krankheiten beteiligt sind, was zur Entwicklung des epidemiologischen Forschungsansatzes führte und wie schließlich innerhalb der Soziologie abweichenden Verhaltens durch den 'labelling'-Ansatz Erkrankung selbst als soziales Phänomen betrachtet wurde.

Untersuchungen, die Zielsetzungen wie die vorliegende Arbeit verfolgen, erfordern einen multidisziplinären Ansatzpunkt. Unterschiedliche Wissenschaftstraditionen haben größtenteils unabhängig voneinander Beiträge auf diesem Gebiet geleistet. Grundlagen bieten vor allem im Bereich der Sozialmedizin der 'public health'-Ansatz und die präventive Medizin, die Epidemiologie, insbesondere die psychiatrische Epidemiologie, die Sozialökologie und schließlich vor allem für die Zielsetzung dieser Arbeit die Soziologie abweichenden Verhaltens, insbesondere die Anomie-Theorie und der 'labelling'-Ansatz.

Im zweiten Teil des Kapitels sind theoretische Überlegungen und empirische Befunde über den Zusammenhang zwischen sozialen Faktoren und psychischer Krankheit gesammelt, um zu einem soziogenetischen Modell psychischer Krankheit im Alter zu gelangen, das in der vorliegenden Arbeit - soweit dies in einer Querschnittsuntersuchung möglich ist - einer ersten Prüfung unterzogen wird.

2.1. Soziale Umwelt und Krankheit

2.1.1. Sozialmedizin: Öffentliche Gesundheitspflege und präventive Medizin

Sozialmedizin ist diejenige medizinische Disziplin, die sich vor allem mit den Zusammenhängen zwischen sozialer Umwelt und Krankheit befaßt. Ein historischer Überblick über diese Disziplin kann zur Klärung der gegenwärtigen Probleme beitragen. (Eine ausgezeichnete Darstellung der Geschichte dieser Disziplin gibt SEIDLER, 1977, S. 47-77.)

Bis ins 19. Jahrhundert war die Regulierung der Alltagsgewohnheiten der Patienten, wozu auch die Sorge um die Gesamtverfassung des Psychischen gehörte, die erste Stufe im Dreierschema der ärztlichen Praxis. Erst dann kam das Medikament und wenn auch dieses versagte schließlich der chirurgische Eingriff. Diese erste Stufe der vorwissenschaftlichen Medizin nannte sich 'Diätetik', entsprechend der antiken Tradition, die immerhin über zweitausend Jahre ihre Gültigkeit hatte. Die Tradition der Sorge um die Grundbedürfnisse des Menschen ist heute vor allem in die Krankenpflege eingegangen.

Die Aufklärung brachte in der zweiten Hälfte des 18. Jahrhunderts einen neuen Entwicklungsschritt in der sozialorientierten Medizin. Es entstand eine Gesundheitsbewegung, die die sozialen Probleme zu lösen versuchte, die sich aus dem wachsenden Zusammenhang von Armut und Krankheit in der Bevölkerung ergaben. Im Vordergrund stand dabei die gesundheitliche Volksbelehrung. Diese Entwicklung wurde durch die ökonomischen und politischen Interessen des sogenannten aufgeklärt-absolutistischen Staates unterstützt, der, u.a. auf der Grundlage der Ideen ROUSSEAUS, die Erhaltung der Arbeitskraft jedes einzelnen Bürgers als Pflicht der Obrigkeit ansah. So ist auch in der Terminologie der Aufklärung die Medizin mit Gesundheitspflege gleichzusetzen (MANN, 1967). Zugleich hatte sich in der zeitgenössischen Diskussion die alte Erkenntnis neu durchgesetzt, daß die Aufgabe der Medizin nicht nur im Heilen, sondern auch im Vorbeugen besteht.

Als Väter der Sozialhygiene in Deutschland werden zwei Mediziner genannt, die beide in Mannheim gewirkt haben. Johann Peter FRANK (1745 - 1821) und Franz Anton MAI (1742 - 1814). FRANK begann 1779 in Mannheim mit der Veröffentlichung seines sechsbändigen Werks 'System einer vollständigen Medizinischen Polizey'. Darin findet sich sowohl die Hinwendung zum sozialen Elend als auch die Berücksichtigung der aufgeklärt-absolutistischen Staatsräson. Die Aufgabe seines Werkes sah er vor allem darin, die Menschen vor den Nachteilen des massenhaften Zusammenwohnens für ihre Gesundheit zu schützen und es hat so vor allem einen präventiven Charakter. Dabei setzte er vor allem auf Maßnahmen der Obrigkeit. MAI begann 1977 in Mannheim mit seinem fünfbändigen Vademecum für junge Ärzte, worin er die Überzeugung niederlegte, daß die Gesundheitszustände nicht ausschließlich auf dem Verordnungswege zu bessern seien, sondern daß eine Änderung der ungünstigen Lebensbedingungen nur auf dem Boden einer vernünftigen Regelung der Lebensordnung des einzelnen zu erreichen sei. Das kollektiv-orientierte, hygienisch-soziale Ethos der Aufklärung, das in diesen Werken zum Ausdruck kam, änderte jedoch nichts daran, daß die maßgebliche Medizin auch weiterhin am Individuum orientiert blieb.

Im 19. Jahrhundert gingen Impulse für eine Beschäftigung mit sozialmedizinischen Fragen vor allem von den großen Epidemien des Jahrhundertanfangs aus. Nach seiner Reise nach Oberschlesien machte Rudolf VIRCHOW in seinem Bericht über die dortige Typhus-Epidemie den Entwurf einer soziologischen Epidemiologie, der weit über die lokale Problematik hinausging (VIRCHOW, 1848). Aufgrund seiner Beobachtung verschiedener Epidemien entwickelte er den Gedanken, daß bestimmte epidemische Krankheiten für bestimmte soziale Krisen spezifisch sein könnten: "Die künstlichen Seuchen sind vielmehr Attribute der Gesellschaft, Produkte der falschen oder nicht auf alle Klassen verbreiteten Kultur; sie deuten auf Mängel, welche durch die staatliche und gesellschaftliche Gestaltung erzeugt werden und treffen daher auf vorzugsweise diejenigen Klassen, welche die Vorteile der Kultur nicht genießen" (VIRCHOW, 1856).

Den Begriff der 'natürlichen' und 'künstlichen' Krankheiten hatte VIRCHOW von Salomon NEUMANN übernommen, der in seinem 1847 veröffentlichten Buch mit dem Titel "Die öffentliche Gesundheitspflege und das Eigentum" die These aufstellte, daß Typhus, Skorbut, Tuberkulose und Geisteskrankheiten primär auf sozialen Bedingungen beruhten; daher könnten sie nur durch sozialen Wandel überwunden werden. Dies führte ihn zu der Feststellung: "Die medizinische Wissenschaft ist in ihrem innersten Kern und Wesen eine soziale Wissenschaft".

Erst in den ersten Jahrzehnten des 20. Jahrhunderts verselbständigte sich wissenschaftlich die Betonung des sozialen Elements in Medizin und Hygiene. Nach Alfons FISCHER (1932) umfaßt die Sozialhygiene drei Gebiete:

die soziale Pathologie, die sich mit den Einflüssen der sozialen Umwelt auf die Entstehung und den Verlauf von Krankheiten, die soziale Prophylaxe, die sich mit der Krankheitsverhütung und die soziale Medizin, die sich mit der Behandlung von Krankheiten befaßt. Alfred GROTJAHN warf Medizin und Hygiene vor, daß sie es vermieden hätten, den Einfluß der gesellschaftlich gegebenen Lebensbedingungen und der sozialen Umwelt zu berücksichtigen; wozu sie allerdings auch gar nicht über das nötige theoretisch-wissenschaftliche Erkenntnisinstrumentarium verfügten. Er wollte daher "die physikalisch-biologische Betrachtungsweise in der Hygiene, die klinisch-kasuistische in der Medizin durch eine soziale ergänzen" (GROTJAHN, 1923).

Jede Krankheit erhält nach seiner Auffassung durch ihre Beziehung zur sozialen Umwelt auch eine sozial-pathologisch typische Ausdrucksform. Für die sozialpathologische Ursachenforschung entwarf er folgendes Schema:

1. die sozialen Verhältnisse schaffen oder begünstigen die Krankheitsanlage;
2. die sozialen Verhältnisse sind die Träger der Krankheitsbedingungen;
3. die sozialen Verhältnisse vermitteln die Krankheitserregung;
4. die sozialen Verhältnisse beeinflussen den Krankheitsverlauf.

Diese Postulate stellen vom wissenschaftlichen Standpunkt her eine Reihe von Arbeitshypothesen dar, die in bezug auf mehr oder weniger spezifische Krankheitsdiagnosen und soziale Verhältnisse empirisch geprüft werden sollen. Ein solcher wissenschaftlicher Ansatz erfordert vor allem die Anwendung von genauen zuverlässigen Methoden, d.h. Die Begriffe müssen operationalisiert werden und mit Hilfe von geeigneten Methoden erfaßt werden.

Die hierfür erforderliche wissenschaftliche Disziplin wurde im Rahmen der medizinischen Forschung als Epidemiologie bezeichnet.

2.1.2. Der epidemiologische Forschungsansatz

Der Erreichung der Ziele von präventiver bzw. Sozialmedizin dient die wissenschaftliche Disziplin der Epidemiologie, die sich mit der Inzidenz, Prävalenz und Verteilung von Krankheiten in der Bevölkerung und mit den Faktoren, die diese beeinflussen, befaßt (McMAHON und PUGH, 1970; PFLANZ, 1973). Dabei unterscheidet man zwischen der Häufigkeit von Krankheiten an einem Stichtag (Stichtagsprävalenz) - wie sie in der vorliegenden Untersuchung erfaßt wurde - oder innerhalb einer kurzen Zeitperiode (Periodenprävalenz) und der Frequenz von Neuerkrankungen innerhalb eines bestimmten Zeitraums (Inzidenz).

Ursprünglich wurde der Ausdruck Epidemiologie - um die historische Perspektive nochmals aufzunehmen - gleichgesetzt mit der Erforschung von Ausbrüchen akuter infektiöser Krankheiten. Heute jedoch wird diese Verwendungsweise als unnötig einschränkend erachtet, da erstens die Prävalenz nicht infektiöser Krankheiten in einer Bevölkerung ebenfalls zunehmen und abnehmen kann und da zweitens dieselben Methoden, die früher so erfolgreich auf die Probleme infektiöser Krankheiten angewendet wurden, heute eine wichtige Rolle in der Untersuchung solcher "Massenkrankheiten" wie Krebs, Herzerkrankungen und Stoffwechselstörungen spielen (COOPER und MORGAN, 1977).

Epidemiologie ist heute als eine Grundlagenwissenschaft der öffentlichen Gesundheitspflege zu betrachten. Psychische Erkrankungen und Behinderungen, die zusammen eines der größten Probleme der öffentlichen Gesundheitspflege in unserer Gesellschaft darstellen, sind als legitime Gegenstände epidemiologischer Forschung anzusehen. Dieser Standpunkt fand 1960 seinen Niederschlag im Bericht eines WHO-Expertenkomitees:

"Die Probleme bei der Untersuchung der individuellen Anfälligkeit und der modifizierenden Effekte der Umgebung und der Gewohnheiten auf das Krankheitsrisiko sind im wesentlichen gleich bei übertragbaren und bei anderen Arten menschlicher Erkrankungen. Folglich werden die Methoden, die so erfolgreich bei der Aufdeckung der Ursachen und der Verbreitung von Krankheiten in Zusammenhang mit Infektionen mit Mikroben angewandt worden waren, zunehmend auch zur Erforschung der psychischen Krankheiten benutzt." (WHO, 1960, S. 4f).

Hier muß unterstrichen werden, daß die Anwendung von epidemiologischen Methoden keine Verbindung mit irgendeiner Schule der Psychiatrie erfordert. Ob das Krankheitsmodell im traditionellen Sinne grundlegend für die Epidemiologie ist, sollte als semantische Frage aufgefaßt werden (COOPER und MORGAN, 1977). Die Methoden des Epidemiologen sind in der Tat keineswegs einzigartig, sondern werden ebenso von Soziologen, Sozialpsychologen und anderen nichtmedizinischen Forschern benutzt, die Umfragen und Erhebungen durchführen (MECHANIC, 1970). Das unterscheidende Merkmal der Epidemiologie im Unterschied zu anderen medizinischen Disziplinen liegt nur in ihrer Betrachtung räumlich definierter Populationen. Abhängig von spezifischen Forschungszielen können sich epidemiologische Untersuchungen auf bestimmte Untergruppen einer Population konzentrieren; z.B. auf alle Schulkinder, auf alle erwerbstätigen Männer oder - wie in der vorliegenden Untersuchung - auf alle über 65jährigen Einwohner. Da die Ausbeute an epidemiologischen Untersuchungen im deutschen Sprachraum noch gering ist, müssen sich die im Teil 2 dieses Kapitels dargestellten empirischen Befunde hauptsächlich auf ausländische Untersuchungen stützen.

2.1.3. Erkrankung als soziales Phänomen: der 'strukturell-funktionale' und der 'labelling'-Ansatz einer Theorie abweichenden Verhaltens

In den bisherigen Abschnitten ist nicht auf die Diskussion des Wesens psychischer Erkrankung im weiteren Zusammenhang sozialer Abweichung eingegangen worden. An das Problem psychischer Erkrankung wurde von Sozialwissenschaftlern von einem anderen Blickwinkel herangegangen als von den Medizinern. Im Mittelpunkt des soziologischen Interesses steht das Spannungsfeld zwischen dem gesellschaftlichen Normensystem einerseits und den abweichenden oder konformen Handlungen der Individuen andererseits. Psychische Krankheit kann ganz unabhängig von der Frage ihrer Verursachung, als eine Form von sozialer Abweichung oder Normverletzung betrachtet werden. Welche Verhaltensformen als abweichend klassifiziert werden, variiert bis zu einem gewissen Grad zwischen den verschiedenen Gesellschaften oder innerhalb der gleichen Gesellschaft, z.B. in Abhängigkeit von historischen Epochen oder von der Schichtzugehörigkeit des Individuums und reflektiert das Bedürfnis der Gesellschaft, Konformität mit den vorherrschenden Normen und Werten zu verstärken. Innerhalb bestimmter Grenzen kann sich das Vorkommen von abweichendem Verhalten für die Stabilität der Gesellschaft als wünschenswert oder notwendig erweisen, denn es trägt dazu bei, die Konformität der Mehrheit zu festigen.

Diese allgemeine Devianztheorie ist die Grundlage für zwei Definitionskonzepte abweichenden Verhaltens, mit denen auch Versuche zur Analyse psychischer Störungen unternommen wurden. Das ältere der beiden Konzepte wird in der Regel als 'strukturell', das 'modernere' und 'radikale' als 'prozessual' bezeichnet. Die beiden Ansätze beruhen auf sehr unterschiedlichen wissenschaftlichen Traditionen. Der erste ist vor allem mit der strukturell-funktionalen Theorie und so mit den Werken von E. DURKHEIM, T. PARSONS und R.K. MERTON verbunden. Der zweite Ansatz ist etwas heterogener und sowohl methodisch als auch inhaltlich vom 'Symbolischen Interaktionismus' beeinflußt und hat so seine Quellen in den Schriften von H. BLUMER, C.H. COOLEY, G.H. MEAD und W.I. THOMAS. Eine wesentliche Annahme dieser Schule ist, "daß das Individuum im Laufe seiner Erfahrung mit sozialen Symbolen ein Selbstverständnis (self) erwirbt, das wesentlich durch die Interpretationen beeinflußt wird, die dieses Individuum anderen in bezug auf sich selbst zuschreibt" (H. HARTMANN, 1967, S. 62). W.I. THOMAS hat diesen Grundgedanken einprägsam formuliert, "if men define situations as real, they are real in their consequences" (1928, S. 572). Während in der strukturell-funktionalen Theorie die Annahme eines relativ stabilen Systems von Normen und Werten besteht, betont der 'Symbolische Interaktionismus', daß dieses erst in einem Definitionsprozeß der relevanten Elemente einer Situation entsteht. Dies haben P.L. BERGER und T. LUCKMANN (1969) auf die einprägsame Formel von der "gesellschaftlichen Konstruktion der Wirklichkeit" gebracht. Darüber hinaus betont aber H.S. BECKER, daß Normen ihren Verbindlichkeitscharakter erst durch ihre Verknüpfung mit gesellschaftlicher Herrschaft erhalten: "Diejenigen Gruppen, deren gesellschaftliche Position ihnen Waffen und Macht gibt, sind am besten in der Lage, ihre Regeln durchzusetzen" (1963, S. 18). Von Bedeutung für den 'prozessualen' Ansatz ist auch die Schule der Ethnomethodologie, die den Symbolischen Interaktionismus mit der europäischen Tradition der Phänomenologie und so vor allem mit dem Werk von A. SCHÜTZ verbunden hat.

Die Soziologie der Geisteskrankheiten läßt sich wie die Soziologie des abweichenden Verhaltens vor allem in zwei Richtungen einteilen. In eine Richtung, die sich auf der Grundlage der strukturell-funktionalen Theorie etwa in den Jahren 1920 - 1935 aus der sogenannten 'Chicagoer Schule' entwickelt hat und die sich in meist epidemiologischen Untersuchungen vor allem mit dem Studium von sozialen und kulturellen Faktoren für die Ätiologie psychischer Störungen und in eine zweite Richtung, die sich, beginnend mit E.M. LEMERTs Buch 'Social Pathology' (1951), vor allem mit dem Studium gesellschaftlicher Reaktionen auf psychische Störungen befaßt hat.

In der Theorie, die sich des strukturellen Ansatzes bedient (PARSONS, 1937; MERTON, 1938) wird angenommen, daß ein Zustand der gesellschaftlichen Desorganisation, der mit Anomie bezeichnet wird (DURKHEIM, 1897) bei bestimmten Gruppen oder Personen zu sozialen und psychischen Konflikten führt, die sich in abweichenden Verhaltensmustern ausdrücken. Diese Theorie wurde bereits von FARIS und DUNHAM (1939) für die Interpretation ihrer ökologischen Befunde herangezogen. Ihre sogenannte 'breeder hypothesis' der schizophrenen Ätiologie konnte allerdings auch in nachfolgenden Untersuchungen nicht bestätigt werden (siehe dazu ausführlichen Abschnitt 2.2.3. und 2.3.1.). Über die Ergebnisse dieser Ätiologie'-Ära in der Sozialpsychiatrie kann man zusammenfassend sagen, daß es Soziologen ebenso wenig wie Forschern aus anderen Disziplinen gelungen ist, die ätiologischen Mechanismen aufzudecken, die psychische Krankheit erklären.

Auch die Theoretiker des strukturellen Ansatzes verfügen über die Einsicht, daß Bezeichnungen wie 'konform' und 'abweichend' im großen und ganzen abhängig sind von spezifischen Kulturen und Subkulturen. Sie verfügen auch über die Einsicht, daß die Art und Weise, wie sich ein Mensch verhält und sich selbst und sein Verhalten einschätzt, deutlich davon abhängt, wie sich andere ihm gegenüber verhalten. Diese Interdependenz zwischen Kontrolle und Abweichung hat MERTON in seinem Theorem der 'self fulfilling prophecy' (1957, S. 421-436) zu erfassen gesucht, wenn er auch das Problem der sozialen Kontrolle nie explizit zu seiner Anomietheorie in Beziehung gesetzt hat. Trotzdem kann man sagen, daß es für die Autoren dieser Schule kennzeichnend ist, daß sie sich auf die Charakteristika des abweichenden Individuums konzentriert haben und nicht so sehr auf die Prozesse der Reaktion und Gegenreaktion, durch die Verhalten soziale Bedeutung bekommt, die durch den 'labelling'-Ansatz bevorzugt thematisiert werden. Er richtet seine Aufmerksamkeit sowohl auf die sozialpsychologischen Aspekte abweichender Identität, als auch auf die Definitionsprozesse auf organisatorischer und gesellschaftlicher Ebene, z.B. auf die 'Verfolgung' von Abweichung und die Aufstellung formaler Regeln. Auf den strukturellen Ansatz soll hier nicht weiter eingegangen werden, da er zusammen mit der Anomietheorie noch eingehender in den Abschnitten 2.3.1. und 2.3.4. abgehandelt wird.

Der prozessuale Ansatz ('interaktionistische Perspektive'; 'labelling'-Ansatz) vermeidet die Einengung der Fragestellung auf die Entstehung des abweichenden Verhaltens. Abweichend ist danach nicht das Merkmal einer Person, sondern wird zu einem Konzept, das Interaktionen zwischen Menschen beschreibt; zwischen dem 'sozial Auffälligen' und anderen Mitgliedern der Gesellschaft. Das sozial auffällige Verhalten erhält diese Bedeutung in einem sozialen Prozeß der Etikettierung, durch den dem Individuum eine soziale Rolle vermittelt wird ('labelling'). Diesen Gedankengang hat H.S. BECKER (1963, S. 9) folgendermaßen formuliert: "Gesellschaftliche Gruppen schaffen abweichendes Verhalten dadurch, daß sie Regeln aufstellen, und daß sie diese Regeln auf bestimmte Menschen anwenden, die dadurch zu Außenseitern abgestempelt werden. Von diesem Standpunkt aus ist abweichendes Verhalten kein Merkmal einer Handlung, die eine Person begeht, sondern vielmehr eine Konsequenz der Anwendung von Regeln durch andere und der Sanktionen gegenüber dem 'Missetäter'. Der Mensch mit abweichendem Verhalten ist ein Mensch, auf den diese Bezeichnung erfolgreich angewandt worden ist; abweichendes Verhalten ist ein Verhalten, das von anderen Menschen so etikettiert wird." Diese Betrachtungsweise wird auch als prozessual bezeichnet, weil sie davon ausgeht, daß nicht alle Ursachen zur gleichen Zeit wirken können, also sequentiell und nicht simultan sind, eine Überlegung, die BECKER (1963) in seinem Karrieremodell verdeutlicht. Das gleiche Modell ist auch auf die Unterscheidung zwischen primärer und sekundärer Abweichung anwendbar, die bereits LEMERT (1951) vorgenommen hat. Primäre Abweichung kann danach aus einer Vielfalt biologischer, psychologischer und sozialer Zusammenhänge entstehen. Auf primäre Abweichung erfolgen Normalisierungsprozesse durch Sanktionen. Erst wenn diese scheitern, ergibt sich die Etikettierung 'abweichend'. Obwohl primäre Abweichung eine Regelverletzung darstellt, entscheiden ihre Ursachen nicht darüber, ob sich eine abweichende Rolle entwickelt. Es kann sogar eine Fehlattribution unterlaufen, d.h. Personen, die sich keiner manifesten Regelverletzung schuldig gemacht haben, können als abweichend definiert werden (E. FREIDSON, 1971, S. 217). Der 'labelling'-Ansatz legt also sein Hauptgewicht nicht auf das objektiv beschreibbare Verhalten einer Person, sondern auf die Zuschreibung des Merkmals 'abweichend'. Diese Zuschreibung stellt eine von vielen möglichen Reaktionen auf ein Verhalten dar.

Durch öffentliche Reaktionsmuster, z.B. durch Einweisung in eine psychiatrische Anstalt, wird aus primärer sekundäre Abweichung, die sich in der Übernahme spezieller sozialer Rollen ausdrückt. An Variablen, die einen moderierenden Einfluß auf soziale Kontrolle haben und die Gefahr der Zuschreibung einer abweichenden Rolle erhöhen, werden von verschiedenen Autoren die folgenden aufgeführt (s. KEUPP, 1972, S. 174): Lösung von Primärgruppenbeziehungen, Entfremdung von tradierten soziokulturellen Normen und Werten, Zugehörigkeit zu einer niedrigen Sozialschicht, keine Verfügung über Quellen sozialer Macht, das Mißlingen individuellen oder kellektiven Managements drohender Krisen.

Die abweichende Rolle prägt, je nach Rollendistanz, das Selbstbild des Individuums, weshalb "die Analyse abweichenden Verhaltens nicht am Verhalten selbst und dessen innerpsychischer Verursachung ansetzen kann. Die subjektive Befindlichkeit eines Individuums ist nicht Indikator für binnenpsychologisch zu entschlüsselnde Verursachungsketten, sondern muß als individuelles Reaktionsmuster auf sozialstrukturelle Bedingungskonstellationen aufgefaßt werden". (KEUPP, 1972, S. 176).

Das 'soziale Modell' psychischer Krankheit wie es im 'labelling'-Ansatz entwickelt worden ist, erscheint nicht grundsätzlich unvereinbar mit demjenigen, das auf der strukturellen Theorie beruht, es sei denn, sie werden als Extreme formuliert. Sie repräsentieren eher verschiedene Akzentuierungen als grundlegend verschiedene Positionen. Der strukturelle Ansatz bietet - zumindest teilweise - eine Erklärung, warum eine Person anfängt, sich abweichend zu verhalten; der prozessuale Ansatz erklärt, wie dieses abweichende Verhalten dann verstärkt und fixiert wird als Folge sozialer Einflüsse.

2.2. Soziale und somatische Korrelate psychischer Erkrankung

Zahlreiche soziale und somatische Variablen sind als relevante Faktoren für psychische Erkrankung diskutiert worden. Dazu gehört Armut, niedriger sozialer Status, Statusinkonsistenz und -inkongruenz, Urbanisierung, Industrialisierung, soziale Isolation, Überbevölkerung, Arbeitslosigkeit, Auswanderung und soziale und geographische Mobilität (ØDEGARD, 1975) und körperlicher Gesundheitszustand. Es ist jedoch generell bisher nicht gelungen, wie schon im vorhergehenden Kapital dargelegt wurde, Kausalbeziehungen zwischen sozialen Faktoren und psychischer Erkrankung überzeugend nachzuweisen. Dies ist kein spezifisches Problem der Sozialforschung sondern ein Teil der generellen Schwierigkeit, kausale Erklärungen für psychische Erkrankungen mit Hilfe von Querschnittsstudien zu machen. Hier soll nur denjenigen Variablen nachgegangen werden, die sich aufgrund theoretischer Überlegungen und empirischer Ergebnisse als relevant erwiesen haben. Die wichtigsten sind soziale Isolation, Sozialschicht und körperlicher Gesundheitszustand bzw. körperliche Behinderung.

2.2.1. Geschlecht, Alter und psychische Erkrankung

Epidemiologische Feldstudien erbrachten widersprüchliche Ergebnisse über geschlechtsspezifische Unterschiede in der psychiatrischen Prävalenz unter alten Menschen. Während sich bei einigen Untersuchungen (BREMER, 1951; ESSEN-MÜLLER, 1956; ADELSTEIN et al., 1968) höhere Prävalenzraten für Männer als für Frauen fanden, kamen KAY et al. (1964) hingegen zu umgekehrten Ergebnissen. Hinter ähnlichen Gesamtprävalenzraten können sich jedoch große diagnostische Unterschiede verbergen. Bei den Männern findet sich vor allem eine Häufung von organischen psychischen Erkrankungen; Psychoneurosen finden sich hingegen häufiger bei Frauen (NIELSEN, 1962; KAY et al., 1964; ADELSTEIN et al., 1968; STERNBERG & GAWRILOWA, 1978).

Mit zunehmendem Alter steigt die Prävalenz psychischer Störungen stetig an (NIELSEN, 1962; GUNNER -SVENSSON & JENSEN, 1976); dieser Anstieg läßt sich durch die zunehmende Häufung von organischen psychischen Erkrankungen erklären, während funktionelle psychischen Erkrankungen konstant bleiben bzw. leicht abnehmen.

2.2.2. Körperlicher Gesundheitszustand, körperliche Behinderung und psychische Erkrankung

Soziale Probleme sind nicht die einzigen Belastungen, unter denen alte Menschen leiden. Sie haben mehr körperliche Beschwerden, die Körperfunktionen lassen auch bei normalem Altern nach, und sie leiden mehr unter chronischen und degenerativen Erkrankungen. Neben den sozialen Korrelaten psychischer Erkrankung gehört nun aber der allgemeine körperliche Gesundheitszustand zu den wichtigsten Variablen, die mit psychischen Erkrankungen verbunden sind.

Die Beziehungen zwischen körperlichem und seelischem Gesundheitszustand sind bei älteren Menschen noch enger als bei jüngeren Altersgruppen; eine Beziehung, die teilweise durch eine gemeinsame nachweisbare Pathologie erklärbar ist. Der Zusammenhang ist verstärkt bei psychosomatischen Erkrankungen oder den organischen, körperlich begründbaren Psychosen, bei denen der enge pathogenetische Zusammenhang zwischen somatischem und psychischem Bereich ein wesentliches klassifikatorisches Zuordnungsmerkmal darstellt (s. LAUTER, 1977, S. 425). Er gilt aber auch für funktionelle psychische Erkrankungen allgemein.

Dieser Zusammenhang fand sich sowohl bei Konsultations-Inzidenzuntersuchungen als auch bei Prävalenzstudien im Felde. So zeigen zahlreiche Untersuchungen, daß ein großer Teil der in ein psychiatrisches Krankenhaus aufgenommenen Alterspatienten eine oder mehrere körperliche Erkrankungen hatten, die dringend der Behandlung bedurften (s. u.a. DOVENMÜHLE et al., 1960; LOWENTHAL, 1964; SIMON & TALLERY, 1965; BERGENER et al., 1975). Darüber hinaus kommen bei körperlich kranken Alters- und Pflegeheiminsassen schwere organische Psychosyndrome wesentlich häufiger vor als bei gesunden Heimbewohnern, wobei die Beziehung des psychiatrischen Befundes zum körperlichen Gesundheitszustand sogar enger ist als zum chronologischen Alter (s. GOLDFARB, 1961; GARSIDE et al., 1965).

Gegen derartige Erhebungen bei institutionalisierten Patienten mag man freilich wie LAUTER (1974, S. 283) einwenden, daß psychisch gestörte ältere Menschen mit körperlichen Krankheiten vermutlich bevorzugt in Heime oder Krankenhäuser aufgenommen werden. Auch bei Felduntersuchungen an alten Menschen zeigte sich aber, daß unter allen Streßfaktoren gerade die körperlichen Erkrankungen den stärksten Einfluß auf psychische Erkrankungen hatten. KAY et al. (1964) fanden in ihrer Newcastler Untersuchung, daß psychisch kranke alte Menschen wesentlich häufiger als andere alte Menschen der Stadt an körperlichen Erkrankungen litten: bei den psychisch Unauffälligen fand sich bei 16 % eine körperliche Erkrankung mittleren oder schwereren Grades, dagegen bei 66 % derjenigen mit organischem Psychosyndrom und bei 41 % der Probanden mit funktionellen psychischen Störungen. Auch LOWENTHAL et al. (1967) stellten in ihrer Untersuchung in San Francisco fest, daß körperliche Erkrankung ein Risikofaktor für psychische Erkrankung ist. Dies wurde auch in anderen Felduntersuchungen bestätigt, z.B. von BELLIN & HARDT (1958) in New York und von NIELSEN (1962) auf der dänischen Insel Samsø.

Solche Felduntersuchungen haben zwar gegenüber den Klinikstudien den Vorteil, daß repräsentative Stichproben erfaßt werden können, andererseits kann bei ihnen der körperliche Gesundheitszustand meist weniger gut objektiviert werden, d.h. man muß sich auf Angaben der Probanden über ihren Gesundheitszustand verlassen.

Von Interesse ist auch, daß es empirische Forschungsergebnisse gibt, die sich so interpretieren lassen, daß es in jeder Bevölkerung Menschen gibt, die aus unbekannten Gründen für Krankheiten jeder Art besonders empfänglich sind, gleichgültig ob es sich dabei um körperliche oder seelische Störungen handelt (s. u.a. SHEPHERD et al., 1966, S. 129 und LAUTER, 1977, S. 429).

Die Beziehungen zwischen körperlichen und psychischen Erkrankungen im Alter sind nicht immer leicht zu interpretieren. Das gilt für beide diagnostische Hauptkategorien psychischer Erkrankungen im Alter, nämlich sowohl für das organische Psychosyndrom als auch für funktionelle psychische Erkrankungen.

Was das organische Psychosyndrom betrifft, so können nach LAUTER (1974, S. 283) akute körperliche Krankheiten zu deliranten oder amentiellen Zustandsbildern führen, aber auch relativ leichte Gesundheitsstörungen können sich auf das zerebrale Funktionsniveau und auf die intellektuelle Leistungsfähigkeit auswirken.

Betrachtet man funktionelle psychische Erkrankungen, so können gerade im höheren Lebensalter endogene Depressionen häufig durch somatische Erkrankungen ausgelöst werden. Daneben verweist LAUTER darauf, daß es auch Fälle gibt, bei denen depressive Phasen der Aufdeckung schwerer, oft maligner körperlicher Erkrankungen vorausgehen. Häufiger sei es allerdings so, daß das Bewußtsein einer körperlichen Erkrankung und Behinderung von älteren Menschen mit einer ängstlichen oder depressiven Reaktion verarbeitet werde. In diesem Zusammenhang verweist er schließlich auch auf die Beziehung zwischen der Spätschizophrenie und Einbußen des Seh- und Hörvermögens.

2.2.3. Sozialschicht und psychische Erkrankung

In der psychiatrischen Epidemiologie ist "das konsistenteste Ergebnis eine inverse Beziehung zwischen der Sozialschicht und berichteten Raten psychischer Störungen", stellten DOHRENWEND & DOHRENWEND (1969, S. 165) in einem Übersichtsreferat von 44 Prävalenzuntersuchungen fest. Wie jedoch diese wiederholt replizierten Ergebnisse interpretiert werden könnten, hat eine anhaltende Debatte in der Sozialpsychiatrie hervorgerufen, nämlich die Kontroverse um das 'social causation model' gegenüber dem 'social selection model' der Ätiologie psychischer Erkrankung.

Ausgelöst wurde diese Debatte durch die Ergebnisse der Pionierstudie von FARIS & DUNHAM (1939) in Chicago, wonach sich in der Innenstadt die höchsten Einweisungsraten für psychische Erkrankung fanden. Auf die Untersuchung von FARIS & DUNHAM und die theoretischen Überlegungen der Autoren zu ihren Ergebnissen, werde ich in den folgenden Abschnitten immer wieder zurückkommen, denn hier sind bereits alle wichtigen Variablen und theoretischen Überlegungen für die vorliegende eigene Untersuchung angedeutet. Das Ergebnis der Untersuchung in Chicago wurde auch bei Untersuchungen in anderen Großstädten gefunden.

FARIS & DUNHAM selbst benutzten ein 'social causation model' oder die sogenannte 'breeder hypothesis' zur Erklärung ihrer Ergebnisse, wonach die widrigen Lebensbedingungen, der Streß und das Elend in dem Slumgebiet zu Rückzug, sozialer Isolation, gestörter Kommunikation und damit zu psychischen Störungen führen. Die Autoren sind allerdings lediglich von Kontextdaten ausgegangen, wodurch sie der Gefahr des von ROBINSON (1950) sogenannten ökologischen Fehlschlusses ausgesetzt waren (auf dieses Problem wird näher am Schluß des Abschnittes 2.3.1.2. eingegangen).

Diese obige Hypothese zur Erklärung des inversen Zusamenhangs zwischen Sozialschicht und psychischer Erkrankung wurde aber auch von Untersuchungen unterstützt, in denen nachgewiesen wurde, daß Angehörige der sozialen Unterschicht einer größeren Zahl von Streßfaktoren ausgesetzt waren als die Mitglieder höherer Klassen, und daß die Häufigkeit solcher Streßfaktoren mit dem Auftreten psychiatrischer Symptome korreliert ist (DOHRENWEND, 1973a; DOHRENWEND, 1973b; LANGNER & MICHAEL, 1963; SROLE et al., 1975). Es wird daher eine besondere Vulnerabilität gegenüber den Lebensveränderungen und Umweltbelastungen bei Unterschichtangehörigen vermutet und angenommen, daß positive Erfahrungen, die die Wirkung widriger Lebensumstände wieder wettmachen können, bei Angehörigen der Unterschicht seltener sind (LAUTER, 1977, S. 423).

Dagegen wurde von MYERSON (1940) die sogenannte 'drift'-Hypthese, die in den Rahmen der 'social selection models' gehört, zur Erklärung der inversen Beziehung zwischen Sozialschicht und psychischen Störungen vorgeschlagen, wonach sich unter den psychisch Kranken in der Unterschicht viele soziale Absteiger befinden, die im Zuge ihres Abstiegs in die Slumgebiete der Innenstädte abwandern. Es wurde angenommen, daß ein Verhalten, das in einem Gebiet mit sozialer Isolation toleriert wird, in Wohngebieten mit engen Nachbarschaftsbeziehungen als gestört auffallen würde (OWEN, 1941; BUCK et al., 1955; DOHRENWEND & CHING-SHONG, 1967). Die Ergebnisse der zahlreichen Untersuchungen, die versuchten, die 'drift'-Hypothese zu überprüfen, sind widersprüchlich. Die 'theory of social selection' enthält eine Vielzahl komplexer und wahrscheinlich miteinander interagierender Faktoren, die den Zusammenhang zwischen hohen Erkrankungsraten und niedriger Sozialschicht erklären können. Zu diesen Faktoren gehört sozialer Abstieg, die aktivere Selbstsegregation in Umgebungen mit niedrigem sozioökonomischen Status, Toleranzunterschiede gegenüber abweichendem Verhalten in verschiedenen Wohngebieten, Stadtgröße, Intergenerations-Mobilität, Statusinkonsistenz, geographische Mobilität und Migration (s. SCHWAB & SCHWAB, 1978, S. 177).

Eine weitere mögliche Erklärung für den berichteten Zusammenhang zwischen Sozialschicht und bestimmten psychischen Störungen könnte die soziale Distanz zwischen Psychiatern und Unterschichtpatienten sein. "... die soziale Distanz zwischen dem Psychiater und dem Unterschichtpatienten kann so groß sein, daß der Psychiater Schwierigkeiten hat, die Symptome und das Verhalten des Patienten zu interpretieren; entsprechend kann es sein, daß der Patient als 'schizophren' bezeichnet wird und so die Zahl der Unterschichtpatienten vergrößert, die als psychisch krank gezählt werden. Durch das 'labelling' kann ein schädlicher Effekt auf die Person ausgeübt werden, wenn sie das Gefühl von Krankheit und Unzulänglichkeit in ihr Selbstbild übernimmt. Ihr Verhalten kann beides widerspiegeln, sowohl das beschädigte Selbstkonzept als auch die Erwartungen derjenigen, die ihn so gekennzeichnet haben (SCHWAB & SCHWAB, 1978, S. 178). Wegen der sich ergebenden Kommunikationsbarrieren der Ärzte gegenüber Unterschichtpatienten, könnten diese also eher als 'psychotisch' angesehen werden, während Oberschichtpatienten eher als 'neurotisch' bezeichnet werden, worunter man sich einen leichter verstehbaren und weniger gravierenden Zustand vorstellt.

Schließlich könnten noch nach SCHWAB & SCHWAB (1978, S. 172) ein genetischer Faktor die Beziehung zwischen niedrigem sozioökonomischem Status und hohen Raten psychischer Erkrankung erklären, wenn man die Tendenz bedenkt, innerhalb derselben sozialen Klassen zu heiraten. So könnten viele Angehörige der sozialen Unterschicht aufgrund einer ererbten Prädisposition behindert sein - die notwendige aber nicht immer ausreichende Ursache für psychische Erkrankung ist - welche die Vulnerabilität eines Individuums gegenüber psychischen Störungen erhöht, wenn es sozioökonomische Deprivation und/ oder streßvollen Lebensereignissen ausgesetzt wird.

Die ersten Untersuchungen über den Zusammenhang von Sozialschicht und psychischer Krankheit beschränken sich auf die am leichtesten verfügbaren Daten, nämlich auf die Information über Patienten, die in psychiatrische Krankenhäuser eingewiesen worden waren. Hospitalisierungsziffern spiegeln nicht unbedingt die wahren Erkrankungsraten wider, denn Patienten aus der sozialen Unterschicht werden häufiger in ein psychiatrisches Krankenhaus aufgenommen und vielleicht auch eher mit einer schwerwiegenden psychiatrischen Diagnose etikettiert (s. LAUTER, 1977, S. 420). Aber auch in Feldstudien wurde dieser Zusammenhang bestätigt. DOHRENWEND & DOHRENWEND (1969, S. 165) stellten in ihrem Übersichtsreferat fest, daß in 20 von insgesamt 25 Feldstudien die Höchstzahl sämtlicher psychischer Störungen in der Unterschicht gefunden wurde.

Feldstudien haben den Mangel, daß sie fast immer von Prävalenzraten ausgehen. Dieser Meßwert ist aber, wie bereits oben dargestellt, nicht nur eine Funktion des Erkrankungsrisikos, sondern auch der Krankheitsdauer, die unter Umständen bei Unterschichtspatienten wegen der geringeren Behandlungschancen, d.h. des späten Behandlungsbeginns und der Behandlung in großen psychiatrischen Krankenhäusern mit ihrem Institutionalisierungseffekt, erheblich länger sein kann (s. HOLLINGSHEAD & REDLICH, 1958; LAUTER, 1977, S. 420; KATSCHNIG & STROTZKA, 1977, S. 276).

Bis jetzt hat sich dieser Abschnitt mit dem Zusammenhang von Sozialschicht und psychischer Erkrankung in allen Altersgruppen beschäftigt, im folgenden wird nun auf den Zusammenhang spezifisch bei alten Menschen eingegangen. Alte Menschen stellen in der heutigen Industriegesellschaft in bezug auf ihre Einkommensklasse, Sozialprestige, ihre Wohnungsbedingungen, ihre soziale Integration eine unterprivilegierte Gruppe dar (GRAD de ALARCON, 1971, S. 175; LAUTER, 1974, S. 293). Es kommt noch hinzu, daß diese Unterprivilegierung nicht gleichmäßig über die ganze Altenpopulation verteilt ist, sondern in bestimmten Gruppen kumuliert und somit zu einer Mehrfachbenachteiligung führt (LEHR, 1976). Es haben sich daher Forscher immer wieder die Frage gestellt, welche Beziehung zwischen dieser besonderen sozialen Situation und den psychiatrischen Alterserkrankungen besteht.

Wie bei der Gesamtbevölkerung haben sich auch bei den älteren Menschen in den Industriegesellschaften niedriger sozioökonomischer Status und soziale Isolation als wichtigste einander überschneidende Korrelate psychischer Erkrankungen erwiesen. Auch hier jedoch sind die Befunde keineswegs eindeutig und schwer interpretierbar. Zunächst brachten ökologische Untersuchungen Beweise über einen Zusammenhang zwischen Sozialschicht und psychischer Alterserkrankung. So fanden FARIS & DUNHAM (1939) bei ihrer Untersuchung in Chicago, daß die Ersthospitalisierungsraten von alten Menschen mit senilen und arteriosklerotischen Psychosen in den zentralen Stadtgebieten mit ungünstigen Wohnbedingungen und schlechten sozialen und wirtschaftlichen Verhältnissen am höchsten, in den wohlhabenden Randgebieten der Großstadt dagegen am niedrigsten waren.

Dieses Ergebnis wurde u.a. durch REIMANN & HÄFNER (1972) in Mannheim bestätigt. Hier fanden sich in der Innenstadt höhere Erstkonsultationsraten als in den Stadtrandbezirken. Allerdings waren die durchschnittlichen Lebensbedingungen für ältere Menschen in der Innenstadt nicht so viel schlechter als in den Stadtrandbezirken, so daß diese Unterschiede auch auf die dichte Besiedlung oder die kurze Entfernung zwischen Wohnort und Behandlungseinrichtung u.ä. zurückgeführt werden könnte. Die Untersuchung erbrachte des weiteren, daß höherer sozioökonomischer Status mit häufiger Konsultation eines niedergelassenen Facharztes in früheren Krankheitsstadien, niederer Sozialstatus aber mit gehäufter Aufnahme in das psychiatrische Landeskrankenhaus in späteren Krankheitsstadien korreliert sind (siehe zu dieser Untersuchung ausführlicher Abschnitt 2.5.). Das Krankheitsverhalten weist also eindeutig einen sozioökonomischen Gradienten auf. Ob dies auch für die Häufigkeit der wahren Prävalenz oder Inzidenz psychischer Alterserkrankungen gilt und nicht nur für die Inanspruchnahme-Inzidenz bzw. Prävalenz, kann nur aufgrund von Feldstudien wie der vorliegenden entschieden werden.

Die beiden Feldstudien, die sich bisher vor allem mit den sozialen Korrelaten psychischer Alterserkrankungen befaßt haben, erbrachten jedoch widersprüchliche Ergebnisse. KAY et al. (1964) fanden in Newcastle, Großbritannien, keinen Zusammenhang zwischen psychischen Alterserkrankungen und sozialer Schicht. Die Autoren unterscheiden bei ihrer Analyse des Zusammenhangs zwischen sozialen Variablen und psychischer Erkrankung im Alter zwischen organischem Psychosyndrom einerseits und funktionellen psychischen Erkrankungen andererseits, da man zu unterschiedlichen Interpretationen eines Zusammenhangs zwischen sozialen Variablen und psychischer Erkrankung je nach Art der psychischen Störung kommen kann.

Sie fanden allerdings einen Zusammenhang zwischen organischen psychischen Störungen und Armut, d.h. mit niedrigen Einkommen und armseliger häuslicher Ausstattung. Die Autoren glauben nicht, daß diese Faktoren im allgemeinen als Ursache organischer psychischer Erkrankung im Alter angesehen werden können. Diese Faktoren seien vielmehr mit chronologischem Alter, einem wichtigen ätiologischen Faktor für organisches Psychosyndrom verbunden. In einigen Fällen jedoch scheine eine unzureichende Ernährung, die teilweise eine Folge des psychischen Defizits selbst sind und teilweise auf die ökonomischen Einschränkungen zurückzuführen sind, zur Entwicklung psychischer Symptome beigetragen zu haben. Sie nehmen an, daß bei günstigeren wirtschaftlichen Bedingungen zumindest der Fortschritt der Psychose hätte verzögert werden können.

LOWENTHAL et al. (1967) fanden dagegen in San Francisco, USA, positive Zusammenhänge zwischen der Prävalenz psychischer Störungen und niedrigem sozioökonomischen Status. Psychische Erkrankungen traten eher bei alten Menschen auf, die aus statistischen Bezirken mit niedrigem sozioökonomischen Status stammten, ein niedriges Einkommen, eine niedrige Schulbildung und deren hauptsächlich ausgeübter Beruf ein niedriges Sozialprestige hatte.

In einer weiteren Analyse dieser Daten wurden mit Hilfe von Kontingenztafeln einige Variablen konstant gehalten, u.a. der körperliche Zustand gemessen, aufgrund vorangegangener Krankheitsepisoden, Arztkontakte und soziales Aktivitätsniveau, womit vor allem außerfamiliäre Kontakte erfaßt wurden. Bei dieser Mehrvariablenanalyse zeigte sich kein Effekt von sozioökonomischem Status auf psychische Erkrankung mehr. Betrachtet man allerdings die Geschlechter getrennt, so bleibt der Zusammenhang bei Männern erhalten. Dies läßt BERKMAN (1967, S. 71) und LOWENTHAL (1968, S. 188) vermuten, daß Männer entsprechend den Anforderungen unserer Kultur einen größeren Wert auf instrumentelle Rollen legen. Das heißt, daß Männer emotional stärkeres Gewicht auf ökonomischen Erfolg und berufliche Leistung legen als Frauen, so daß niedriger sozioökonomischer Status bei Männern mit mehr Streß verbunden ist als bei Frauen.

Bei beiden Geschlechtern nahm der Zusammenhang zwischen sozioökonomischen Status und psychischer Beeinträchtigung mit zunehmendem Alter ab, was nach LOWENTHAL (1968, S. 188) möglicherweise die Dissoziation von dem vorherrschenden Wert, der auf Leistung gelegt wird, reflektiert.

2.2.4. Isolierende Lebensereignisse und psychische Erkrankung

Streßvolle Lebensereignisse sind eine weitere wichtige Variable, die in zahlreichen Untersuchungen mit psychiatrischer Morbidität in Verbindung gebracht wurde (DOHRENWEND & DOHRENWEND, 1974; GUNDERSON & RAHE, 1974; ANDREWS et al., 1978). Obwohl die ersten Ergebnisse kontrovers waren, zogen sie rasch Aufmerksamkeit auf sich. In den zahlreichen folgenden Untersuchungen fanden sich im allgemeinen niedrige, wenn auch eine große Zahl signifikanter Korrelationen zwischen diesen beiden Variablen. Diese Arbeit beschränkt sich auf die wichtigsten isolierenden Lebensereignisse im Alter.

Die sinkende Funktionalität der erweiterten Familie und die Partnerwahl durch Liebe haben ein hohes affektives und sozioökonomisches Gewicht auf die Heiratseinheit gelegt. So führt der Tod des Partners notwendigerweise zu einer Desorganisation eines großen Teils des Lebens des Zurückbleibenden (s. u.a. ZNANICKI, 1973, S. 103).

Verwitwung und Verlust naher Angehöriger ist, sofern das schon länger zurückliegt, vielleicht das bedeutsamste isolierende Ereignis im höheren Lebensalter. Dieses soziale Trauma kann einigermaßen zuverlässig durch Familienstand erfaßt werden. Gegenüber länger zurückliegender Verwitwung stellt kürzliche Verwitwung eher ein seelisches Trauma dar. Daß diese schwere Belastungssituation zu psychischer Erkrankung führt, wird durch Ergebnisse von PARKES (1964) und STEIN & SUSSER (1970) nahegelegt, die eine dramatische Häufung der Aufnahme in psychiatrische Institutionen in den ersten Monaten nach dem Verlust des Ehepartners fanden. Zumindest scheint Verwitwung eine Ursache für die Aufnahme in psychiatrische Betreuung zu sein und möglicherweise ist es auch eine Ursache für den Ausbruch psychischer Erkrankung.

Die Berufsaufgabe stellt für den älteren Menschen, insbesondere für den Mann, den Verlust seiner wichtigsten sozialen Rolle in einer arbeitsorientierten Gesellschaft dar. Sie kann dazu führen, daß er seinen Status verliert, und daß nicht nur sein Einkommen, sondern auch seine sozialen Kontakte vermindert werden. Für die meisten Menschen in unserer Gesellschaft ist die Berufsaufgabe ein erster Schritt in Richtung auf soziale Abhängigkeit. Es wird keine volle soziale Verantwortlichkeit mehr verlangt, wenn die Verpflichtung zur Arbeit endet. Es ist deshalb nicht verwunderlich, daß nach einer weit verbreiteten Meinung das Ausscheiden aus dem Berufsleben für ältere Menschen eine starke psychologische Belastung bedeutet.

TOWNSEND (1957) beschreibt z.B. auch das Absinken der Moral und das Gefühl der Sinnlosigkeit bei Männern, die ihre

Arbeit aufgegeben haben. Dieser psychologische Streß bedeutet nicht, daß die Pensionierung eine Lebenskrise oder eine Häufung psychischer Erkrankung auslösen muß.

Die bisherigen Untersuchungen über den Zusammenhang von Pensionierung und psychischer Erkrankung, u.a. von RICHARDSON (1965) in Großbritannien fanden, daß die Erstaufnahmeraten in psychiatrischen Krankenhäusern für die meisten Diagnosegruppen im Rentenalter abnehmen. Dagegen hat JAMBOR (1962) in San Francisco (USA) bei einem Vergleich von über 65jährigen psychiatrischen Patienten mit einer gleichaltrigen Vergleichsgruppe aus der Wohnbevölkerung, keinen Unterschied zwischen beiden Gruppen hinsichtlich ihres Pensionierungszeitpunktes gefunden. LOGAN & CUSHION (1960) berichten dagegen eine höhere Rate von pensionierten Patienten, die einen Allgemeinpraktiker wegen einer Depression konsultieren als dies bei noch arbeitenden Männern über 65 der Fall ist. Bei allen zitierten Untersuchungen wird nur die Konsultationsrate untersucht und nicht die wahre Prävalenz oder Inzidenz psychischer Erkrankungen. Man kann also sagen, daß die bisherigen Untersuchungen keine schlüssige Auskunft darüber geben, ob die Rate psychischer Erkrankungen durch die Pensionierung ansteigt.

Zum Schluß dieses Abschnitts soll noch die Frage aufgeworfen werden, ob Umzug bzw. Wohnungswechsel oder Binnenmigration das psychiatrische Erkrankungsrisiko erhöht. ØDEGARD (1975, S. 174) hält es für möglich, daß sowohl Migration und Umzug einen Streß darstellen, als auch das zu lange Verbleiben an einem Ort. Detaillierte Studien (WILNER et al., 1962; JOHNSON, 1970) haben bisher nicht die Annahme bestätigt, daß Umzug selbst einen Streß darstellt, der zu Isolation führt. Es fragt sich allerdings, ob dies auch für das höhere Lebensalter gilt. Binnenmigration scheint in den meisten Fällen eher mit einer Verringerung der Rate psychischer Erkrankungen verbunden zu sein (DALGARD, 1971; ØDEGARD, 1971). Es wurden allerdings wiederum nur Konsultationsraten betrachtet, so muß die Frage offen bleiben, welchen Einfluß Umzug auf die psychische Gesundheit älterer Menschen hat.

2.3. Der Begriff soziale Isolation und seine Bedeutung für psychische Erkrankung

Unter den Umweltfaktoren psychischer Erkrankung ist sozialer Isolation bzw. Integration seit langem eine besondere Bedeutung zugemessen worden. Seit E. DURKHEIMs klassischem Werk 'Le Suicide' (1897) sind solche einander überschneidende Konzepte wie 'Anomie', 'Entfremdung', 'alienation' und 'soziale Isolation' als Determinanten für Selbstmord angesehen worden, Aufgrund der empirischen Forschung haben sich auch im folgenden überzeugende Hinweise für einen kausalen Zusammenhang zwischen diesen Variablen einerseits und Selbstmordraten andererseits ergeben (CAVAN, 1928; SAINSBURY, 1955; ASHFORD & LAWRENCE, 1976). In der Schizophrenieforschung ist soziale Isolation immer wieder als ein disponierender und auslösender Faktor für die Krankheit angesehen worden (s. u.a. FARIS, 1934; WEINBERG, 1950; JACO, 1954; COOPER, 1978). Auch bei der Untersuchung von Alterserkrankungen (GRAD de ALARCON, 1971; LAUTER, 1974) wurden aus vielen Ländern klinische und statistische Zusammenhänge mit Isolation berichtet.

Es scheint kaum mehr ein Zweifel zu bestehen, daß soziale Isolation für die Untersuchung psychischer Erkrankungen ein wichtiges Konzept ist. Allerdings bleibt dieses Konzept immer noch schwer faßbar. 80 Jahre nach E. DURKHEIM, 40 Jahre nach der Veröffentlichung der Pionierarbeit von FARIS & DUNHAM (1939) fehlt uns nicht nur ein klar bestimmtes soziogenetisches Modell, sondern auch eine allgemein anerkannte Festlegung des Begriffes 'soziale Isolation'. Der Zusammenhang zwischen Umweltfaktoren und Krankheit wurde innerhalb ganz verschiedener Wissenschaftstraditionen behandelt und in der Literatur wurden ganz unterschiedliche Konzepte von sozialer Isolation verwendet. In diesem Abschnitt soll eine Auswahl derjenigen Definitionen getroffen werden, die für die vorliegende Arbeit von Bedeutung sein könnten, und es soll der Stand der Forschung über den Zusammenhang von 'sozialer Isolation' und 'psychischen Störungen' dargestellt werden.

Einige Autoren, die sich mit eng damit verbundenen Problemen befaßt haben (u.a. BOWLBY, 1969; 1977; 1980) und ähnliche Meßinstrumente verwendet haben (BROWN et al. 1975, MILLER & INGHAM, 1976, HENDERSON et al., 1978, 1980) haben statt 'soziale Isolation' umgekehrte Begriffe wie 'soziale Integration', 'soziale Bindungen' und 'attachement' verwendet.

Ähnliche Probleme werden auch unter Begriffen wie 'soziales Netzwerk' (s. u.a. Adams, 1967; BOTT, 1971; BARNES, 1969; KÄHLER, 1975), unter 'ambience' (CAPLOW, 1955), 'Verkehrskreis' (SCHNEIDER, 1970) und 'reticulum' (KAPFERER, 1973) abgehandelt, die sich zumindest teilweise überschneiden. Es gibt in der Literatur nur sehr wenige Arbeiten, die sich theoretisch oder empirisch explizit mit dem Zusammenhang zwischen 'sozialem Netzwerk' und 'psychischer Erkrankung' befaßt haben. Dies wird auch in der vorliegenden Arbeit nicht angestrebt. Es sollen nur diejenigen sozialen Beziehungen untersucht werden, die aus dem Gesamtnetzwerk herausgegriffenen Einheiten unterhalten und die BARNES (1969) als 'first order stars' bezeichnet hat. Im strengen Sinn handelt es sich also um keine soziale Netzwerkanalyse, denn "von Netzwerkanalysen kann im Grunde erst dann gesprochen werden, wenn zur Erklärung von Verhaltensweisen oder Eigenschaften einer Untersuchungseinheit, zusätzlich zu den Beziehungen zu den verschiedenen Kontakteinheiten, die Beziehungen zwischen diesen Kontakteinheiten berücksichtigt werden" (KÄHLER, 1975, S. 284).

Die Verwendung des Begriffs 'soziale Isolation' in der gerontologischen Literatur haben TOWNSEND et al. (1968, S. 260) zusammengefaßt. Danach kann bei alten Menschen Isolation von der Gesellschaft im folgenden Sinne auftreten:

1. 'peer-contrasted isolation' - wenn man sie mit den Mitgliedern ihrer Generation vergleicht.
2. 'generation-contrasted isolation' - wenn man sie mit jüngeren Menschen vergleicht.
3. 'desolation' oder 'age-related isolation' - wenn man einen Vergleich anstellt, mit den Sozialbeziehungen und Aktivitäten, die dieselben Menschen in einem früheren Stadium ihres Lebenszyklus unterhalten haben und schließlich
4. 'preceding cohort isolation' - wenn man einen Vergleich anstellt mit den vorausgehenden Generationen alter Menschen.

Darüber hinaus unterscheidet TOWNSEND, ob Isolation in bezug auf den Lebenszyklus eines Individuums lebenslang, intermittierend, eben erst beginnend oder ein Endzustand ist. Die vorliegende Arbeit wird sich hauptsächlich auf 'peer-contrasted isolation' beschränken und in mehr spekulativer Weise auch 'desolation' einbeziehen.

Die für diese Arbeit relevanten Definitionen von sozialer Isolation lassen sich in vier Kategorien einordnen:

Zunächst wird soziale Isolation (1) auf kollektiver Ebene, oft austauschbar mit Anomie als Kontext- oder ökologische Variable verwendet, auf der Individualebene im Sinne von (2) Alleinleben im Haushalt oder (3) Kontaktmangel, als (4) Mangel an Hilfs- und Unterstützungsmöglichkeiten durch Sozialbeziehungen und schließlich als (5) Abgeschnittensein von anderen Menschen und Gruppennormen im Sinne von 'alienation' und 'anomia'. Unter dem Begriff 'soziale Isolation' sollen nicht subjektive Gefühle wie Einsamkeit und Verlassenheit subsummiert werden. Wie die unterschiedlichen Begriffe von sozialer Isolation auf zwei Untersuchungsebenen angeordnet sind, versucht die folgende Tab. 2.1. darzustellen.

Tab. 2.1
Untersuchungsebenen der sozialen Isolation

Untersuchungsebenen		Begriffe der sozialen Isolation
Kollektivebene		1. Soziale Isolation bzw. Anomie als Merkmal von Wohngebieten
Individualebene	Dimension d. sozialen Interaktion	2. Alleinleben im Haushalt etc. 3. Soziale Isolation als Kontaktmangel
	sozialpsychologische Dimension	4. Mangel an Hilfs- u. Unterstützungsmöglichkeiten aus Sozialbeziehungen 5. Isolation von Gruppennormen ('alienation', 'anomia')

Die Begriffe 'sozialer Isolation' werden von den Kontextvariablen bis hin zu 'anomia' immer subjektiver. Daher kann man vermuten, daß sie eine kausale Kette bilden. In Gebieten mit 'sozialer Isolation' und 'anomie' tritt bei älteren Menschen gehäuft ein Mangel an Sozialkontakten auf. Je weniger Sozialkontakte ältere Menschen haben, desto weniger Hilfe und Unterstützung können sie erwarten und dies führt wiederum zu 'anomia' und über Einsamkeitsgefühle zu einem erhöhten Risiko psychisch zu erkranken. Zwischen allen Variablen der kausalen Kette sind außerdem indirekte Effekte denkbar. Es ist klar, daß es sich dabei zwar um ein plausibles, aber nur um eines der denkbaren Modelle handelt. So könnten möglicherweise auch zirkuläre Zusammenhänge bestehen, wobei sich jeweils zwei Komponenten unterstützen.
    Eine andere Möglichkeit wäre auch, daß alle aufgeführten Aspekte 'sozialer Isolation' so eng zusammenhängen, daß sie einen gemeinsamen Faktor bilden, oder daß einer als Indikator für die anderen akzeptiert werden könnte.

2.3.1. Soziale Isolation und Anomie als Kontextvariablen: der sozialökologische Forschungsansatz

E. DURKHEIM hat den Anomie-Begriff in seinem Werk 'De la Division du Travaille Sociale' (1893) in die Soziologie eingeführt und in seinem Werk 'Le Suicide' (1897) näher ausgearbeitet. In dem ersten Werk charakterisiert er damit einen Zustand sozialer Desintegration, der durch zunehmende gesellschaftliche Arbeitsteilung entstanden ist, in dem soziale Kontakte zwischen den Arbeitenden abgebaut und dadurch befriedigende Sozialbeziehungen verhindert werden. In dem zweiten Werk beschreibt er damit einen Zustand sozialer Desintegration, in dem ordnungsschaffende Mechanismen im Sozialsystem fehlen; das gesellschaftliche Handeln des Individuums ist an keine allgemeinverbindlichen Normen mehr gebunden. Der objektive Zustand gesellschaftlicher Anomie spiegelt sich im subjektiven Verhalten wider, d.h. die anomische Situation kann durch unterschiedliche Formen der Situationsbewältigung beantwortet werden, die als abweichendes Verhalten definiert werden.

E. DURKHEIM hat Anomie nicht explizit definiert oder eindeutige Ansätze der Theorie der Anomie entwickelt. Seine Vorstellungen über Anomie bilden so nur Ansatzpunkte für spätere Interpreten. T. PARSONS (1937) hat wieder auf den heuristischen Wert des Begriffes aufmerksam gemacht. Aber erst durch R.K. MERTONs berühmten Aufsatz 'Social Structure and Anomie' (1938) und seine folgenden Arbeiten (1949, 1957) hat der Begriff eine herausragende Stellung in der theoretischen Diskussion gewonnen.

Im Sinne der Auflösung eines sozialen Gebildes werden häufig austauschbar mit Anomie 'soziale Desintegration' und 'soziale Desorganisation' verwendet. Soziale Desorganisation drückt sich nach G.C. HOMANS (1960) in einer Verminderung der Anzahl der von der Gruppe ausgeübten Aktivitäten, in einer abnehmenden Häufigkeit der Interaktionen, in einer Verringerung der Stärke der zwischenmenschlichen Gefühle und in einem Verlust der Kontrolle im Sinne der Hemmung des individuellen Verhaltens aus.

2.3.1.1. Untersuchungen über Patienten psychiatrischer Einrichtungen

Parallel zu den Forschungen DURKHEIMs, die man heute als Kontextanalyse bezeichnen würde, hat sich in den Vereinigten Staaten der sozialökologische Forschungsansatz entwickelt. Der Begriff 'Ökologie' wurde Mitte des letzten Jahrhunderts von dem Zoologen und Populärphilosoph E. HAECKEL (1866) vorgeschlagen. Er sollte die gesamten Beziehungen des Organismus zu seiner Umwelt einschließlich aller anderen Organismen, mit denen er in Berührung kommt, beinhalten. In der sog. Chicagoer Schule wurde Anfang der 20er Jahre dieses Jahrhunderts die ökologische Betrachtungsweise aufgenommen und der Begriff auf die menschliche Gesellschaft übertragen, insbesondere auf das Entstehen, das Wachstum und die Rückbildung von Städten und die Herausbildung von sozialer Pathologie innerhalb städtischer Strukturen (PARK & BURGESS, 1921).

Auf diesem Hintergrund und in der theoretischen Tradition Chicagoer Sozialpsychologen wie W.E. THOMAS, G.H. MEAD, C.H. COOLEY und Soziologen wie H.E. PARK, E. BURGESS und W. OGBURN entstand neben anderen Arbeiten über abweichendes Verhalten, die schon im vorhergehenden Abschnitt besprochene erste systematische Untersuchung über die räumliche Verteilung von psychischen Störungen durch FARIS & DUNHAM (1939) in Chicago.

Als Ergebnis ihrer Studie zeigten FARIS & DUNHAM, daß die Raten und Typen behandelter psychischer Erkrankungen mit den sozialen Merkmalen von Großstadtgebieten verbunden sind. Hohe Einweisungsraten in psychiatrische Institutionen traten häufiger in 'zentralen nekrotischen Stadtgebieten' auf, die auch auf den höchsten Anteil von Einpersonen-Haushalten aufwiesen.

Nach der Beendigung ihrer Untersuchung gaben die Autoren ihren theoretischen Vorannahmen entsprechend eine Erklärung für ihre Ergebnisse, im Sinne der 'social causation models': "in jenen am meisten desorganisierten Teilen der Stadt, und zudem in unserer gesamten Zivilisation, finden sich viele Personen außerstande, von den normalen Quellen psychische Unterstützung zu bekommen, um ihre Welt in üblicher Weise zu organisieren. Das kann dazu führen, daß jede Art von Ordnung überhaupt fehlt, was zu einer verwirrten, frustrierten und chaotischen Persönlichkeit führt; oder es kann sich eine komplizierte oder ungewöhnliche und eigenartige Ordnung entwickeln. In beiden Fällen ergibt sich eine ernste Abweichung von der konventionellen Ordnung, die Kommunikation und Verständnis unmöglich und damit jede Form von Zusammenarbeit schwierig macht. Genau diese Art unbegreiflichen Verhaltens wird dann psychische Erkrankung genannt (FARIS & DUNHAM, 1939, S. 159). Die Autoren verwendeten also soziale Isolation im Sinne von Anomie zur Erklärung der Ergebnisse ihrer Studie.

Später wurden ihre Ergebnisse in anderen amerikanischen Großstädten und in anderen Ländern repliziert. Obgleich bei dieser stadtökologischen Forschung die Hauptbetonung immer auf Schizophrenie lag, wurden auch für senile und arteriosklerotische Psychosen weitgehend ähnliche Verteilungsmuster gefunden. Bisher haben sich aus ökologischen Untersuchungen die meisten Nachweise über einen Zusammenhang von sozialer Isolation und psychischer Erkrankung im Alter ergeben (FARIS & DUNHAM, 1939; KLEE et al., 1967; LEVY & ROWITZ, 1970; REIMANN & HÄFNER, 1972). Da hierbei aber soziale Isolation immer nur als Kontextvariable verwendet wurde, besteht die bereits von ROBINSON (1950) aufgewiesene Gefahr des ökologischen Fehlschlusses (s. hierzu ausführlicher am Ende des Abschnitts 2.3.1.2.). In all diesen Untersuchungen blieb außerdem die Bedeutung von sozialer Isolation als ätiologischem Faktor wegen der methodischen Probleme immer noch unklar, vor allem wegen der problematischen Ursachen-Wirkungs-Kette, die sich hinsichtlich Schizophrenie in der bereits in Abschnitt 2.2.3. dargestellten Kontroverse über soziale Verursachung gegenüber sozialer Selektion ausdrückte. Eine weitere Schwäche dieser Untersuchungen ist, daß sie lediglich von psychiatrischen Behandlungsraten ausgingen und nicht von wahrer Prävalenz oder Inzidenz.

Die ökologischen Unterschiede in den Erkrankungsraten, die diese Auseinandersetzungen ausgelöst hatten, wurden von GERARD & HOUSTON (1953) aufgrund ihrer Untersuchungen in Worcester, Massachusetts und von HARE (1956) in Bristol auf Unterschiede im Anteil der Alleinlebenden in den Bezirken zurückgeführt. Es erscheint zu diesem Erklärungsansatz widersprüchlich, wenn als weitere Kontextvariable, die hohe psychiatrische Erkrankungsraten bewirken könnte, von MARSELLA et al. (1970), DESOR (1972), ØDEGARD (1975) hohe Wohndichte genannt werden. Es handelt sich dabei aber nur um ein Scheinparadox, denn in 'nekrotischen Stadtbezirken' kann sowohl der Anteil der Alleinlebenden als auch die Wohndichte sehr hoch sein, was tatsächlich Faktoren sein könnten, die sich auf den psychischen Gesundheitszustand negativ auswirken. Diese Annahme über die Auswirkung hoher Wohndichte leiten die drei Autoren aus experimentell erzeugten Neurosen bei Tieren ab, die in übervölkerten Käfigen gehalten wurden. Als pathogenetischer Faktor wird der daraus resultierende Anstieg sozialer Stimulation vermutet, der nicht nur von der Zahl der Tiere pro Quadratmeter, sondern von komplexen Mustern innerhalb der Gruppe abhängt. Für menschliche Populationen, die unter Überbevölkerung leben, werden als Symptome Erregung, Rückzug, Angst, Gewalt und psychosomatische Störungen genannt (s. ØDEGARD, 1975, S. 159).

2.3.1.2. Sozialpsychiatrische Feldstudien

Es gibt einige Untersuchungen über den Zusammenhang von wahrer Prävalenz mit sozialer Desorganisation (u.a. LEIGHTON, 1959, 1963; DALGARD, 1980). LEIGHTON et al. haben in den 50er Jahren die sog. 'Stirling County Study' - so nannten sie ein überwiegend ländliches Gebiet in Neuschottland, Kanada - durchgeführt. Ihre grundlegende Hypothese war, daß schwere soziale Desorganisation einer Gemeinde psychologischen Stress hervorruft. Bei einem Mangel an Resourcen, um mit diesem Stress fertig zu werden, resultiert daraus psychologischer 'strain' und aus diesem entstehen psychiatrische Störungen (s. LEIGHTON, 1959, S. 326). Das 'social causation model' psychischer Erkrankung ist der Ansicht dieses Autors nach eng mit dem Modell der desintegrierten Gesellschaft verbunden (s.a. LEIGHTON & LEIGHTON, 1967).

Die Untersucher verglichen die Daten aus zwei hochintegrierten Gemeinden mit denen aus drei kleinen extrem desintegrierten Gemeinden. Das Risiko, psychisch zu erkranken war, in den desintegrierten Gemeinden beträchtlich höher als in den integrierten.

Als ein Haupthindernis bei der Interpretation ihrer Ergebnisse nennen die Untersucher selbst die uralte Frage, ob der Charakter einer Gemeinde das Leben ihrer Einwohner determiniert oder die Personen den Charakter der Gemeinde. So könnten psychische Störungen eher ein Index als ein Ergebnis von sozialer Desintegration sein. "So sind wir auf der Suche nach sozialen und kulturellen Korrelaten psychischer Erkrankung und ihrer möglichen ätiologischen Signifikanz durch die Schwierigkeit behindert, ob die postulierten unabhängigen und abhängigen Variablen wirklich unterschiedlich sind oder eher verwobene Fäden eines komplexen Ursache- und Wirkungssystems" (SCHWAB & SCHWAB, 1978, S. 198).

Anfang der 60er Jahre wurden die Gemeinden des 'Stirling County' erneut untersucht. Eine von ihnen 'The Road', die 1952 als stark desintegriert betrachtet worden war, hatte sich aufgrund verbesserter ökonomischer Möglichkeiten, der Führung durch einen Lehrer und der verbesserten Kommunikation mit der übrigen Gesellschaft (Fernsehen und der Beschäftigung in einer großen, entfernten Stadt) dramatisch verändert. Auf dem Index Integration-Desintegration wurde 'The Road' nun als integriert bewertet. Das emotionale Klima hatte sich geändert und die Änderung wurde durch eine bemerkbare Abnahme der Prävalenz psychischer Störungen zwischen 1952 und 1962 reflektiert. Die beiden anderen desintegrierten Gemeinden, die sich in diesen Jahren nicht wesentlich verändert hatten, wiesen

1962 eine bedeutend größere Häufigkeit psychischer Störungen auf als 'The Road' (s. LEIGHTON, 1965). Die LEIGHTONs haben in kulturvergleichenden Untersuchungen festgestellt, daß der Grad der Desintegration von Gemeinden auch in anderen Teilen der Welt mit psychischem Erkrankungsrisiko verbunden ist (u.a. LEIGHTON et al., 1963, 1971).

DALGARD (1980) hat die von LEIGHTON formulierte Hypothese zum ersten Mal systematisch in einer großen Stadt, nämlich in Oslo, Norwegen, überprüft. Er untersuchte einige geographisch definierte Einzugsgebiete für die kürzlich reorganisierten 'mental health' - Dienste in Oslo. Er fand, daß in Gebieten, die durch eine Kombination von geringer Bevölkerungsstabilität (hohe Zuzüge und Wegzüge), verzerrte Altersverteilung, Mangel an kollektiven und individuellen Resourcen gekennzeichnet waren, die Bevölkerung "einem erhöhten Risiko psychischer Störungen ausgesetzt ist", vielleicht weil diese Typen von Umgebungen es weniger wahrscheinlich machen, daß supportive soziale Netzwerke entwickelt werden und andauern.

DALGARD hat versucht, durch Kombination von Daten auf Kontext- und Individualebene abzusichern, daß es sich bei den von ihm gefundenen Effekten tatsächlich um Gebietseffekte handelt. Der Wert von Aggregatanalysen - dazu zählen die meisten in Abschnitt 2.3.1. besprochenen Untersuchungen - wurde nämlich in einer lang anhaltenden Diskussion in Frage gestellt, die von der statistisch begründeten Kritik des 'ökologischen Fehlschusses' durch ROBINSON (1950) ausging. Mit dem ökologischen Fehlschluß ist das unzulässige Schließen von Resultaten auf der Gebietsebene auf Resultate auf der Individualebene gemeint. Diese Kritik hat den Anstoß zur Kombination von Daten auf verschiedenen Ebenen in der Mehrebenenanalyse - speziell in der von Kontextdaten und Individualdaten - gegeben (SCHEUCH, 1972; HUMMELL, 1972; LINDENBERG, 1977).

2.3.2. Soziale Isolation als Alleinleben und Kontaktmangel

In der ökologischen Forschung ist beim Vergleich der Bevölkerung statistischer Bezirke auch der Anteil an Einpersonen-Haushalten als Index für soziale Isolation verwendet worden. Direkte Untersuchungen haben die zugrunde liegende Annahme unterstützt, nämlich, daß diejenigen, die alleine leben, ein erhöhtes Risiko haben, isoliert zu werden. TUNSTALL (1966) fand in einer Untersuchung von vier Gebieten in England, daß 68 % derjenigen, die alleine lebten, entsprechend seinem operationalen Kriterium, welches auf der Häufigkeit von Familienkontakten und anderen sozialen Kontakten beruhte, als sozial isoliert kategorisiert werden konnten. Der Anteil alter Menschen, der nach diesem Kriterium insgesamt isoliert war, betrug nur 21 %, so daß der statistische Zusammenhang sehr stark war. Es muß jedoch darauf hingewiesen werden, daß trotzdem ein Drittel aller Personen, die alleine lebten, nicht als isoliert klassifiziert werden konnten.

NIELSEN (1962) fand bei einer Untersuchung der Bevölkerung der dänischen Insel Samsø, daß die Prävalenz psychischer Störungen bei über 65jährigen nicht mit Alleinleben und Familienstand verbunden war. Allerdings zeigte sich bei den Ledigen und Verwitweten eine Tendenz zu höheren Erkrankungsraten als bei den Verheirateten.

KAY et al. führten 1964 eine ähnliche aber ausführlichere Studie in der Stadt Newcastle upon Tyne in Großbritannien an einer Zufallsstichprobe aus verschiedenen Gebieten der Stadt durch. Auch sie fanden keinen Zusammenhang zwischen psychischer Erkrankung einerseits und Alleinleben bzw. Familienstand andererseits.

Dagegen fanden LOWENTHAL und ihre Mitarbeiter (LOWENTHAL, 1964; 1965) bei der Untersuchung an einer Gemeindestichprobe von 600 alten Menschen in San Francisco, USA, eine bedeutend höhere Rate psychischer Störungen bei Verwitweten und Ledigen als bei Verheirateten. Die Ergebnisse bisheriger Felduntersuchungen an alten Menschen sind also widersprüchlich hinsichtlich des Zusammenhangs von Alleinleben bzw. Familienstand als Indizes für soziale Isolation einerseits und psychischer Erkrankung andererseits.

Oft finden sich in der Literatur auch Definitionen, in denen soziale Isolation als Mangel oder das Fehlen von sozialen Interaktionen begriffen wird. So formuliert TEWS (1979, S. 356) folgendermaßen: "Personen mit wenigen Kontakten gelten als isoliert, wenn sie ein Minimum an Kontakten nicht aufweisen ... Die Grenzen der Kontakthäufigkeit, von denen aus man jemanden als isoliert bezeichnet, kann man nur willkürlich setzen". In diesem Zitat ist von einem Zustand die Rede. Bei anderen Autoren jedoch wurde soziale Isolation als ein Prozess definiert, z.B. von MUNNICHS (1964, S. 229): "Isolation definieren wir hier als den objektiv beobachtbaren Prozess der allmählichen Verminderung der Anzahl der Kontakte eines Individuums".

Eine Verminderung der sozialen Rollen mit zunehmendem Alter, d.h., daß das Individuum weniger sozialen Netzwerken angehört, was weniger Kontakte und eine Abnahme der Kontaktintensität beinhaltet, ist auch in einer Reihe von empirischen Studien bestätigt worden (PHILIPPS, 1957; BLAU, 1961; TUNSTALL, 1966) (s. hierzu auch die in Abschnitt 2.4. dargestellte

Debatte um die Disengagement-Theorie). Um Konfusionen zu vermeiden, wäre es günstig, Isolation als Zustand von Isolierung als Prozess zu differenzieren.

Die Ergebnisse bisheriger Felduntersuchungen über den Zusammenhang von Mangel an Sozialkontakten und psychischer Erkrankung im Alter sind sehr widersprüchlich. KAY et al. (1964b) fanden eine schwache Beziehung von sozialer Isolation, sowohl mit organischen als auch mit funktionellen psychischen Erkrankungen, d.h. die Kranken hatten weniger tägliche Kontakte als die Normalen.

Bei der Interpretation ihrer Ergebnisse betonen die Autoren die Schwierigkeit, Ursachen und Auswirkungen von Krankheit voneinander zu trennen. Darüber hinaus könne dasselbe Merkmal unterschiedliche Interpretationen verlangen, wenn es mit unterschiedlichen Störungen verbunden sei. Eine weitere Möglichkeit bei der Untersuchung einer Gemeindestichprobe bestehe darin, daß das Merkmal weder die Ursache noch die Wirkung einer Erkrankung sei, sondern daß es lediglich dem Merkmalsträger ermöglicht habe, weiterhin trotz seiner Krankheit in der Gemeinde zu leben. So ist es z.B. Verheirateten eher als Ledigen oder Verwitweten möglich, eine Heimeinweisung zu vermeiden, wenn sie an einem organischen Psychosyndrom leiden (s. KAY et al., 1964b, S. 675). Sie erinnern auch daran, daß die interviewten Probanden eine ausgewählte Population überlebender Individuen darstellen. Die Todesrate sei unter Verwitweten wesentlich höher als unter Verheirateten beiderlei Geschlechts.

Obwohl sie aufgrund ihrer Daten keine definite Konklusion ziehen können, vermuten die Autoren, daß bei organischen Psychosyndromen wegen der damit verbundenen körperlichen Unfähigkeit und Immobilität soziale Isolation eher eine Wirkung als eine Ursache der Krankheit ist. Andererseits könnte aber auch ein durch Isolation verursachter Mangel an geistiger Stimulation zu Depressionen, Apathie, Tendenzen der Selbstvernachlässigung, z.B. durch unangemessene Ernährung führen, wodurch wiederum der psychische Zustand beeinträchtigt werde.

Bei funktionellen psychischen Störungen zeigten die Autoren, daß hier ein Zusammenhang mit sozialer Isolation, d.h. mit Kontaktmangel bestand, auch wenn körperliche Unfähigkeit konstant gehalten wurde. Für diese Krankheitsgruppe schlagen die Autoren als Hypothese vor, daß Persönlichkeitsmerkmale, Elend und Unglücksfälle in den frühen und mittleren Jahren eine kumulative und fortschreitende Verminderung der Möglichkeiten mit sich bringt, mit den Widrigkeiten des Alters fertig zu werden. Als wichtigste davon nennen sie die körperliche Unfähigkeit. Mit dem ansteigenden Alter wird eine zunehmende

Isolation erfahren, die aber in einem beträchtlichen Ausmaß mit langanhaltender Fehlanpassung in sozialen und zwischenmenschlichen Beziehungen verbunden ist.

Fast gleichzeitig mit der Untersuchung von KAY et al. in Großbritannien führte LOWENTHAL (1964, 1965) eine Felduntersuchung über psychische Erkrankungen bei älteren Menschen in San Francisco, USA, durch. Die Autorin teilte ihre Stichprobe, entsprechend den von ihr berichteten Sozialkontaktmustern, in 'isolates' und 'intermediates' und 'interactors' ein.

Die Isolierten erwiesen sich als eine kleine Gruppe, die nur 5 % der Stichprobe umfaßte und bei denen sich keine Häufung psychiatrischer Morbidität zeigte. Psychische Störungen traten vielmehr gehäuft in der großen 'intermediate' Gruppe auf, welche vermutlich viele Personen mit einem milden Grad von sozialer Isolation umfaßte. Daß dies tatsächlich der Fall war, kann aus einer nachfolgenden Analyse der Daten (LOWENTHAL et al., 1967) geschlossen werden, in der die Stichprobe als Ganzes in zwei Untergruppen geteilt wurde. Die deprivierte Gruppe zeigte eine viel höhere Rate psychischer Störungen als der Rest. Zusammenfassend kann man also sagen, daß die Untersuchungsdaten eine positive Beziehung zwischen psychiatrischer Prävalenz und milden, wenn auch nicht schweren Formen sozialer Isolation zeigten.

Eine weitere sozialpsychiatrische Felderhebung bei alten Menschen ist gerade als Vergleichsstudie zweier Stichproben aus Stadtteilen von New York und von London abgeschlossen worden. Erste Ergebnisse liegen bereits vor (GURLAND et al., 1980; BENNETT, 1980). Dabei wurde die Anzahl der Rollenbeziehungen, in die das Individuum im vorausgehenden Monat involviert war, gemessen, d.h. die Mitgliedschaft in Organisationen, die Kontakthäufigkeit mit Kindern, Geschwistern, anderen Verwandten und Freunden wurden jeweils auf einer 3-Punkte-Skala bewertet, und als zweites die Anzahl der zwischenmenschlichen Beziehungen, die das Individuum während seines Erwachsenenalters erfahren hat, dabei wurden wiederum vergleichbare Kontakte, wie oben, auf jeweils einer 5-Punkte-Skala gewertet (s. BENNETT, 1980, S. 16 - 18). Bei der New Yorker Stichprobe fand sich kein Zusammenhang zwischen Isolation an sich und psychischen Störungen, jedoch erwiesen sich die Isolationsmuster als bedeutsam für psychische Gesundheit. Unfreiwillige, erst im Alter eingetretene Isolation war mit psychischen Störungen verbunden, während dies für lebenslange, freiwillig Isolierte, früher Isolierte, aber nicht im späteren Leben Isolierte und für sozial Integrierte nicht galt.

2.3.3. Soziale Isolation als Mangel an unterstützenden Beziehungen

Es ist ein zentrales Thema der Sozialwissenschaften, welchen Gewinn Menschen aus Sozialkontakten bzw. Sozialbeziehungen ziehen, oder welche Bedeutung diese für sie haben. Aus der Vielzahl der theoretischen Antworten darauf, sollen nur diejenigen herausgegriffen werden, die unmittelbar relevant für die Fragestellung der vorliegenden Arbeit sind.

Das fundamentale Werk über soziale Netzwerke durch u.a. ADAMS, 1967; HOMANS, 1960; BOTT, 1971; BARNES, 1969, hat zu einer Ansammlung von organisiertem Wissen über die Struktur und Funktion sozialer Transaktionen geführt. Ein weiteres wichtiges soziologisches Attribut von sozialen Netzwerken hat KAHN (1979) analysiert. Er hat den Begriff 'convoy of social support' geprägt. Diesen Begriff verwendet er im Sinne des einen Menschen über seine Lebensspanne hinweg begleitenden 'social support-network'. "Der 'convoy' eines Individuums zu irgendeinem Zeitpunkt besteht so aus dem 'set' der Personen, auf die er oder die sich auf ihn in bezug auf Unterstützung verlassen" (1979, S. 84).

Eine der theoretischen Quellen, aus denen KAHN sein Konzept ableitet, ist die Rollentheorie, und hier beruft er sich insbesondere auf G.H. MEAD, T. PARSONS und R. MERTON. Wie der 'role set' MERTONs (1957) besteht der 'convoy' aus einem Individuum und einer Menge anderer Personen, die durch ihre Beziehung zu diesem Individuum definiert sind. Der 'convoy' unterscheidet sich vom 'role set' dadurch, daß er durch das Geben und Nehmen sozialer Unterstützung definiert ist und nicht durch die Position einer Person in einer formalen Organisation, Familie oder einer anderen sozialen Struktur. "Rollentheorie beginnt mit der Aufteilung des Lebens eines Individuums in seine durch Positionen oder Organisationen bestimmten Komponenten: der 'convoy' beginnt mit der Frage nach all denjenigen Personen, mit denen eine bestimmte Person ein signifikantes Muster von Hilfegeben und Hilfenehmen unterhält. Die Transaktion des Gebens und Nehmens von Hilfe schneidet quer durch die Positionen und Rollen" (KAHN, 1979, S. 86).

KAHN versucht in seiner Analyse aufzuklären, wie sich die Eigenschaften des 'convoy' und des Gebens und Nehmens von sozialer Unterstützung typischerweise mit zunehmendem Alter von der Geburt bis zum Tod entwickelt. Für das höhere Alter erwartet er (hier entsprechen seine Vorstellungen sicherlich denen der 'disengagement theory', s. Abschnitt 2.4.):

- zunehmende Asymmetrie (das Erhalten von Unterstützung ohne die Möglichkeit, diese zu erwidern)
- reduzierte Initiative (die Fähigkeit, Interaktion zu initiieren nimmt ab und wird eher von den anderen erwartet)
- zunehmende Instabilität (Verlust von 'convoy'-Mitgliedern, reduzierte 'convoy'-Größe wegen Verlusten, ohne die Möglichkeit des Ersatzes)
- Änderung in den Typen der Interaktion (dem älteren Menschen wird relativ weniger Affekt und Bestätigung entgegengebracht, und es nehmen einige Formen direkter Hilfe zu).

Eine ganz andere wissenschaftliche Tradition kann man unter dem Begriff 'attachment theory' zusammenfassen. Es handelt sich dabei um diejenigen Überlegungen, die von der Beobachtung ausgegangen sind, daß stabile Eltern-Kind-Beziehungen in der frühen Kindheit einen maßgeblichen Einfluß auf die normale seelische Entwicklung des Individuums ausüben. Hier ist vor allem das Hauptwerk des englischen Psychiaters BOWLBY in den drei Bänden 'Attachment' (1969), 'Separation, Anxiety and Anger' (1973) und 'Loss' (1980) zu nennen. Das Werk des Autors ist von großem Wert, um die Bedeutung gefühlsmäßiger Bindungen für das Verhalten und die psychische Gesundheit zu verstehen. Er befaßt sich allerdings im wesentlichen mit diadischen Beziehungen. Er nimmt an, daß das Bedürfnis nach Intimität von primärer instinktueller Natur ist. Als prototypische soziale Bindung sieht er die primäre gefühlsmäßige Bindung des Menschen in seiner Kindheit an. Anstoß zu BOWLBYs Überlegungen gaben u.a. die Ergebnisse der vergleichenden Verhaltensforschung (HARLOW, 1962; LEVINE, 1962; SCOTT, 1963) wonach Umweltfaktoren, die in bestimmten sensiblen Entwicklungsperioden auf das Lebewesen einwirken, das spätere Verhalten prägen und determinieren können.

Die Ergebnisse epidemiologischer Untersuchungen zu der Fragestellung, welchen Einfluß Verlust von nahen Bezugspersonen in der frühen Kindheit auf die psychische Gesundheit des Menschen haben, sind jedoch so inkonsistent und mit so zahlreichen methodischen Mängeln behaftet, daß sich aus ihnen kein Schluß ziehen läßt (GREGORY, 1958; HILGARD & NEWMAN, 1963; BRILL et al., 1966; BROWN 1972). Diesen Untersuchungen lag etwa das Modell zugrunde, daß Deprivation in der frühen Kindheit zu Fehlentwicklungen führt, u.a. zu Bindungsunfähigkeit, was einerseits ein erhöhtes Risiko für psychiatrische Erkrankung und andererseits für soziale Isolierung beinhalten kann.

Im Gegensatz zur 'attachment theory' befaßt sich die Soziologie der Primärgruppe mit den Beziehungen, die ein Individuum zu einer ganzen Bandbreite von Personen unterhält. Der Begriff Primärgruppe wurde 1909 durch den Soziologen COOLEY eingeführt. Von BROOM & SELZNICK (1973) wurden sie als diejenigen definiert, mit denen man Interaktionen hat und zu denen man Vertrauen hat.

Diese Theorie unterscheidet zwischen Primärgruppenbeziehungen, die Wärme und Übereinstimmung vermitteln und Sekundärgruppenbeziehungen, die zum größten Teil instrumentell sind. Sie beinhaltet, daß wir ohne Primärgruppenzugehörigkeit in einen Zustand von Normlosigkeit und Anomie abgleiten würden. Der Rückzug aus Primärkontakten wird als gefährlich für den kognitiven und emotionalen Zustand des Individuums angesehen.

WEISS (1969; 1974) hat versucht, diesen Ansatz weiter auszubauen und zu analysieren, welche zentralen Bedürfnisse soziale Beziehungen befriedigen. Er meint, daß soziale Beziehungen sehr differenziert hinsichtlich der Art der Bedürfnisse sind, die sie befriedigen. Das gilt auch hinsichtlich der Primärgruppenbeziehungen, die sehr unterschiedliche Bedürfnisse erfüllen. So können z.B. eheliche Beziehungen nicht durch Freundschaftsbeziehungen ersetzt werden und umgekehrt. Er schlägt sechs Kategorien von Bedürfnissen vor, die durch soziale Beziehungen befriedigt werden ('provisions of social relationship'). Jedes dieser Bedürfnisse erfordert eine Beziehung, deren Voraussetzungen unterschiedlich sind von denjenigen anderer Beziehungen und er erwartet daher, daß die Beziehungen, die jedes dieser Bedürfnisse befriedigen, dazu tendieren, spezialisiert zu sein. Die sechs Bedürfnisse, die durch soziale Beziehungen befriedigt werden, nennt er:

1. Zuneigung, Geborgenheitsgefühl ('attachment'): Sie wird durch Beziehungen erreicht, aus denen der Teilnehmer ein Gefühl von Sicherheit und Zugehörigkeit erfährt. In solchen Beziehungen fühlen sich die Individuen behaglich und zuhause. Bestehen keine solchen Beziehungen, fühlt sich das Individuum verlassen und ruhelos. Geborgenheit kann z.B. entstehen in der Ehe, bei sonstigen Beziehungen mit dem anderen Geschlecht, bei einigen Frauen durch die Beziehungen zu einer engen Freundin, Schwester oder Mutter, bei einigen Männern durch die Beziehungen mit einem Kumpel.
2. Soziale Integration ('social integration'): Soziale Integration wird durch Beziehungen geschaffen, in denen die Teilnehmer ein gemeinsames Interesse verfolgen, oder besser noch, durch ein Netzwerk solcher Beziehungen, in denen gemeinsame Interessen geteilt werden, sie erlaubt die Entwicklung gesammelter Informationen und eine gemeinsame Interpretation von Erfahrungen. Sie bietet zusätzlich eine Quelle für

Geselligkeit und eine Gelegenheit zum Austausch von Hilfeleistungen, insbesondere auf dem Gebiet der gemeinsamen Interessen. Das Netzwerk bietet außerdem die Grundlage für soziale Veranstaltungen und Ereignisse, für soziales Engagement und Aktivitäten. Wenn solche Beziehungen nicht bestehen, wird das Leben langweilig, zuweilen sogar unerträglich.
3. Gelegenheit für andere zu sorgen ('opportunity for nurturance'): Sie entsteht z.B. in Beziehungen, in denen Erwachsene Verantwortung für das Wohlbefinden eines Kindes tragen und so ein Gefühl entwickeln können, gebraucht zu werden. Die Verantwortung für ein Kind oder einen anderen Menschen, scheint dem individuellen Leben Sinn zu geben und erhält die Verpflichtung gegenüber Zielen mit einer großen Bandbreite von Aktivitäten aufrecht. Individuen ohne Kinder unterliegen der Gefahr, sich gehen zu lassen, wenn sie ernstere Schicksalsschläge erleiden. Im Gegensatz dazu haben Individuen mit Kindern berichtet, daß die Kinder ihnen einen Grund dafür gaben, mit dem Leben fortzufahren.
4. Versicherung des Selbstvertrauens ('assurance of worth'): Sie erhält das Individuum durch Beziehungen, in denen ihm die Kompetenz in einer sozialen Rolle zugestanden wird. Beziehungen unter Kollegen funktionieren in dieser Weise, insbesondere, wenn es sich um schwierige und hochbewertete Arbeit handelt. Innerhalb der Familie hängt das Gefühl der Kompetenz u.U. nicht von speziellen Fähigkeiten ab, sondern eher von der Fähigkeit, die Familie zu unterstützen. Für Nur-Hausfrauen erfüllt die Beziehung zu ihrem Ehemann und den Kindern und Bekannten, die ihre häuslichen Fähigkeiten wahrnehmen können, diesen Zweck.
5. Das Gefühl einer zuverlässigen Beziehung ('sense of a reliable alliance'): Dieses Gefühl wird hauptsächlich durch Verwandtschaftsbeziehungen gewährleistet. Nur innerhalb von Verwandtschaftsbeziehungen, insbesondere zwischen Geschwistern und Verwandten in gerader Linie, kann man fortlaufend Unterstützung erwarten, ob eine gegenseitige gefühlsmäßige Zuneigung besteht oder nicht, ob man frühere Hilfe erwidert hat oder nicht. Der Autor vermutet, daß Individuen, die von ihren Familien getrennt sind oder ohne familiäre Beziehungen sind, sich dauernd auf ihre eigenen Möglichkeiten beschränkt sehen und sich manchmal verwundbar und preisgegeben fühlen.
6. Beratung und Führung durch andere ('obtaining of guidance'): Sie ist offenbar für Individuen wichtig, wenn sie sich in Stress-Situationen befinden. In solchen Zeiten ist es für das Individuum wichtig, Beziehungen zu offensichtlich vertrauenswürdigen Personen mit Autorität zu haben, die ihm

emotionale Unterstützung geben können und ihm dabei helfen können, eine Handlungslinie zu finden und zu verfolgen.

Es gibt natürlich keinen Grund für die Annahme, daß diese sechs Kategorien erschöpfend sind, aber sie bilden einen guten Ausgangspunkt für die Analyse dessen, was eine Person durch ihr soziales Netzwerk an Hilfe und Unterstützung erhält.

COBB (1979) hat in einem Übersichtsreferat gezeigt, daß soziale Unterstützung die Menschen vor den meisten pathologischen Effekten vieler stressvoller Lebenssituationen und Veränderungen abschirmt und schützt. Bei der Geburt und in der Kindheit, bei Episoden der Hospitalisierung, bei der Erholung von Krankheit, bei Verlust der Arbeit und bei Trauer. Der schützende Effekt von sozialer Unterstützung konnte zwar nicht in jedem Fall demonstriert werden, aber der generelle Trend ist stark. Von einigen Autoren wurde auch gefunden, daß ein Mangel an sozialer Unterstützung direkt das Risiko einer psychischen Erkrankung erhöhen (BROWN et al., 1975; CASSEL, 1976; MILLER et al., 1976; DEAN & LIN, 1977; HENDERSON, 1977; KAPLAN et al., 1977; ANDREWS et al., 1978; HENDERSON et al., 1978; LIN et al., 1979; HENDERSON, 1981).

Im hohen Lebensalter treten zahlreiche stressvolle Lebensereignisse, wie Berufsaufgabe, Tod naher Angehöriger, zunehmende Gebrechlichkeit auf. Trotzdem gibt es für diese Lebensspanne verhältnismäßig wenig Hinweise über die Bedeutung von sozialer Unterstützung. LOWENTHAL & HAVEN (1968) und BLAU (1973) geben allerdings Hinweise darauf, daß es zumindest naheliegt, daß Depression in diesem Abschnitt des Lebens für diejenigen, die adäquat sozial unterstützt werden, weniger häufig ist.

Es gibt auch Hinweise darauf, daß die Genesung von psychiatrischen Erkrankungen durch ein hohes Niveau sozialer Unterstützung gefördert wird (BROWN, 1959; LAMBERT, 1973; HERMALIN, 1976; SURTEES, 1980). Allerdings beziehen sich die bisherigen Untersuchungen zu dieser Fragestellung nicht auf alte Menschen.

In einem ganz anderen Forschungsdesign wurde die Beziehung zwischen sozialer Unterstützung und psychischer Erkrankung von DALGARD (1980) in der bereits erwähnten sozialpsychiatrischen Felduntersuchung in Oslo analysiert. Als Indikatoren für die Qualität des sozialen Netzwerkes verwendete er zwei Indizes, den einen über die Beziehungen in der engeren Familie, den anderen als einen kombinierten Index über das gesamte Netzwerk. Jeder Index basierte auf 4-5 Fragen über die Gefühle von Vertrauen, Achtung und Nähe in der Beziehung mit anderen Menschen.

Wie bereits in Abschnitt 2.3.1.2. dargestellt, fand sich eine Häufung psychischer Störungen in einem von 'Anomie' gekennzeichneten Stadtgebiet. Es zeigte sich, daß unbefriedigende soziale Netzwerke noch nicht die Häufung von psychischen Erkrankungen in diesen Gebieten erklärten. Bei der Analyse der Beziehung zwischen Typen von Nachbarschaften und der Qualität sozialer Netzwerke in Bezug auf psychische Störungen, zeigte sich vielmehr ein Interaktionsmuster. Während unbefriedigende soziale Netzwerke das Risiko für psychische Störungen in den Wohngebieten mit guter Lebensqualität nicht zu erhöhen schienen, war dies in Wohngebieten mit schlechter Lebensqualität nicht der Fall. "Es ist von Interesse, daß ein Mangel an supportiven sozialen Netzwerken einen negativen Effekt auf psychische Gesundheit speziell in qualitativ schlechten Nachbarschaften zu haben scheint" (DALGARD, 1980, S. 304).

Nach Ansicht des Autors deutet dieser Punkt auf einen negativen 'psycho-sozialen' Prozess hin. Danach ist das Leben in einer qualitativ schlechten Nachbarschaft an sich mit Stress verbunden, wenn jedoch ein supportives soziales Netzwerk gegeben ist, dann ist man in der Lage, mit dieser Situation fertig zu werden. Da jedoch eine qualitativ schlechte Nachbarschaft es schwer macht, solche Netzwerke zu entwickeln und aufrecht zu erhalten, ergibt sich ein doppelter negativer Effekt auf die psychische Gesundheit der Bevölkerung. DALGARD sieht hier eine Analogie mit der somatischen Medizin, wobei z.B. eine Krankheit entsteht, wenn ein infektiöses Agens in den Körper eindringt, während gleichzeitig dessen protektives System unzureichend funktioniert.

2.3.4. Soziale Isolation als Abweichung von Gruppennormen: 'alienation' und 'anomia'

Von einigen Autoren wird soziale Isolation im Sinne bzw. als Teilaspekt von 'alienation' verwendet (SEEMAN, 1959; DEAN, 1961). Mit Hilfe dieses Begriffes wird die Desintegration des Individuums in seinem Verhältnis zur Gesellschaft bezeichnet. Das gegenwärtig gebräuchliche sozialwissenschaftliche Konzept von 'alienation' geht geistesgeschichtlich gesehen vor allem auf zwei Wurzeln zurück: Die Tradition, die aus dem HEGEL-MARXschen Begriff der Entfremdung stammt und die an DURKHEIM anschließenden Vorstellungen über Anomie (s. LUDZ, 1975, S. 5).

Anomie und Entfremdung sind die beiden zentralen Konzepte, mit denen in den Sozialwissenschaften versucht wurde, die Spannung zwischen Individuum und Gesellschaft begrifflich zu fassen. Beide Traditionen verbinden diesen Spannungszustand mit dem Phänomen der gesellschaftlichen Arbeitsteilung. MARX hat in seinen Pariser Manuskripten versucht, "das allgemeine Elend des Menschen in einer Gesellschaft, deren Produktionsverhältnisse ihm verbieten, sich in seiner Arbeit und in seinen gesellschaftlichen Beziehungen selbst zu verwirklichen" (DREITZEL, 1968, S. 6) begrifflich unter Entfremdung zu fassen - er verfolgt damit eine gesellschaftskritische Intention. DURKHEIM (1897) charakterisiert mit Anomie einen Zustand sozialer Desintegration, der durch zunehmende gesellschaftliche Arbeitsteilung entstanden ist, indem soziale Kontakte zwischen den Arbeitenden abgebaut und dadurch befriedigende Sozialbeziehungen verhindert werden (s. hierzu bereits Abschnitt 2.3.1.).

Es fragt sich nun, wie die Begriffe 'alienation' und 'Anomie' in der neueren sozialwissenschaftlichen Literatur angewendet werden. Ein wesentliches Problem ist es, daß es sich bei Anomie um eine Eigenschaft des Sozialsystems handelt, bzw. um einen Begriff, durch den die Spannungszustände zwischen Individuum und Gesellschaft bezeichnet werden, die nicht direkt in der Einstellung der einzelnen Individuen gemessen werden können. So versteht u.a. MERTON (1964, S. 226) unter Anomie einen gesellschaftlichen Zustand, nicht den eines Individuums. Er weist jedoch darauf hin, daß dem gesellschaftlichen Zustand der Anomie individuelle Meinungen, Einstellungen und Verhaltensweisen, die als abweichend definiert werden, entsprechen. Sie wurden von SROLE (1956) unter dem Begriff 'anomia' subsummiert, der dann in der soziologischen Literatur u.a. auch von MERTON (1964, S. 228) übernommen wurde.

Auch 'alienation' wird meistens so verwendet, als würde es der subjektiven Sphäre zugehören. Bei empirischen Untersuchungen werden 'anomia' und 'alienation' oft austauschbar verwendet, d.h. sie werden mit den gleichen Meßinstrumenten erfaßt. Eine Abgrenzung erfolgt meistens nur noch im Bereich der Geistesgeschichte, d.h. MARX wird DURKHEIM gegenübergestellt (s. LUDZ, 1975, S. 3-4).

In neueren theoretischen Arbeiten über die beiden Begriffe wird das Gewicht immer mehr von der Gesellschaft weg auf das Individuum verschoben. Den eigentlichen Wendepunkt in dieser Entwicklung stellt die Arbeit von SEEMAN (1959) dar, der aus der traditionellen soziologischen Analyse von Entfremdung und Anomie fünf Bedeutungen von 'alienation' ableitet: 'powerlessness', 'meaninglessness', 'normlessness', 'isolation' und 'selfestrangement'. Isolation definiert er im Sinne von 'apartness from society' nämlich folgendermaßen: "Die Entfremdeten im Sinne von Isolierten sind diejenigen, die wie die Intellektuellen wenig Wert auf Ziele und Überzeugungen legen, die in einer gegebenen Gesellschaft hoch bewertet werden" (SEEMAN, 1959, S. 788-789). SEEMAN unterstreicht, daß diese Definition von sozialer Isolation' nichts mit Mangel an befriedigenden Sozialbeziehungen oder der Wärme, Sicherheit oder Intensität individueller sozialer Kontakte zu tun hat.

DEAN (1961) beruft sich bei seinen theoretischen Überlegungen zur Konstruktion einer 'alienation'-Skala ausdrücklich auf SEEMAN und übernimmt die ersten drei der von diesem postulierten Komponenten, schreibt aber sozialer Isolation als einem Element von alienation einen anderen Bedeutungsinhalt zu als dieser. Er zitiert DeGRAZIA (1948), nach dem DURKHEIMs Konzept von Anomie "ein Gefühl der Trennung von der Gruppe oder der Isolation von Gruppenstandards" beinhaltet. Diesen Bedeutungsinhalt versucht er in seiner Subskala 'social isolation' zu operationalisieren.

In dieser Skala ist, wie auch in anderen 'alienation'- bzw. 'anomia'-Skalen, der ursprünglich gesellschaftsbezogene Begriff vollständig 'psychologisiert'. Es ist nicht ganz klar, welche Dimensionen mit diesen Skalen eigentlich gemessen werden. Es ist anzunehmen, daß mit DEANs Subskala 'social isolation' ein Persönlichkeitszug gemessen wird. FISCHER (1971, S. 26) vermutet z.B., daß es sich dabei um 'Introversion' handeln könnte. Genauso plausibel erscheint es aber, daß es sich um mit Hilflosigkeit verbundene Affektzustände (SELIGMAN, 1975) handeln könnte.

Für die vorliegende Arbeit sind vor allem die theoretischen Annahmen über den Zusammenhang von 'anomia' mit Sozialschicht, hohem Lebensalter und psychischer Erkrankung von Interesse. MERTON ist der Ansicht, daß das Mißverhältnis von angestrebten Zielen und Möglichkeiten, sich der legitimen Mittel zur Erreichung dieser Ziele bedienen zu können, eher in den unteren als in den oberen Sozialschichten zur Erscheinung von Anomie führt. Diese Annahme ist sowohl gestützt als auch bestritten worden (s. LUDZ, 1975, S. 13). Derselbe Gedankengang hat u.a. DEAN (1961, S. 737) dazu geführt, einen positiven Zusammenhang zwischen Anomie und zunehmendem Alter anzunehmen.

Es gibt auch eine Reihe von Untersuchungen, die einen positiven Zusammenhang zwischen dem Ausmaß von Kontaktmangel und dem Grad individueller 'anomia' erbrachten (BELL, 1957; MEIER & BELL, 1959; MIZRUCHI, 1960; ROSE, 1962). Diese Ergebnisse lassen allerdings die Frage der Kausalität offen: Führt 'anomia' zu geringen Sozialkontakten oder umgekehrt, oder handelt es sich um einen zirkulären Zusammenhang, in dem sich die beiden Komponenten gegenseitig unterstützen. Eventuell besteht auch gar kein kausaler Zusammenhang zwischen 'anomia' und dem Ausmaß von Sozialkontakten, sondern vielleicht werden beide durch einen noch zu findenden dritten Faktor bestimmt (s. FISCHER, 1970, S. 49).

Es ist aufgrund der theoretischen Überlegungen zur Wirkung der Kontextvariablen 'Anomie' und der hierzu vorliegenden empirischen Ergebnisse plausibel, daß jemand um so eher psychisch krank ist, je anomischer er ist. Dieser Zusammenhang wurde von MERTON (1964, S. 220) auch postuliert. Es sind allerdings nur wenige empirische Untersuchungen bekannt, in denen unmittelbar der Zusammenhang von 'anomia' und psychischer Erkrankung untersucht wurde.

HOLLINGSHEAD & REDLICH (1958) zeigten in ihrer Studie in New Haven (USA), daß der Anteil der behandelten Psychosen am höchsten unter den Mitgliedern der am meisten unterpriviligierten Klassen war. MYERS & ROBERTS (1959), die intensiv ein 'subsample' derselben Population untersuchten, brachten diesen Unterschied zum Teil mit 'alienation' und Isolation von dem Rest der Gemeinde und mit unbefriedigenden interpersönlichen Beziehungen in Verbindung.

LOWENTHAL fand bei ihrer Gemeindeuntersuchung in San Francisco (1964) eine Gruppe von extrem isolierten alten Menschen, die sie als 'alienated' bezeichnet: "Sie sagten, daß sie ihr ganzes Leben einsame Wölfe gewesen seien; sie liebten es, allein zu sein und nannten Einsamkeit selten als ein Problem ihres vergangenen oder gegenwärtigen Lebens. Wenn sie einen Bekannten nennen konnten, wußten sie nicht seinen Namen oder wo er lebte" (LOWENTHAL, 1964, S. 64). Sie beschreibt diese Gruppe als lebenslang extrem Isolierte, überwiegend männlich, alleinlebend mit beträchtlicher beruflicher und geographischer Mobilität, die aus einer überwiegend maskulinen Umgebung stammten und meistens Seeleute, Holzfäller, Hafenarbeiter oder Gelegenheitsarbeiter waren. Niemand von ihnen hatte einen 'white collar status'. In ihren Krankheitsgeschichten kam häufig eine Geschichte von Tuberkulose, Kopfverletzung oder Defekten der Sinnesorgane vor.

Die Autorin kommt zu dem Schluß: "Während ein solch entfremdeter Lebensstil an sich selbst schon als eine Form psychischer Erkrankung definiert werden mag, kann der Mangel an interpersönlichen Beziehungen, welcher eines seiner Hauptcharakteristika ist, dazu beitragen, die Entwicklung einer offenen psychogenen Störung zu verhindern (oder ihre Entdeckung, wenn sie sich entwickelt)" LOWENTHAL, 1964, S. 64). Eine Möglichkeit, warum sich bei dieser Gruppe von so stark benachteiligten älteren Menschen in der Gemeinde keine Häufung von psychischen Erkrankungen fand, wäre auch, daß diese sich nicht mehr in der Gemeinde halten können, wenn sie auch noch psychisch erkranken.

2.3.5. Subjektive und emotionelle Erlebnisse: Einsamkeit

Bei der Definition von sozialer Isolation als Kontaktmangel oder als Fehlen eines supportiven Netzwerkes bleiben gefühlsmäßige Aspekte weitgehend ausgeklammert. LOWENTHAL und HAVEN (1968) und BUNGARD (1975) u.a. machen zu Recht den Einwand, daß die Gefahr besteht, die Intensität der Beziehungen als kritische Variable zu übersehen.

Nun werden jedoch Isolation und Einsamkeit in der Literatur teilweise als Synonyma verwendet. Es erscheint sinnvoll TOWNSEND (1973, S. 175) zu folgen, der einen Versuch einer terminologischen Differenzierung zwischen sozialer Isolation als einem 'objektiven Zustand' und dem subjektiven Zustand der Einsamkeit gemacht hat. "Sozial isoliert zu sein bedeutet wenig Kontakte mit der Familie und der Gemeinde zu haben; einsam zu sein ist ein unerwünschtes Gefühl des Mangels oder des Verlustes von Gesellschaft ('companionship')". Er zeigt, daß es zwar eine signifikante Beziehung zwischen Isolation und Einsamkeit gibt, daß aber immerhin rund die Hälfte der Isolierten oder ziemlich Isolierten angibt, daß sie sich nicht einsam fühlen und immerhin klagt ein Fünftel der Gruppe, die am wenigsten isoliert ist, über Einsamkeitsgefühle. Die Tatsache, daß soziale Isolation als ein objektiver Zustand nicht koinzidieren, nennen TOWNSEND & TUNSTALL (1968, S. 273) eines der wichtigsten Ergebnisse der übernationalen Studie (SHANAS et al., 1968) über die soziale Situation älterer Menschen.

Als Erklärung hierfür nennen sie die Multiplizität der Ursachen für Einsamkeit und zitieren SHELDON (1948, S. 130): "Einsamkeit kann nicht als ein einfaches direktes Ergebnis von sozialen Umständen betrachtet werden, sondern ist eher eine individuelle Reaktion aufgrund einer äußeren Situation, auf die andere Menschen ganz unterschiedlich reagieren mögen." Die Hauptausnahme von dieser Behauptung mag der erst kürzlich eingetretene Todesfall des Ehepartners sein. Man kann ohnehin vermuten, daß Desolation eher als 'Isolation im Vergleich mit Gleichaltrigen' Einsamkeit verursacht. Einsamkeit nach Verwitwung könnte zumindest in den westlichen Kulturen teilweise die Konsequenz der Verleugnung des Todes und des Wandels in den Todes- und Trauerritualen sein (s. GORER, 1967).

Nach R. WEISS (1973, S. 1) gehört Einsamkeit ('loneliness') zu den am meisten verbreiteten Leiden. Für einen so verbreiteten Zustand habe Einsamkeit bemerkenswert wenig professionelle (gemeint ist psychiatrische) Aufmerksamkeit auf sich gezogen. F. FROMM-REICHMANN (1959) und P.H. LEIDERMAN (1969) berichten, daß Einsamkeit nicht einmal in den meisten psychiatrischen Lehrbüchern genannt wird, obwohl sie annehmen, daß Einsamkeit eine wichtige kausale Rolle für psychische Erkrankungen spielt: "...wir werden sehen, daß Einsamkeit selbst eine viel wichtigere Rolle in der Dynamik psychischer Störungen spielt, als wir bis jetzt bereit waren anzuerkennen" (FROMM-REICHMANN, 1959, S. 13).

KAY et al. (1964b) fanden in ihrer Untersuchung in Newcastle Einsamkeitsgefühle (loneliness) signifikant häufiger unter funktionell psychisch kranken alten Menschen als unter gesunden. LOWENTHAL (1964) dagegen fand, wie bereits erwähnt bei den sogenannten 'pure isolates', also den extrem isolierten Probanden in ihrer Stichprobe, daß sie nicht über Einsamkeit klagten und anscheinend kein erhöhtes Risiko hatten, psychisch zu erkranken.

Man kann annehmen, daß der Mangel an Sozialkontakten im Alter häufig ein Ausdruck einer Form von Anpassung ist, die mit Persönlichkeitsfaktoren zusammenhängt, und daß hinzukommende psychische Erkrankung als ein Ergebnis der individuellen Persönlichkeit und des Lebensstiles betrachtet werden muß. Dies unterstreicht die Notwendigkeit, die Rolle von Einsamkeit für psychische Erkrankung im Alter unabhängig von der Sozialkontakthäufigkeit oder dem supportiven Netzwerk zu untersuchen.

2.4. Soziale Isolation als Merkmal älterer Menschen: Aktivitäts- gegenüber Disengagementtheorie

Im Rahmen der Alterssoziologie werden im allgemeinen - trotz der Problematik einer bloß kalendarischen Abgrenzung - alle über 65jährigen entsprechend der Pensionsgrenze als Alte bezeichnet. Oft werden außerdem die über 75jährigen innerhalb dieser Altersgruppe als 'Hochbetagte', 'Greise', 'sehr Alte', 'very old' und 'grands vieillards' noch besonders hervorgehoben. Die Alten werden als soziale Teilmenge betrachtet und ihre Verflechtung mit der Gesellschaft wird der sozialwissenschaftlichen Analyse unterzogen (s. ROSENMAYR, 1969, S. 306-308). Der Alterssoziologie haben vor allem die praktischen Bedürfnisse Impulse gegeben, die durch die großen demographischen Veränderungen im 20. Jahrhundert, die Ausgliederung der Alten aus dem Produktionsprozess und die Auflösung der Großfamilien entstanden sind.

Die Haushaltstrennung zwischen Eltern und ihren erwachsenen Kindern stellt in den industriell entwickelten Gebieten heute den Normalfall dar. Verheiratete leben vorwiegend nur mit ihrem Ehepartner im gleichen Haushalt, während Alleinstehende eher Wohngemeinschaften mit ihren Kindern oder anderen Verwandten bilden (s. u.a. SHANAS et al., 1968).

PARSONS ist, wie bereits in der Einleitung ausgeführt, der Auffassung, daß die isolierte Kernfamilie der industriellen Gesellschaft angepaßt ist und sieht dadurch die Gefahr der Isolierung älterer Menschen, wenn er dies auch nur auf eine Minderheit innerhalb dieser Population einschränkt: "Eine Konsequenz der Differenzierung kann die Isolation der alten Menschen sein. Viele alte Menschen sind ein Teil dessen, was man als Armutsproblem bezeichnen könnte. Sie können, hauptsächlich wegen ihres Alters, von ihrem ursprünglichen Kontext sozialer Beziehungen ausgeschlossen worden sein und sich selbst als isoliert und vernachläßigt empfinden. Es ist jedoch sehr wichtig festzustellen, daß es sich dabei um eine Minderheit der Bevölkerung handelt, sogar in der Gruppe alter Menschen." (PARSONS, 1968b, S. 38).

Momente der von PARSONS vertretenen gesamtgesellschaftlichen und funktionalistischen Theorie des Alterns sind in die sog. 'Disengagementtheorie' eingegangen, die die Diskussion in den sechziger Jahren bestimmt hat. Außerdem hat diese Theorie sozialpsychologische Interaktionsansätze aufgenommen (s. TEWS, 1979, S. 108). Sie basiert auf einer Längsschnittstudie der 'Kansas City Study of Adult Life', die in den Jahren 1955-1962 durchgeführt wurde. Die Theorie in ihrer ursprünglichen Form wurde von CUMMING & HENRY (1961) veröffentlicht.

Der Rückzug des Individuums aus Rollen und Aktivitäten der mittleren Jahre beruht danach auf einer intrinsischen, fast biologischen Grundlage und ist zur gleichen Zeit für die moderne Industriegesellschaft funktional. Die Autoren glaubten also nicht, daß die älteren Menschen nur durch die Gesellschaft in diese Richtung gedrängt werden, sie befassen sich aufgrund ihrer inneren Bedürfnisse mehr mit sich selbst und weniger mit den Menschen und Dingen außerhalb. Die äußere Manifestation des sozialen Disengagements reflektiert so hauptsächlich einen innerpsychologischen Wandel. Wenn die älteren Menschen diesen von innen gelenkten Interessen folgen und wenn diese Loslösung mit den Notwendigkeiten und Werten der Gesamtgesellschaft in Übereinstimmung steht, dann führt das zu einer hohen Lebenszufriedenheit (s. BOTWINICK, 1978, S. 62).

In zahlreichen empirischen Untersuchungen der folgenden Jahre ergaben sich widersprüchliche Ergebnisse, die zu Modifikationen und zur Differenzierung des Ansatzes (CUMMING & HENRY, 1961; LOWENTHAL & BOLER, 1965; MADDOX, 1965) und zu einer anhaltenden Debatte zwischen den Vertretern der sogenannten 'activist-involvement theory' und den Vertretern der 'social disengagement theory' führten. Nach Ansicht der Vertreter der 'activist-involvement theory' (s. u.a. HAVIGHURST et al., 1964; SHANAS et al., 1968; MADDOX, 1969;

THOMAE, 1968; LEHR, 1977) sind Aktivität, Beschäftigung und soziale Teilhabe Indikatoren eines 'erfolgreichen Alterns'. HAVIGHURST et al. (1964, S. 163) stellen diesen Standpunkt folgendermaßen dar: "Die abnehmende soziale Interaktion, die das Alter kennzeichnet, entsteht aus dem Rückzug der Gesellschaft von der alternden Person; die Abnahme der Interaktion vollzieht sich gegen den Willen der meisten alternden Männer und Frauen. Der alte Mensch, der optimal altert, ist derjenige, der aktiv bleibt und der es fertig bringt, den Einschränkungen seiner sozialen Welt zu widerstehen. Er behält die Aktivitäten seines mittleren Alters so lange bei wie möglich, und er findet Ersatz für diejenigen Aktivitäten, die er gezwungen ist aufzugeben - Ersatz für die Arbeit, wenn er gezwungen ist in Ruhestand zu gehen - Ersatz für Freunde und geliebte Menschen, die er durch den Tod verliert."

Die Debatte um das 'Modell erfolgreichen Alterns' stellt den Hintergrund für die in der vorliegenden Arbeit zu untersuchende Fragestellung dar. Nach Meinung GRAD de ALARCONs (1971, S. 82) beruhen alle diejenigen Untersuchungen, die versuchen, eine kausale Beziehung zwischen psychischer Krankheit im Alter und Faktoren wie sozialer Isolation und Pensionierung zu zeigen, auf dem 'activist-involvement'-Modell erfolgreichen Alterns, das heißt, wenn soziale Umstände den normalen und wünschbaren Zustand sozialer Integration stören, dann rufen sie psychologisch schädliche Effekte hervor.

Auch wenn internationale Vergleichsstudien zeigen, wie die von SHANAS et al. (1968), daß soziale Isolation mit Einsamkeit und Unzufriedenheit verbunden ist, kann man nicht sagen, daß klinisch definierte psychische Erkrankung mit diesen sozialen Variablen verbunden ist, denn 'nicht-erfolgreiches' Altern ist nicht mit psychischer Krankheit synonym (s. GRAD de ALARCON, 1971, S. 83). Die Beweise für einen Zusammenhang zwischen diesen sozialen Variablen und psychischer Erkrankung können nur durch Feldstudien, wie die hier vorliegende Arbeit erbracht werden.

2.5. Eine frühere Untersuchung psychischer Erkrankungen bei älteren Menschen in Mannheim

Die Fragestellung von FARIS & DUNHAM (1939) wurde in einer Studie von HÄFNER & REIMANN in Mannheim wieder aufgenommen (HÄFNER & REIMANN, 1970; REIMANN & HÄFNER, 1972). Wegen ihrer besonderen Bedeutung für die vorliegende Arbeit und weil sie tatsächlich gedacht war als "...Pilotstudie für detaillierte deskriptive und analytische Forschung in Mannheim"

(REIMANN & HÄFNER, 1972, S. 54), ist es notwendig, etwas näher auf diese Untersuchung einzugehen. Die Mannheimer Untersuchung, die den unmittelbaren Hintergrund für die vorliegende Arbeit bildet, wurde geplant, um die Behandlungsinzidenz für psychiatrische Störungen in der Stadt Mannheim einzuschätzen. Es wurden dabei die Patienten gezählt, die während des Untersuchungsjahres 1965 mit einer Einrichtung, die psychisch Kranke betreut, Kontakt aufgenommen hatten. Die Ergebnisse dieser Analyse können direkt mit denjenigen anderer Untersuchungen verglichen werden, die dieselbe Definition für psychische Krankheit benutzten, z.B. derjenigen in New Haven, Connecticut (HOLLINGSHEAD & REDLICH, 1958) und in Salford, England (ADELSTEIN et al., 1968), aber nicht mit Felduntersuchungen, die versucht haben, die wahre Inzidenz oder Prävalenz zu messen. Die Ergebnisse der Mannheimer Studie sind jedoch umfassender als diejenigen früherer ökologischer Studien in Chicago und anderen Orts, weil neben den Erstaufnahmen in Krankenhäusern Konsultationen in ambulanten und sozialen Einrichtungen und den Praxen niedergelassener Nervenärzte und Psychotherapeuten einbezogen wurden. Da die Gebiete mit den höchsten Raten psychischer Erkrankungen in dem alten dicht besiedelten Stadtkern lagen, scheint die Verteilung in Mannheim derjenigen zu entsprechen, die in Chicago (FARIS & DUNHAM, 1939) gefunden wurde.

Bei der Diskussion ihrer Ergebnisse spekulieren REIMANN & HÄFNER (1972) über die Möglichkeit, daß die hohen Raten psychischer Erkrankungen im Alter in der Innenstadt mit der hohen Zahl von Einpersonenhaushalten in diesem Teil Mannheims in Beziehung stehen. Da ihre Daten über die Lebenssituation alter Menschen unzureichend waren, waren sie nicht in der Lage, diese Hypothese genauer zu überprüfen, obwohl sie auf die Ähnlichkeit ihrer Ergebnisse mit denjenigen von FARIS & DUNHAM hinwiesen.

Wenn man annimmt, daß sich die sozialen Charakteristika von Stadtbezirken in der Regel nur langsam verändern, kann man Daten aus dem Census von 1970 als Grundlage für einen Vergleich mit den Raten für psychische Störungen alter Menschen von 1965 verwenden. So soll hier versucht werden, die Daten von REIMANN & HÄFNER im Hinblick auf die beabsichtigte eigene Untersuchung einem weiteren Analyseschritt zu unterziehen. Der Vergleich kann als ein allerdings nicht sehr genauer vorläufiger Test der Hypothese dienen, daß soziale Isolation auf Kontextebene mit psychischer Krankheit verbunden ist. In Tabelle 2.2 sind 41 statistische Bezirke entsprechend ihrem Anteil an Alleinlebenden in vier Gruppen zusammengefaßt und die psychiatrischen Inzidenzraten der Bevölkerung über 60 Jahre für diese Gruppen errechnet.

Tab. 2.2
Psychische Erkrankungen alter Menschen und Anteil der alleinlebenden Personen in den statistischen Bezirken

Bez.Gruppe	Prozent der alleinlebenden Personen [1]	Psychiatrische Inzidenzrate Bevölkerung über 60 [2]
A	20.4	11.1
B	15.7	9.3
C	11.2	8.4
D	10.0	6.9

[1] Bezirke in 4 Gruppen nach Alleinlebenden als Prozentzahl der Personen in Privathaushalten

[2] Inzidenzrate, ohne Altersheimbewohner, 1965

Chi-Quadrat = 15.04; df = 3; $p < 0.01$

Tabelle 2.2 zeigt klar, daß die psychiatrischen Inzidenzraten dazu tendieren, entsprechend dem Anteil der alleinlebenden Personen zu variieren. Der Zusammenhang ist von hoher Signifikanz. Es scheint so, daß die Konsultationsinzidenz psychiatrischer Störungen in Beziehung stand mit der Verteilung der alleinlebenden Personen in Mannheim. Dies ist ein erster Schritt bei der Überprüfung der Beziehung zwischen sozialer Isolation und psychischen Störungen im Alter. Man kann jedoch nicht wissen, ob die Verteilung der behandelten Fälle derjenigen aller Fälle in der Stadt entspricht, ob also die Verteilung der Behandlungsinzidenz derjenigen der wahren Inzidenz oder Prävalenz entspricht. Darüber hinaus ist es keineswegs sicher, daß eine solche ökologische Korrelation, auch wenn sie bestätigt würde, eine direkte Beziehung zwischen den relevanten Variablen widerspiegelt. Wenn tatsächlich eine direkte Beziehung besteht, kann es außerdem sein, daß sie mittels einer latenten Variablen, wie z.B. körperliche Krankheit oder einem niedrigen sozioökonomischen Status erklärbar ist, man muß daher versuchen, möglichst viele relevante Variablen konstant zu halten, wie es in der im folgenden dargestellten eigenen Arbeit mit Hilfe einer multivariaten Analyse geschehen soll. Schließlich ist auch nicht bekannt, inwieweit Alleinleben mit sozialer Isolation in den oben beschriebenen unterschiedlichen begrifflichen Versionen verbunden ist.

Die weitere Untersuchung dieser Frage verlangt eine Felduntersuchung mit Hilfe von Primärdaten über die behandelten und unbehandelten Störungen aufgrund einer repräsentativen Stichprobe der in Mannheim lebenden älteren Menschen. Der Zweck der vorliegenden Studie war es, eine solche Felduntersuchung durchzuführen.

3. Forschungsziele, -design und -methoden

Dieses Kapitel gliedert sich in vier Abschnitte. Im ersten Abschnitt werden die Ziele und die wichtigsten Arbeitshypothesen der eigenen Untersuchung dargelegt. Aufgrund der vorangegangenen theoretischen Überlegungen wird im zweiten Abschnitt ein kausales Modell zur Erklärung von psychischer Erkrankung im Alter entworfen. Der nächste Abschnitt beschreibt Forschungsplan und -methoden, also vor allem Untersuchungsrahmen, Stichprobenziehung und die Operationalisierung der Variablen in soziologischen und psychiatrischen Meßinstrumenten, mit denen dieses Modell überprüft werden sollte. Mit Hilfe der nun vorliegenden Operationalisierungen konnte im vierten Abschnitt das Modell für die Pfadanalyse (siehe auch Abschnitt 4.3. und 5.8.), die als statistische Methode für die Mehrvariablenanalyse vorgesehen war, konkretisiert werden.

3.1. Fragestellung und wichtigste Arbeitshypothesen

Das Hauptziel der Untersuchung, in deren Rahmen diese Arbeit durchgeführt wurde, war es, die Häufigkeit und Verteilung psychischer Erkrankungen bei über 65jährigen Mannheimern zu erfassen, den Anteil unerkannter bzw. unbehandelter Fälle unter der Gesamtzahl festzustellen und gleichzeitig eine Bestandsaufnahme der psychiatrischen, allgemein- und fachärztlichen sowie der sozialen Versorgungssituation zu machen. Diese Informationen können für die Planung effektiver medizinischer Versorgungseinrichtungen wertvoll sein. Die Untersuchung kann dieses Ziel durch die Gewinnung reliabler Daten in der älteren Bevölkerung Mannheims erreichen, die es erlauben, die Zahl und Art der behandelten und unbehandelten Fälle in verschiedenen Teilen der Stadt zu vergleichen, die bei der Identifizierung von Gebieten und von Bevölkerungsgruppen mit hoher psychiatrischer Prävalenz helfen und die Informationen liefern über die Bedürfnisse der Patienten und ihrer Familien.

Es ist jedoch keine vollständige Prävalenzerhebung durchgeführt worden, da dies die Forschungskapazität überschritten hätte und bis zu einem gewissen Grad den hauptsächlichen Forschungszielen widersprochen hätte. Dieser Punkt wird deutlich im Zusammenhang mit dem Stichprobenverfahren (siehe Abschnitt 3.3.1.).

Die vorliegende Arbeit hat im Rahmen dieser Untersuchung das Ziel, die soziale Situation und die Familiensituation alter Menschen und deren mögliche Zusammenhänge mit psychischer Erkrankung zu überprüfen. Das Hauptinteresse unter den sozialen Variablen richtet sich dabei auf 'soziale Isolation'. Zu diesem weitreichenden Ziel kann eine Vielzahl von Hypothesen über den Zusammenhang von sozialen Variablen und psychischer Erkrankung im Alter formuliert werden. In einem ersten Schritt erschien eine Beschränkung auf die für die Fragestellung dieser Untersuchung zentralen Variablen erforderlich. Die Fragestellung kann in Form einiger Arbeitshypothesen ausgedrückt werden (1).

1. Die Häufigkeit psychischer Störungen ist unter alten Menschen höher, die alleine leben, bzw. die nur wenige soziale Kontakte haben, als unter solchen, die in Familiengruppen wohnen bzw. viele soziale Kontakte haben.
2. Die Häufigkeit psychischer Störungen ist unter alten Menschen höher, die nur wenig Hilfs- und Unterstützungsmöglichkeiten haben, als unter solchen, die viele Hilfs- und Unterstützungsmöglichkeiten haben.
3. Die Häufigkeit psychischer Störungen ist unter alten Menschen höher, die sehr anomisch sind als unter solchen, die wenig anomisch sind.
4. Die Häufigkeit psychischer Störungen ist unter alten Menschen höher, die sich sehr einsam fühlen, als unter solchen, die sich wenig einsam fühlen.
5. Die Häufigkeit psychischer Störungen ist unter alten Menschen, die in Bezirken wohnen, die durch hohe soziale Isolation gekennzeichnet sind, höher als bei denjenigen in Bezirken mit niedriger sozialer Isolation.
6. Die Häufigkeit psychischer Störungen ist unter alten Menschen in den unteren Sozialschichten höher als unter denjenigen, die hohen oder mittleren Schichten angehören.

---

1 Einfachheitshalber sind alle Hypothesen hier positiv formuliert, jedoch sind vom praktischen Standpunkt her negative Ergebnisse genauso wichtig wie positive, denn sie haben auch Implikationen für die zukünftige Forschung und die Planung sozialer Einrichtungen.
Alle Hypothesen gelten unter der Voraussetzung, daß jeweils alle anderen erfaßten unabhängigen Variablen konstant gehalten werden.

7. Die Häufigkeit psychischer Störungen ist unter alten Menschen in Bezirken mit hohem Anteil von Unterschichtsangehörigen höher als in Bezirken mit niedrigem Unterschichtanteil.

Diese Arbeitshypothesen setzen voraus, daß psychische Erkrankungen sich als eine Einheit untersuchen lassen, und daß ihre Zusammenhänge mit sozialen Variablen allgemein bestimmt werden können. Es gibt jedoch zahlreiche Hinweise darauf, daß die sozialen Zusammenhänge der unterschiedlichen diagnostischen Kategorien - insbesondere von organischen Psychosyndromen und funktionellen psychischen Störungen im Alter - unterschiedlich sind, so daß unterschiedliche Verteilungsmuster zu erwarten sind. Daher erscheint es sinnvoll, so weit wie möglich die einzelnen Arbeitshypothesen in bezug auf organische und funktionelle psychische Erkrankungen getrennt zu prüfen.

Die Forschungsstrategie dieser Untersuchung geht davon aus, daß es möglich ist, Krankheitsvariablen getrennt von sozialen Variablen zu definieren (daß man z.B. psychische Krankheit nicht mit Hilfe von sozialer Isolation definiert) und zu messen, und daß es eine legitime Strategie empirischer Forschung ist, die Beziehungen zwischen beiden Gruppen zu untersuchen. Eine solche Feststellung wäre in einer Untersuchung über körperliche Krankheiten überflüssig. Aber psychische Störungen werden - wie bereits weiter vorne ausgeführt wurde - heute von vielen als ein rein soziales Phänomen betrachtet (siehe Abschnitt 2.1.3.). In dieser Untersuchung wurde der Standpunkt eingenommen, daß psychische Störungen zwar soziale Ursachen haben mögen und daß sie ganz bestimmt soziale Konsequenzen haben, aber daß psychische Krankheit selbst primär nicht als soziales Phänomen betrachtet werden muß (LEWIS, 1953). Es wurde deshalb versucht, psychische Krankheit in Form gestörter psychologischer Funktionen und die soziale Situation so weit wie möglich in Form objektiv feststellbarer Umwelteigenschaften zu definieren; d.h. jedoch nicht, daß die Bedeutung der Interaktion zwischen beiden Gruppen ignoriert wurde.

3.2. Zum Aufbau eines kausalen Modells

Diese Arbeit soll sich nicht auf die bloße Beschreibung gesellschaftlicher Tatbestände - hier psychische Erkrankungen im Alter - beschränken, sondern soll versuchen, sie nach Möglichkeit zu erklären. Hängt die Häufigkeit psychischer Störungen z.B. von bestimmten Kontextvariablen wie Art des Wohnbezirks, der sozialen Isolation und dem Sozialstatus in diesen Gebieten usw., oder von individuellen Variablen wie der sozialen Isolation bzw. Integration der einzelnen alten Menschen, ihrem Sozialstatus und einer Vielzahl anderer Variablen wie Geschlecht, Alter, Familienstand, Haushaltsform usw. ab, und in welcher Weise wirken diese Variablen gegebenenfalls auf psychische Alterserkrankungen. Es werden in dieser Arbeit also auch komplexe sozialwissenschaftliche Aussagen formuliert und geprüft. Die theoretischen Vorüberlegungen hierzu fiden sich weitgehend an anderer Stelle (siehe Kapitel 2). Diese Überlegungen hinsichtlich der Effekte der für die Fragestellung zentralen Variablen sind aus dem Modell, das in Abb. 3.1. dargestellt ist, zu ersehen.

Es wird entsprechend den Arbeitshypothesen angenommen, daß das Risiko alter Menschen, an einer psychischen Erkrankung zu leiden, um so höher ist, je mehr soziale Isolation in ihrem Kontext besteht, je sozial isolierter sie selbst sind (d.h. je größer ihr Kontaktmangel ist, je weniger Hilfe und Unterstützungsmöglichkeiten aus Sozialbeziehungen sie haben und je anomischer sie sind), je einsamer sie sich fühlen und um so höher, wenn sie in einem Unterschichtbezirk leben und selbst der Unterschicht angehören.

Umgekehrt ist zu erwarten, daß bei psychischer Erkrankung 'feed-back'-Beziehungen mit einigen sozialen Variablen bestehen. So kann es sein, daß psychisch Kranke z.B. aufgrund paranoischer Vorstellungen ihre Sozialkontakte einschränken, und daß z.B. 'anomia' und Einsamkeitsgefühle durch psychische Erkrankung erhöht werden. Bei den endogenen (1) Variablen wird eine kausale Kette, von der verhältnismäßig 'objektiven' Variablen 'Mangel an Sozialkontakten' über 'Mangel an Hilfs- und Unterstützungsmöglichkeiten', 'anomia' bis zu Einsamkeitsgefühlen hin angenommen. (Die Effekte, die von den exogenen Variablen auf die übrigen endogenen Variablen, außer psychischer Erkrankung, ausgehen, wurden einfachheitshalber hier weggelassen.)

Es muß jedoch betont werden, daß die Frage der Urache-Wirkungs-Beziehung zwischen sozialen Variablen und psychischer Erkrankung mit Hilfe der Daten dieser Untersuchung nur eingeschränkt überprüft werden kann, da es sich um eine Querschnittsstudie, und daher um die Gesamthäufigkeit oder Prävalenz von Krankheiten und nicht speziell um den Ausbruch oder die Inzidenz neuer Krankheiten handelt (siehe hierzu Abschnitt 2.1.2.).

---

1 Variablen, auf die mindestens eine Variable wirkt, nennt man endogene oder auch abhängige Variablen. Variablen, auf die überhaupt keine andere Variable wirkt, nennt man exogene Variablen; sie stehen in dem Modell ganz links.

Abb. 3.1
Effekte sozialer Variablen auf psychische Erkrankung im Alter

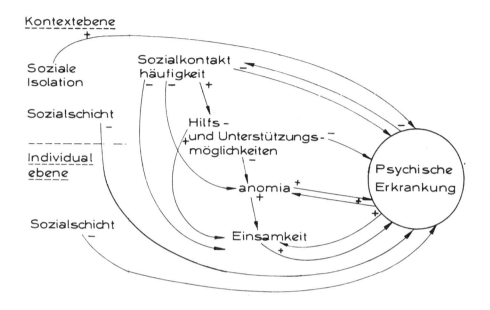

3.3. Forschungsplan und -methoden

Die Forschungsziele verlangen die Untersuchung alter Menschen, die ihren Wohnsitz in Mannheim haben, mit einer unabhängigen Erfassung ihrer sozialen Situation und ihres psychiatrischen Zustandes. Zur Prüfung der genannten Hypothesen wurde eine Reihe von soziologischen Variablen sowohl aus der amtlichen Statistik entnommen, als auch mit Hilfe eines halbstrukturierten Interviews in der Gemeinde erhoben. Unabhängig davon wurde in einer medizinischen Untersuchung, ebenfalls mit Hilfe eines halbstrukturierten Interviews, festgestellt, ob eine psychische Störung vorlag oder nicht, sowie Behinderung und allgemeine Unfähigkeit eingeschätzt. Beide Interviews fanden getrennt voneinander im Heim der Probanden statt. Das Sozialinterview wurde von Soziologen und Sozialarbeitern durchgeführt, das medizinische von Ärzten mit Psychiatrieerfahrung.

3.3.1. Untersuchungsrahmen und Stichprobenziehung

Mannheim hatte 1970 - 1978 rund 308 000 Einwohner, die sich über 78 statistische Bezirke verteilten; davon waren an den beiden Stichtagen dieser Erhebung, dem 01.10.1977, 50 217 und am zweiten Stichtag, dem 15.06.1978, 50 280 über 65 Jahre. Das Einwohnermeldeamt stellte Bänder mit Angaben über die Mannheimer Altenbevölkerung zu den zwei ausgewählten Stichtagen zur Verfügung. Ursprünglich waren weitere Stichprobenziehungen in sechsmonatigen Abständen vorgesehen, wegen des neu in Kraft tretenden Datenschutzgesetzes konnten jedoch nach Ende 1978 keine weiteren Bänder zur Verfügung gestellt werden. Bei den Angaben des Einwohnermeldeamtes handelte es sich um Adresse, Alter, Familienstand und Geschlecht der über 65jährigen Bürger, die zu diesen Zeitpunkten in Mannheim ihren Hauptwohnsitz hatten. Die Grundbevölkerung konnte somit genau definiert und ein Stichprobenrahmen festgelegt werden. Die direkte Befragung jedes Probanden mit einem psychiatrischen Interview und einem Sozialinterview erforderte einen hohen Arbeits- und Zeitaufwand. Die Untersuchung einer Stichprobe von 500 alten Menschen in der Gemeinde war das Äußerste, was mit den verfügbaren Mitteln durchgeführt werden konnte.

Der Untersuchungsplan sah vor, daß eine repräsentative Stichprobe aus der Altenbevölkerung gezogen wurde. Eine Stichprobe von 500, gleichmäßig über Mannheim verteilt, hätte jedoch die Auswahl von durchschnittlich nur sechs Probanden aus jedem der 78 statistischen Bezirke bedeutet. Diese Zahl wäre sowohl für die ökologische Analyse als auch für die Berechnung von Fallraten zu klein gewesen. Die Stichprobenziehung mußte daher in zwei Stufen erfolgen. Zunächst wurde eine gezielte räumliche Vorauswahl aus den statistischen Bezirken getroffen, aus denen dann eine Zufallsstichprobe der über 65jährigen Bevölkerung gezogen werden konnte.

Aufgrund der ökologischen Hypothesen wurde eine Gruppe von drei Innenstadtbezirken, deren über 65jährige Bevölkerung 6 051 und eine Gruppe von vier Außenbezirken, deren über 65jährige Bevölkerung 3 701 am zweiten Stichtag betrug, ausgewählt (siehe Abb. 3.2.).

Hinter der Einteilung in Innenstadtbezirke und Außenbezirke stand nicht nur eine geographische Vorstellung, sondern auch die Tatsache, daß sich die Bezirke hinsichtlich ihrer Nettowohndichte (d.h. Einwohner pro ha bebaute Fläche (1) - als einem einfachen Urbanitätsindex - voneinander unterscheiden (siehe Tab. 3.1.).

Abb. 3.2
Erhebungsbezirke in der Hauptuntersuchung

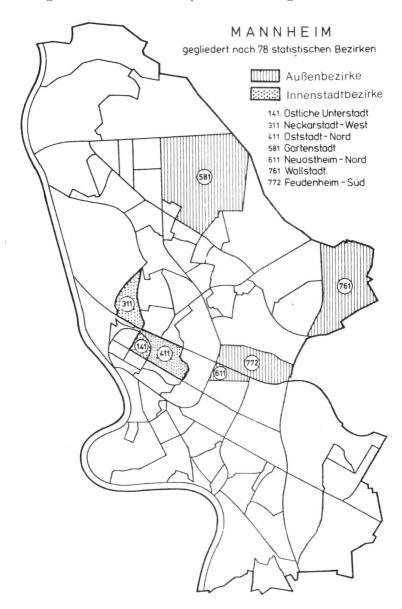

Tab. 3.1
Nettowohndichte in den Erhebungsbezirken

Statistische Bezirke	Nettowohndichte
Innenstadtbezirke	
141 Östl. Unterstadt	1 886
311 Neckarstadt-West	2 623
411 Oststadt-Nord	956
Außenbezirke	
581 Gartenstadt	774
611 Neuostheim	867
761 Wallstadt	860
772 Feudenheim-Süd	725

Während außerdem in den Innenstadtbezirken der Anteil der Einpersonenhaushalte hoch ist, ist er in den Außenbezirken relativ niedrig. Zusätzlich kann die Gruppe (Innenstadtbezirke) in zwei annähernd gleich große Gebiete unterteilt werden, von denen das eine durch Ober- und Mittelschichtbevölkerung, das andere durch Unterschichtbevölkerung gekennzeichnet ist, da die zentralen Bezirke hinsichtlich dieser Variablen verhältnismäßig heterogen sind. In den Außenbezirken war eine solche Unterteilung nicht so eindeutig möglich, da dort die Bezirke homogener, hinsichtlich der Sozialschichtzugehörigkeit ihrer Bevölkerung, sind. Es konnte lediglich versucht werden, die Außenbezirke so auszuwählen, daß sie eine breite Streuung dieses Merkmals aufweisen.

Dieses Stichprobenverfahren kam auch einem Nebenziel der Untersuchung entgegen, nämlich der Sammlung von Daten für die Planung gemeindenaher psychiatrischer Dienste. Dafür wäre ein Stichprobenverfahren, das lediglich Prävalenzraten für die Stadt als Ganzes erbracht hätte, von begrenzter Brauchbarkeit gewesen. Daten über psychiatrische Kontaktraten bei alten Menschen in Mannheim, sowohl vom psychiatrischen Fallregister als auch von einer früheren psychiatrischen Erhebung in der Stadt (REIMANN U. HÄFNER, 1972), wiesen darauf hin, daß die Erkrankungsrate zwischen verschiedenen Stadtgebieten,

---

1 Berechnet aufgrund der Gebäude- und Wohnungszählung (1968)

vor allem zwischen Zentral- und Außenbezirken, erheblich schwanken und das gemeindenahe Versorgungsangebot entsprechend geplant und entwickelt werden muß.

Aus diesen Gründen erscheint auch für das Nebenziel der Untersuchung, das Stichprobenverfahren, das aufgrund der ökologischen Hypothesen gewählt wurde, geeignet, d.h., die Auswahl von Stadtbezirken aufgrund gegensätzlicher sozialer Charakteristika. Gleichzeitig war es möglich, durch Gegenprüfung mit dem psychiatrischen Fallregister und Krankenhausdaten, den Anteil von behandelten und unbehandelten Fällen in jedem Gebiet festzustellen.

Aufgrund der aktuellen Computerauszüge aus der Einwohnermeldekartei wurde eine 5%-Stichprobe nach der Methode der uneingeschränkten Zufallsauswahl (1) der über 65jährigen Bevölkerung aus den ausgewählten Bezirken gezogen. Das ergab eine Zufallsstichprobe von annähernd 500 Personen. Unter Berücksichtigung von Verweigerungen und anderen Ursachen des Ausscheidens aus der Untersuchung sollte damit eine Befragungsstichprobe von etwa 350 Probanden gesichert werden.

3.3.2. Das soziologische Meßinstrument

Für die Sozialdaten wurden vier Modi der Datenerfassung gewählt:

1. veröffentlichte statistische Daten über die Mannheimer Bezirke, zusammen mit speziellen Auszügen aus der Einwohnermeldekartei und unveröffentlichte Daten vom Stadtentwicklungsamt der Stadt Mannheim;
2. geschlossene Fragen mit vorgegebener Codierung im Interview
3. protokollierte Antworten auf offene Fragen im Interview mit nachträglicher Codierung
4. Ratings durch die Interviewer im Anschluß an das Interview.

Im folgenden werden die Bereiche, in denen Daten erhoben wurden, und die Operationalisierung dargestellt.

---

1 Das EDV-Programm, mit dessen Hilfe die Stichprobe gezogen wurde, stammt von T. GASSER (Abteilung für Biostatistik am Zentralinstitut für Seelische Gesundheit in Mannheim).

3.3.2.1. Indizes sozialer Isolation

Das wichtigste soziologische Konstrukt der Untersuchung ist das der 'sozialen Isolation'. Variablen zur Operationalisierung dieses Konstrukts werden auf zwei Untersuchungsebenen erfaßt, wie Tab. 3.2. zeigt.

Soziale Isolation und Anomie auf Kontextebene

Auf der ökologischen oder Kontextebene sollte soziale Isolation in den einzelnen ausgewählten Bezirken im Isolationsindex I durch den Anteil Alleinstehender (d.h. der Ledigen, Verwitweten und Geschiedenen) über 65jährigen (am 2. Stichtag der Erhebung), den Anteil der Alleinstehenden an der Wohnbevölkerung (1) und dem Anteil der Einpersonenhaushalte an den Privathaushalten (2) erfaßt werden.
 Auf der selben Untersuchungsebene sollte ein Anomie-Index gebildet werden. In ihn sollten in Anlehnung an einen Vorschlag von LANDER (1954, S. 54ff) ein Mobilitätsindex (nämlich Zuzüge und Wegzüge in bezug auf die Wohnbevölkerung; nach Daten des Stadtentwicklungsamtes der Stadt Mannheim für 1978), der Ausländeranteil (3) und der Mieteranteil (4) eingehen (5).
 Um eine Grundlage für die Indexbildungen zu finden, wurden die Rangkorrelationen dieser jeweils drei Variablen in den statistischen Bezirken Mannheims überprüft. Dabei wurden, um eine Verzerrung zu vermeiden, diejenigen statistischen Bezirke ausgeschlossen, deren über 65jährige Einwohner nur 50 oder weniger Personen betrug, so daß von den 78 statistischen Bezirken Mannheims 58 in die Analyse eingingen. Die Ergebnisse sind in Tab. 3.3 dargestellt.
 Zwei Rangkorrelationen sind aufgrund der Verrechnung identischer Merkmale bei den verwendeten Indizes sozialer Isolation verhältnismäßig hoch; unter den Alleinstehenden in der Bevölkerung muß sich z.B. auch ein Anteil von alleinstehenden alten Menschen befinden. Bei den operationalen Indizes von Anomie bestehen sogar entgegen der Erwartung negative Korrelationen mit dem Mobilitätsindex.
 Aufgrund der Heterogenität der operationalen Indizes, wie sie durch die mangelnde Korrelation ausgewiesen wird, erscheint es für die Ziele dieser Untersuchung nicht sinnvoll, sie zu

---

1,2,3,4 Aufgrund der Volks- und Berufszählung von 1970
5   Ausländer, die ohnehin in der Altenbevölkerung stark unterrepräsentiert sind, wurden in diese Untersuchung nicht einbezogen.

Untersuchungsebenen	Isolationsindex		Operationalisierung	Merkmalsträger
ökologische oder Kontextebene	I	objektiv	1. Soziale Isolation I Anteil alleinstehender über 65jähriger Anteil alleinstehender an der Wohnbevölkerung Anteil von Einpersonenhaushalte an den Privathaushalten 2. Anomie Mobilitätsindex Ausländeranteil Mieteranteil	Kollektive (statist. Bezirke etc.)
Individualebene — Dimension der sozialen Interaktionen	II	↓	3. Soziale Isolation II Haushaltstyp Häufigkeit der Sozialkontakte	Personen
Individualebene — sozialpsychologische Dimension	III		4. Soziale Isolation III Hilfe u. Unterstützung durch Sozialbeziehungen	
	IV	subjektiv	5. Soziale Isolation IV ('social isolation'-Score aus der DEAN-SKALA v. 1961)	

einem Isolations-Index bzw. Anomie-Index auf Kontextebenen zusammenzufassen, da der spezifische Beitrag der einzelnen Indizes für die Erklärung von psychischer Krankheit im Alter von Interesse ist.

Tab. 3.3
Zusammenhänge zwischen den Indizes für soziale Isolation und für Anomie auf Kontextebene

Konstrukt	Operationalisierung	Spearman's (rho)
soziale Isolation	Anteil der alleinstehenden Alten/ Anteil der Alleinstehenden an der Bevölkerung	+ .33
	Anteil der alleinstehenden Alten/ Anteil der Einpersonenhaushalte	+ .41
	Anteil der Alleinstehenden an der Bevölkerung / Anteil der Einpersonenhaushalte	+ .02
Anomie	Ausländeranteil/Mobilitätsindex	- .27
	Ausländeranteil/Mieteranteil	+ .11
	Mieteranteil/Mobilitätsindex	- .21

Soziale Isolation auf Individualebene

Die drei weiteren (siehe u.a. Tab. 3.2.), bereits oben besprochenen Aspekte von sozialer Isolation auf Individualebene sind als Indizes in ein 'Interview zur Messung sozialer Isolation' (IMSI) eingegangen. Das IMSI ist ein 43seitiger, halbstrukturierter Interviewfragebogen, der zusätzlich zu verschiedenen Aspekten sozialer Isolation bzw. Integration den sozioökonomischen Status und die Lebenssituation der Probanden erfaßt. Es eignet sich für Erwachsene jeder Altersgruppe und jedes Familienstandes, die in Privathaushalten leben.

Soziale Isolation als Alleinleben und Kontaktmangel

Auf der Individualebene wurde in der Dimension der sozialen Interaktionen in einem ersten Schritt zunächst der Haushaltstyp, in dem der Proband lebt, erfaßt, d.h., ob er allein lebt, in einer Familie oder einer anderen Art von Haushaltsgemeinschaft oder in einer Institution, und in einem zweiten Schritt die Häufigkeit seiner sozialen Kontakte (Isolationsindex II). Die Erfassung der Häufigkeit der Sozialkontakte erfolgte in Anlehnung an ein Verfahren, das TOWNSEND (1957) für die Untersuchung des Familienlebens alter Menschen entwickelt hat und das später von einem anderen britischen Soziologen, TUNSTALL (1966), modifiziert und elaboriert worden ist (1). Im wesentlichen beruht die Technik auf einem systematischen und intensiven Abfragen aller Kontakte mit Verwandte, Freunden und Nachbarn in der Woche vor dem Interview.

Entsprechend der operationalen Definition von Sozialkontakt wurden alle Sozialkontakte des Probanden, die länger als schätzungsweise fünf Minuten dauerten, in den entsprechenden Kontaktbögen aufgezeichnet, dabei wurden auch Auseinandersetzungen und Streit als Kontakt gewertet. Es wurde zwischen Einzel- und Gruppenkontakt unterschieden. Unter Gruppenkontakten wurden Kontakte mit mehr als einer Person, aber auch der Besuch von geselligen Veranstaltungen verstanden. Für einen Gruppenkontakt wurden zwei Scorepunkte vergeben. Der Fragebogen ist so angelegt, daß der Kontaktkreis des Probanden möglichst vollständig erfasst werden konnte.

Die Probleme der adäquaten Gewichtung und damit der Addierbarkeit der Teilscores konnten nur durch eine starke Vereinfachung gelöst werden. Prinzipiell wurde jedem Kontakt der gleiche Punktwert zugeschrieben; dabei blieben die Art, Dauer, Intensität und Qualität des Kontaktes bewußt unberücksichtigt. Der mehr oder weniger intensive Kontakt zu Personen, mit denen man im Haushalt lebt, wurde durch Vergabe von Punkten für jede gemeinsam eingenommene Mahlzeit bewertet.

Für bestimmte regelmäßige Kontakte mit Personen im Rahmen von deren beruflicher Tätigkeit, z.B. mit Ärzten, Sozialarbeitern, Gemeindeschwestern usw., wurde ebenfalls ein Punkt für einen Kontakt in der letzten Woche vergeben. Hatte in der Woche vor dem Interview kein Kontakt stattgefunden, aber in der Zeitspanne von vier Wochen vor dem Interview, so erhielt dieser ein 1/4 Scorepunkt. In der für diese Untersuchung verwendeten modifizierten Form des Systems von TUNSTALL wurde ebenfalls jedes persönliche Telefongespräch in der Woche vor dem Interview mit 1/4 Punkt bewertet. Für Besuche eines Clubs und Vereins o.ä. und einen Kontakt mit zwei oder mehr Personen, erhielt der Proband entsprechend 2 Punkte für einen Kontakt in der letzten Woche oder 1/2 Punkt für einen Kontakt im

---

1 Modifizierte Versionen des TOWNSEND-Verfahrens haben auch ROSENMAYER et al. (1965), TEWS (1968) und URBAN (1973) angewendet.

letzten Monat. War ein Proband ganztags berufstätig, erhielt er 10 Punkte und weitere Zusatzpunkte, wenn er dabei Kontakt mit Kollegen oder dem Publikum hatte. Die Interrater-Reliabilitätsuntersuchung im Verlauf der Hauptfelderhebung erbrachte eine hohe Übereinstimmung der Interviewer hinsichtlich der Vergabe der Sozialkontaktscores.

Wie alle solche Verfahren, hat auch dieses seine deutliche Begrenzungen und Schwächen. Es nimmt keine Rücksicht auf die Qualität des Kontaktes oder die Bedeutung, die er für den Probanden hat. Zufällige Kontakte mit Fremden in Läden, Cafés, auf der Straße usw., welche von Bedeutung für alte Menschen sein könnten, werden nicht abgedeckt. Um die Bedeutung dieses Einwandes zu überprüfen, wurde in der Pilotuntersuchung gefragt, ob es für die Probanden über die in den Kontaktbögen erfragten Kontakte hinaus in der letzten Zeit wichtige Begegnungen gegeben hat. Die Ergebnisse zeigen, daß durch die Kontaktbögen das Kontaktnetz der Probanden gut abgedeckt wurde.

Die Fragen beziehen sich auf ein sehr kurzes Zeitintervall – auf eine bzw. vier Wochen vor dem Interview –, das hat den Vorteil, daß man nicht auf Schätzungen über die durchschnittliche Kontakthäufigkeit angewiesen ist, die stark verzerrt sind. Andererseits führt es aber unvermeidlich dazu, daß dieser Zeitraum für die Kontaktsituation des Probanden nicht immer typisch sein kann. Um diese Schwäche zu kompensieren, wurde nach speziellen Ereignissen gefragt, wodurch die vergangenen vier Wochen eindeutig atypisch waren, z.B. Krankenhausaufenthalte, Tod oder plötzliche Erkrankung naher Angehöriger. Wenn ein solches Ereignis eingetreten war, wurden die Teile des Interviews, die sich auf diesen Zeitraum beziehen, auf einen späteren Zeitpunkt verschoben, um zu gewährleisten, daß ein routinemäßiger Wochenablauf erfaßt wurde.

Die beiden Tabellen 3.4. und 3.5. enthalten Beispiele der Vergabe eines hohen und eines niedrigen Sozialkontaktscores. Ein hoher Score deutet auf Integration und ein niedriger Score auf Isolation hin.

Soziale Isolation als Mangel an Hilfe und Unterstützung durch Sozialkontakte

Isolationsindex II spiegelt also die Häufigkeit und Regelmäßigkeit von Kontakten wieder. Jeder Art von Kontakt wird das gleiche Gewicht gegeben, ohne Rücksicht auf seine Dauer, Qualität und Intensität. Wenn soziale Isolation jedoch nur mit Hilfe von Kontakthäufigkeit definiert wird, werden selbstverständlich

Tab. 3.4.
Soziale Isolation Score II (Sozialkontakte)

Beispiel für einen hohen Scorewert
(verheirateter 68jähriger Mann, noch berufstätig)

	Kontakt-Score*
Gemeinsamer Haushalt mit Ehefrau	7
Kontakt mit Kindern und deren Partnern	21.75
" " Enkeln	21
" " Geschwistern	2.25
" " anderen Verwandten	5.25
" " Freunden und Bekannten	8
" " Verein	2.50
Gemeinsame Mahlzeiten mit anderen	14
Berufstätigkeit (ganztags)	10
Kontakte mit Mitarbeitern	5
" " dem Publikum	5
zusammen:	101.75

Tab. 3.5
Soziale Isolation Score II (Sozialkontakte)

Beispiel für einen niedrigen Scorewert
(Witwe, 78jährig, alleinlebend)

	Kontakt-Score
Kontakte mit Verwandten	2.25
" " Freunden	0.25
" " Allgemeinpraktiker	1
zusammen:	3.50

*Telefonkontakt = 0,25

wichtige qualitative Unterschiede nicht berücksichtigt. Diese Aspekte sind der wissenschaftlichen Untersuchung nicht leicht zugänglich. Robert WEISS (1974) hat zwischen sechs wichtigen 'provisions of social relationships' unterschieden, den den psychologischen Bedürfnissen des Individuums entsprechen, und HENDERSON und seine Mitarbeiter in Canberra haben eine Reihe von Maßen entwickelt, die auf diesem Konzept beruhen. Diese haben sie in einer Felduntersuchung verwendet, um die soziale Integration der Individuen festzustellen (HENDERSON et al., 1978; DUNCAN-JONES, 1981). In der vorliegenden Untersuchung wurde im wesentlichen ein ähnlicher Ansatz verwendet, um die andere Seite der Medaille, nämlich soziale Isolation zu untersuchen. Mit Hilfe einer Reihe von Eröffnungsfragen, welche jeweils von detaillierten Nachfragen gefolgt wurden, wurde versucht festzustellen, ob oder in welchem Ausmaß die alten Menschen unter einem Mangel an materieller oder emotionaler Unterstützung litten bzw., ob es aufgrund des Vorhandenseins und der Qualität enger, dauernder, persönlicher Beziehungen die Möglichkeit für solche Unterstützung gab, wenn sie benötigt wurde. Bei der Konstruktion dieses Meßinstruments erfolgte eine Konzentration auf sechs wichtige Bedürfnisse alter Menschen, die weitgehend mit den 'provisions of social relationships', die WEISS formuliert hat, korrespondieren.

Der Grad der Befriedigung jedes dieser Bedürfnisse wurde mit Hilfe detaillierter Nachfragen erfaßt und von dem Interviewer auf einer 5-Punkte-Skala geratet. Die Einzelscores auf jeder dieser 6 Skalen wurden dann zu einem Gesamtscore zwischen 0 und 24 zusammengefaßt. Dieser wurde Isolationsindex III genannt. Hier bedeutet wiederum ein hoher Score Integration und ein niedriger Score Isolation.

Für die 'ad hoc'-Skala wurden die folgenden Programmpunkte aufgestellt:

1. Hilfe und Unterstützung bei alltäglichen Pflichten und Aufgaben;
2. Unterstützung durch gemeinsame Aktivitäten und Interessen;
3. Unterstützung bei Konflikten und Auseinandersetzungen mit Außenstehenden;
4. Unterstützung durch vertrauensvolle Beziehungen;
5. Unterstützung und Hilfsmöglichkeiten im Notfall;
6. Gefühl des Gebrauchtwerdens und der Nützlichkeit.

Jeder dieser Programmpunkte wurde in eine 5-Punkte-Skala umgesetzt, auf der der Proband vom Interviewer aufgrund einiger vorgegebener Fragen eingeordnet wird. Beispiele hierzu können aus dem Fragebogen und Scoresystem zum IMSI jeweils entnommen werden. Die einzelnen Punktwerte der Subskalen wurden zu einem Gesamtpunktwert zusammengezogen. Es handelt sich also um eine Reihe von Fremdratings, die ein intensives Training der Interviewer voraussetzen, von denen jedoch anzunehmen ist, daß sie genau den Aspekt von sozialer Isolation erfassen, der für die Fragestellung bedeutsam ist.

Für das Rating sollte nicht ausschlaggebend sein, ob der Proband sich mehr oder weniger sicher und geborgen aufgrund seiner Sozialbeziehungen fühlte, d.h. also nicht die Gefühle und Einstellungen, die der Proband äußerte, sondern wieviel Hilfe und Unterstützung in alltäglichen und Krisensituationen er tatsächlich erwarten konnte. Es handelt sich hier also nicht um eine Einstellungsskala. Die Grundlage der Scorevergabe sollte vielmehr eine verhältnismäßige objektive Beschreibung der Situation sein. Nachdem eine vorläufige 'interrater-agreement'-Studie mit Probeinterviews eine hohe Übereinstimmung der Interviewer erbracht hatte, wurde für die Vergabe der Scorewerte auf den 5-Punkte-Skalen den Interviewern für alle 6 Subskalen genaue Anweisungen im Leitfaden zum Interview gegeben. Diese Beschreibung der Ankerpunkte und Skalenpunkte wurde aufgrund der Interviewprotokolle in den Probeinterviews und der Pilotuntersuchung vorgenommen. Die formale Interrater-Reliabilitäts-Studie im Verlauf der Hauptuntersuchung erbrachte entsprechend hohe Übereinstimmungswerte.

Soziale Isolation im Sinne von 'anomia'

Als vierte Methode zur Erfassung sozialer Isolation wurde die Subskala 'social isolation' aus DEANs (1961) 'alienation'-Skala verwendet. Bei empirischen Untersuchungen ist es üblich 'anomia' und 'alienation' austauschbar zu verwenden (siehe Abschnitt 2.3.4.).

Er konstruierte nach einer gängigen Methode (Expertenrating) drei Subskalen, die Machtlosigkeit, Normlosigkeit und soziale Isolation messen sollen (siehe ROBINSON u. SHAVER, 1970, S. 191-194). Dabei ging er von 139 'items' aus, von denen er annehmen konnte, daß sie 'alienation' oder 'anomia' messen, diese hatte er aus der Literatur und über 70 Interviews gesammelt oder speziell konstruiert. Sieben Experten (Lehrkräfte am Department of Sociology der Ohio State University) wurden gebeten, für jedes Item zu beurteilen, ob es speziell und exclusiv einem der drei vom Autor ausführlich vorgegebenen Subskalen-Konzepte zugehörte. Es war notwendig, daß mindestens fünf der sieben Experten übereinstimmten. Die Subskala 'soziale Isolation' in ihrer endgültigen Form enthält 9 Items. Die englische Originalversion ist im folgenden wiedergegeben:

Tab. 3.6.
Sub-scale 'social isolation' DEAN (1961)

1. Sometimes I feel all alone in the world.
3. I don't get invited out by friends as often as I'd really like.
+5. Most people today seldom feel lonely.
+8. Real friends are as easy as ever to find.
+11. One can always find friends if he shows himself friendly.
+14. The world in which we live is basically a friendly place.
17. There are few dependable ties between people any more.
+22. People are just naturally friendly and helpful.
24. I don't get to visit friends as often as I'd really like.

4	3	2	1	0
strongly agree	agree	uncertain	disagree	strongly disagree

+reversed items

Sie wird in einem standardisierten 5-Punkte-Likert-Format vorgegeben. Der Gesamtscore variiert zwischen 0 (niedrigste soziale Isolation) und 36 (höchste soziale Isolation) (1). Die Reliabilität der Subskala 'soziale Isolation', getestet nach der 'split half' und korrigiert mit der 'Spearman-Brown prophecy formula' betrug .84.

Trotz der noch fehlenden Validierung der Skala, wurde die Subskala 'social isolation' in die vorliegende Untersuchung übernommen, da sie von allen in der Literatur vorfindbaren 'alienation'- bzw. 'anomia'-Skalen am angemessensten für die Fragestellung der vorliegenden Untersuchung erschien. Bei der Übertragung ins Deutsche mußten einige der Items umgekehrt werden, um sie verständlich zu machen: so wurden vor allem doppelte Verneinungen beseitigt. Die deutsche Fassung, wie sie in dieser Untersuchung verwendet wurde, ist in der Tabelle 3.7. wiedergegeben.

Die Skala ist als Selbsteinschätzungsskala gedacht. Aufgrund von Probeinterviews hatte sich DEAN selbst für seine Untersuchung zugunsten der postalischen Versendung von Fragebögen

---

1 Die Isolationsskalen sind gegensätzlich gepolt, wegen der Vergleichbarkeit mit der übrigen Literatur wird keine Umcodierung vorgenommen.

und gegen persönliche Interviews entschieden, in der Überzeugung, daß die Probanden wahrheitsgemäßer antworten würden, als wenn sie mit einem Interviewer konfrontiert würden. Seine Rücklaufquote war entsprechend gering (38.8 Prozent).

Tab. 3.7.

1. Manchmal fühle ich mich völlig allein in der Welt.
+2. Ich werde so oft wie ich will von Freunden eingeladen.
3. Die meisten Menschen fühlen sich heutzutage allein.
+4. Gute Freunde sind so leicht wie immer zu finden.
+5. Man kann immer Freunde finden, wenn man sich selbst freundlich verhält.
+6. Wir leben eigentlich in einer freundlichen Welt.
7. Es gibt kaum noch zuverlässige Bindungen unter den Menschen.
+8. Die Menschen sind von Natur aus freundlich und hilfsbereit.
+9. Ich besuche meine Freunde so oft wie ich will.

4	3	2	1	0
stimme stark zu	stimme zu	bin unsicher	lehne ab	lehne stark ab

+umgekehrte Items

In der vorliegenden Untersuchung waren wegen der problematischen Zielgruppe und wegen der halbstrukturierten Form anderer Teile des Sozialfragebogens und des psychiatrischen Fragebogens von vornherein Interviews vorgesehen. Die Untersuchung wahrer Prävalenz von psychischen Krankheiten mit Hilfe postalisch versandter Fragebögen ist ohnehin nicht denkbar.

Über die Indizes 'sozialer Isolation' hinaus erfaßt das Interview in stark strukturierter Form auch Einsamkeitsgefühle. Es werden zwei Einsamkeitsindizes verwendet; Einsamkeitsindex I erfaßt Einsamkeitsgefühle im Vergleich mit Gleichaltrigen auf einer 4-Punkte-Skala und Einsamkeitsindex II die Häufigkeit von Einsamkeitsgefühlen auf einer 6-Punkte-Skala.

Wegen der Besonderheiten der Zielgruppe, insbesondere Sehbehinderungen, Gedächtnisschwächen und geistigem Abbau, war es, wie die Voruntersuchung ergab, notwendig, die Interviewer die 'items' vorlesen zu lassen und die Probanden zu bitten, sich auf einer Vorlage einzuordnen. Manchmal mußten die Interviewer die Fragen erläutern bzw. die gegebenen Antworten interpretieren. Bei dieser Anwendung der 'anomia'- bzw. Einsamkeitsskalen war trotz ihrer hochstrukturierten Form mit einem

Interviewereinfluß zu rechnen. Die Skala wurde deshalb ebenfalls in die Interrater-Reliabilitäts-Studie einbezogen. Es ergab sich eine sehr hohe Übereinstimmung zwischen den vier Interviewern, so daß die Skala auch bei der besonderen Vorgabe in der vorliegenden Untersuchung als reliabel betrachtet werden kann.

3.3.2.2. Sozialschicht-Indizes

Neben sozialer Isolation ist Sozialschicht die zweite wesentliche soziale Variable, die in das Design dieser Untersuchung eingegangen ist. Wie im Abschnitt 3.3.1 'Untersuchungsrahmen und Stichprobenziehung' ausführlich dargestellt, wurden Untersuchungsbezirke gewählt, die hinsichtlich der Kontextvariablen Sozialschicht, operationalisiert durch Arbeiteranteil an den Erwerbstätigen, Selbständigenanteil an den Erwerbstätigen, Volksschulabsolventen an den Schulabsolventen, Hochschulabsolventen an den Schulabsolventen (1), möglichst miteinander kontrastieren. Dabei war es möglich, die Innenstadtbezirke in etwa gleich große Gebiete mit hohem bzw. niedrigem sozioökonomischen Status einzuteilen. Die Außenbezirke wurden so ausgewählt, daß sie eine möglichst breite Streuung dieses Merkmals aufwiesen. Zunächst wurden die Rangkorrelationen zwischen den einzelnen Sozialschicht-Indizes auf Kontextebene über die statistischen Bezirke von Mannheim hinweg überprüft (siehe Tab. 3.8).

Tab. 3.8
Zusammenhänge zwischen den Sozialschicht-Indizes auf Kontextebene

	Arbeitgeberanteil	Anteil der Selbständigen	Anteil der Volksschulabsolventen
Anteil der Selbständigen	-.81		
Anteil der Volksschulabsolventen	+.94	-.76	
Anteil der Hochschulabsolventen	-.86	+.71	-.86

---

1 Alle diese Raten wurden aufgrund der Volks- und Berufszählung von 1970 berechnet.

Der Zusammenhang zwischen den Variablen ist so hoch, daß man in den folgenden Auswertungen mit Arbeiteranteil, mit dem die anderen drei Indizes am höchsten korrelieren, als einzigen Schichtindex auf Kontextebene auskommen kann.

Neben der Erfassung auf der Gebietsebene wurde Sozialschicht auf der Individualebene außerdem im Interview bei den einzelnen Probanden mit Hilfe zweier Skalen erhoben, nämlich dem Schichtindex von MOORE & KLEINING und der Berufsprestigeskala von TREIMAN.

Der MOORE-KLEININGsche Schichtindex (MOORE & KLEINING, 1960; KLEINING & MOORE, 1968) geht von der Vorstellung aus, daß sich die soziale Schichtung einer Gesellschaft am unterschiedlichen Ansehen, das die Inhaber verschiedener Berufe haben, ablesen läßt. Die Zugehörigkeit von Personen zu einer von insgesamt neun von den Autoren verwendeten Schichtkategorien wurde bestimmt nach der Selbsteinstufung von Befragten in die Gruppe von Berufen, die dem eigenen Beruf am ähnlichsten im Sinne der Tätigkeit, des Ansehens, der Bezahlung und der Verantwortung sind.

Für die vorliegende Erhebung wurden die Schichtkategorien entsprechend einem Vorschlag der Autoren folgendermaßen zusammengefaßt:

Oberschicht mit Oberer Mittelschicht	zu Oberschichten	(1)
Mittlere Mittelschicht	Mittlere Mittelschicht	(2)
industrielle mit nicht-industrieller Unterer Mittelschicht	zu Untere Mittelschicht	(3)
industrielle mit nicht-industrieller Oberer Unterschicht	zu Obere Unterschicht	(4)
Untere Unterschicht mit 'Sozial Verachteten'	zu Untere Unterschicht	(5)

Diese Zusammenfassung ging von der Voraussetzung aus, daß Mitglieder der Oberschicht einerseits und 'sozial Verachtete' andererseits an der Stichprobe nur einen verschwindend geringen Anteil haben würden. Eine Unterscheidung in industrielle und nicht-industrielle Berufe war für die Fragestellung der Untersuchung nicht von Interesse.

Bei MOORE & KLEINING sind die verschiedenen Schichten jeweils nur durch sehr wenige Berufe operationalisiert, so daß für den Codierer ein verhältnismäßig großer subjektiver Spielraum bleibt.

Weniger Spielraum für den Codierer läßt dagegen das Verfahren von TREIMAN (1979), das außerdem verwendet wurde. TREIMAN geht ebenfalls von der Annahme aus, daß sich Berufe hinsichtlich des ihnen zugeschriebenen Sozialprestiges unterscheiden und entwickelte auf der Basis der Internationalen Standardklassifikation der Berufe (1968) Prestigescores von 14 bis 78, die international vergleichbar sind. Ein Nachteil dieses Verfahrens ist, daß der nicht-hierarchische Aufbau der Internationalen Standardklassifikation der Berufe dazu führt, daß z.B. einem Facharbeiter und einem Meister, sofern sie dieselbe Berufsbezeichnung haben, der gleiche Prestigescore zugeordnet wird (siehe hierzu auch MAYER, 1979).

Das System von MOORE und KLEINING wurde verwendet, um die Vergleichbarkeit mit anderen Untersuchungen auf dem Gebiet der epidemiologischen Psychiatrie in der Bundesrepublik zu gewährleisten, bei denen überwiegend dieses Verfahren angewendet wurde. Das TREIMANsche System dagegen erlaubt den Vergleich mit den Ergebnissen anderer sozial-wissenschaftlicher Untersuchungen, da es in der Standarddemographie des Zentrums für Umfragen, Methoden und Analysen - ZUMA (PAPPI, 1979) enthalten ist.

Bei der Zielpopulation dieser Untersuchung war es etwas schwierig, Berufe als Grundlage für die Sozialschicht-Zuweisung zu verwenden, da man sich dabei in den meisten Fällen auf die Berufsgeschichte einer bereits im Ruhestand lebenden Person oder ihres bereits verstorbenen Ehepartners beziehen mußte, was entsprechend schwieriger ist als bei Personen, die sich noch im Berufsleben befinden. Als weitere Schichtindizes wurden daher - entsprechend der ZUMA-Standarddemographie - Schulbildung und Einkommen und außerdem Wohnverhältnis (Eigentümer/Mieter) verwendet.

3.3.2.3. Weitere wichtige Lebensumstände

Bei der Untersuchung handelt es sich im wesentlichen um eine Querschnittstudie, die sich mit der sozialen Kontaktsituation in einem kurzen Zeitraum vor der Erhebung befaßt. Allerdings wird im Sozialinterview retrospektiv nach wichtigen Lebensveränderungen in den letzten zehn Jahren gefragt, wie Wohnungswechsel, Wegzug oder Zuzug im Haushalt, Todesfall einer nahestehenden Person, Änderungen im Familienstand, Pensionierung, Änderungen der Berufstätigkeit, Eintritt von Sozialhilfebedürftigkeit.

3.3.3. Das psychiatrisch-medizinische Meßinstrument

Der psychische Gesundheitszustand wurde aufgrund eines Interviews erfaßt, das von Ärzten mit Psychiatrie-Erfahrung mit den alten Menschen zu Hause durchgeführt wurde. Der Interviewbogen, der für diesen Zweck verwendet wurde, war die deutsche Version des Klinischen Psychiatrischen Interviews (GOLDBERG et al., 1970; ZINTL-WIEGAND et al., 1980), der für die Verwendung bei älteren Menschen modifiziert worden ist. Aufgrund des Interviews wurde bei jedem einzelnen Probanden das Folgende erhoben:

1. Ratings für 23 psychiatrische Items (Symptome und klinische Abnormalitäten, die im Interview aufgeführt sind), von denen jedes auf einer 5-Punkte-Skala geratet wurde;
2. ein Rating über den klinischen Schweregrad der psychiatrischen Störung, bei der ebenfalls auf einer 5-Punkte-Skala geratet wurde;
3. psychiatrische Hauptdiagnose und Nebendiagnose, sofern sie angemessen waren; auf dem ICD Schlüssel beruhend;
4. Zuordnung zu sechs übergeordneten Kategorien von psychischen Störungen im Alter, wie sie in der Untersuchung in Newcastle (KAY et al., 1964a) verwendet wurden.

Um das Interview zur Fallidentifizierung verwenden zu können, war eine operationale Definition notwendig. Das bedeutet, daß alle Probanden aufgrund vorher festgelegter Kriterien in zwei Gruppen - Fälle und Nicht-Fälle - eingeteilt werden sollten. Es wurden die folgenden Vorgehensweisen gewählt. Die Klassifikation erfolgt auf drei Arten:

1. <u>Diagnostisch</u> - zwischen Probanden, die eine psychiatrische ICD-Diagnose erhielten und solche, die keine erhielten.
2. <u>Symptomatisch</u> - zwischen Probanden, die einen gewichteten Gesamtscore über einem bestimmten 'cut-off' Score (21 Punkte) erhielten und solchen, deren Gesamtscore unter diesem 'cut-off' lag.
3. <u>Klinischer Schweregrad</u> - zwischen Probanden mit einem Schweregradscore von mindestens 2 (medizinische Behandlungsbedürftigkeit) einerseits und solchen mit einem Score unter 2 andererseits.

Probanden, welche mindestens zwei dieser drei operationalen Kriterien entsprachen, wurden als psychiatrische Fälle für den Zweck der Untersuchung klassifiziert.

Körperliche Beeinträchtigung wurde mit Hilfe eines gewichteten Scores geschätzt, der auf Beeinträchtigung des Sehvermögens, des Gehörs und der Beweglichkeit beruht. Behinderung wurde aufgrund der Verrichtung einfacher alltäglicher Aktivitäten geratet, die mit der Selbstversorgung zu tun hatten und im Falle der Frauen mit der Verrichtung von Haushaltspflichten.

3.4. Modellbildung für die Pfadanalyse

Für die Mehrvariablenanalyse war als statistische Methode die Pfadanalyse (s. Abschnitt 4.3.) vorgesehen, dazu war es erforderlich, daß die theoretischen Aussagen einen gewissen Grad an Präzision aufwiesen, und daß das globale Modell in Abschnitt 3.2. (Abb. 3.1) differenziert wurde. Deshalb mußten zusätzlich zu den Arbeitshypothesen in Abschnitt 3.1. die Hypothesen im einzelnen genau formuliert werden. Um der Übersichtlichkeit willen wurden die verbal formulierten Modelle in Pfaddiagrammen dargestellt. Die theoretischen Vorüberlegungen finden sich weitgehend an anderer Stelle (siehe Abschnitt 2).

In einem ersten Schritt wurden alle Variablen, von denen es aufgrund der theoretischen Überlegungen sinnvoll erschien, sie in die multivariate Analyse einzubeziehen, in der folgenden Variablenliste zusammengefaßt (Tab. 3.9).

Die theoretischen Überlegungen wurden also zunächst in zwei Moedelle umgesetzt, in ein Modell mit funktioneller psychischer Erkrankung als abhängiger Variable und in ein Modell mit funktioneller psychischer Erkrankung als abhängiger Variable und in ein Modell mit organischem Psychosyndrom als abhängiger Variable.

In den beiden Modellen sind außer den Krankheitsvariablen vier endogene Variable, nämlich Sozialkontakthäufigkeit (SCOR 2), Hilfs- und Unterstützungsmöglichkeiten aus Sozialkontakten (SCOR 3), 'anomia' (SCOR 4) und Einsamkeit (EINGL) enthalten. Ihre angenommene kausale Anordnung ist aus den Pfaddiagrammen zu ersehen. Die vier Indizes werden von Sozialkontakthäufigkeit zu Einsamkeit hin immer subjektiver. Es wird angenommen, daß Sozialkontakthäufigkeit auf Hilfs- und Unterstützungsmöglichkeiten wirkt, diese wiederum haben einen Einfluß auf 'anomia' und alle drei Variablen auf Einsamkeitsgefühle.

In die Teilmodelle 1 und 2 wurden um der Übersichtlichkeit willen nur die direkten Effekte auf die Krankheitsvariablen aufgenommen. Nicht berücksichtigt wurden die Wirkungen der exogenen Variablen auf die vier anderen endogenen Variablen und die Effekte zwischen diesen. Um sie zu überprüfen, wur-

Tab. 3.9
Variablenliste

Nummer	Abkürzung	Konstrukte	Operationalisierung
Kontextebene			
X 1	AARB	Sozial-schicht	Arbeiteranteil
X 2	AUNI		Anteil d. Universitäts-Absolventen
X 3	AAUSL		Ausländeranteil
X 4	MOBZIF	Anomie	Mobilitätsindex
X 5	AMIET		Anteil der Mieterparteien
X 6	ASIBEV		Anteil der Alleinstehenden an der Bevölkerung
X 7	ASIALT	Soziale Isolation	Anteil der alleinstehenden Alten
X 8	AEPH		Anteil der Einpersonenhaushalte
Individualebene			
X 9	WVERH	Sozial-schicht	Eigentümer/Mieter
X 10	SCHICH		Sozialschicht (MOORE/KLEINING) (von Oberschicht (1) bis untere Unterschicht (5))
X 11	BERBEZ		Sozialprestige (TREIMAN)
X 12	SCHUL		Schulbildung
X 13	GELD1		Einkommen pro Person

Tab. 3. 9 (Fortsetzung)

Nummer	Abkürzung	Konstrukte	Operationalisierung
Individualebene			
X 14	LEBA	Lebensereignisse	Anzahl der Lebensereignisse in den letzten 10 Jahren (Wohnungswechsel, Wegzug nahestehender Personen aus dem Haushalt, Anzahl der Änderungen im Familienstand, Veränderungen im Beruf, Eintritt von Sozialhilfebedürftigkeit)
X 15	ATOD		Tod nahestehender Personen
X 16	HHALT		Haushaltstyp (allein lebend/nicht allein lebend)
X 17	EHE		Familienstand (alleinstehend/verheiratet)
X 18	SEX		Geschlecht (männlich/weiblich)
X 19	ALT		Lebensalter
X 20	SCOR2	Soziale Isolation (1)	Kontakthäufigkeit
X 21	SCOR2A		Häufigkeit von Familienkontakten
X 22	SCOR2B		Häufigkeit von nicht-familiären Kontakten
X 23	SCOR3		Hilfe u. Unterstützungsmöglichkeiten aus Sozialbeziehungen
X 24	SCOR4		'anomia' ('social isolation' Skala aus DEAN's 'alienation'-Skala)

1 Die Isolationsskalen SCOR2 und SCOR3 einerseits und SCOR4 andererseits sind gegensätzlich gepolt, wegen der Vergleichbarkeit mit der übrigen Literatur wird keine Umcodierung vorgenommen.

Tab. 3.9 (Fortsetzung)

Nummer	Abkürzung	Konstrukte	Operationalisierung
X 25	EINGL	Einsamkeit	Einsamkeitsgefühl im Vergleich mit Gleichaltrigen
X 26 X 27	FALL HKAT	Psychische Krankheit	Psychiatrischer Fall/ Nicht-Fall Psychiatrische Hauptkrankheitskategorien (Diagnosen): Organisches Psychosyndrom / Funktionelle psych. Erkrankung 1. Senile Demenz / 1. Schizophrenie, Paranoia 2. Hirnarteriosklerose / 2. Affektive Erkrankungen u. Neurosen 3. Andere organische Erkrankungen mit Wirkung auf die Psyche / 3. Andere funktionelle Erkrankungen
X 28	GEWGES		Gewichteter Gesamtscore psychischer Erkrankung

den vier weitere Teilmodelle gebildet, in denen jeweils Einsamkeit (Teilmodell 3), 'anomia' (Teilmodell 4), Hilfs- und Unterstützungsmöglichkeiten aus Sozialkontakten (Teilmodell 5) und Sozialkontakthäufigkeit (Teilmodell 6) abhängige Variablen sind. In Tabelle 3.10 wird eine Übersicht über die Modelle gegeben.

Tab. 3.10
Übersicht über die Pfadmodelle

	abhängige Variable	erklärende Variablen
Teilmodell 1	funktionelle psychische Erkrankung	X1 - X25
Teilmodell 2	organisches Psychosyndrom	X1 - X25
Teilmodell 3	Einsamkeit	X1 - X24
Teilmodell 4	'anomia'	X1 - X23
Teilmodell 5	Hilfs- und Unterstützungsmöglichkeiten	X1 - X20
Teilmodell 6	Sozialkontakthäufigkeit	X1 - X19

Diese sechs Modelle lassen sich zu zwei Gesamtmodellen mit funktionellen psychischen Erkrankungen einerseits und organischem Psychosyndrom als abhängiger Variable andererseits zusammenfassen. Wie diese Gesamtmodelle aussehen, wird in Abb. 3.3. verdeutlicht, hier sind alle angenommenen Pfade zwischen den endogenen Variablen enthalten, die Pfade, die von den exogenen Variablen ausgehen aber um der Übersichtlichkeit willen weggelassen.

Wie aus Abb. 3.3 hervorgeht, wird angenommen, daß Mangel an Sozialkontakten (SCOR 2), Mangel an Hilfs- und Unterstützungsmöglichkeiten aus Sozialbeziehungen (SCOR 3), 'anomia' (SCOR 4) und Einsamkeitsgefühle (EINGL) das Risiko alter Menschen erhöhen, an funktionellen psychischen Störungen zu erkranken und umgekehrt, daß funktionelle psychische Erkrankung einen positiven Effekt auf SCOR 2, SCOR 4 und Einsamkeit hat.

In allen Modellen wurde von einer ganzen Reihe von Variablen angenommen, daß sie exogen sind (X1 - X19). Bei näherer Betrachtung ist dies sicher eine Übervereinfachung, z.B. ist denkbar, daß Geschlecht (SEX) den Familienstand (EHE) beeinflußt und vom Familienstand wiederum abhängig ist, ob jemand allein lebt (HHALT). In dieser Arbeit wurde aber darauf verzichtet, hier eine feinere Differenzierung vorzunehmen, da dies von der Fragestellung her nicht erforderlich war.

Abb. 3.3
Vereinfachtes Gesamtmodell mit funktioneller psychischer Erkrankung als abhängiger Variable

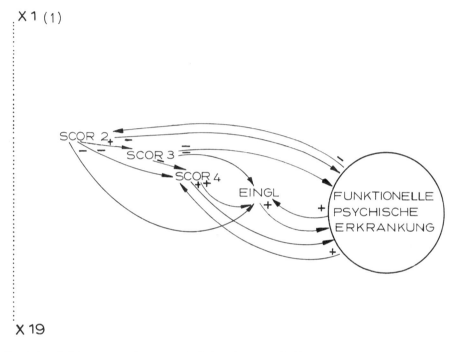

Es ist nicht anzunehmen, daß in den Modellen alle Variablen, die auf die abhängige Variable wirken, berücksichtigt wurden. Solche Variablen werden im allgemeinen als Drittvariablen bezeichnet. Hinzu kommen Meßfehlervariablen. Beide bezeichnet man als Residuumvariablen oder auch als Irrtumsvariablen oder einfach als Residuum (Ri).

Teilmodell 1: Effekte auf funktionelle psychische Erkrankung

Bei funktionellen psychischen Erkrankungen ist eine krankheitsverursachende Wirkung von Mangel an Sozialkontakten (SCOR2)

---

1 Die Pfade, die von den exogenen Variablen (X1...X19) ausgehen, sind um der Übersichtlichkeit willen weggelassen.

Mangel an Hilfs- und Unterstützungsmöglichkeiten (SCOR3) Einsamkeitsgefühlen (EINGL) und 'anomia' (SCOR4) zu erwarten. Umgekehrt kann auch die Krankheit zum Abbruch von Sozialkontakten (SCOR 2), zu Einsamkeitsgefühlen (EINGL) und zu 'anomia' (SCOR 4) führen, daher müssen hier Rückkoppelungen vermutet werden (s. Abb. 3.4).

Abb. 3.4

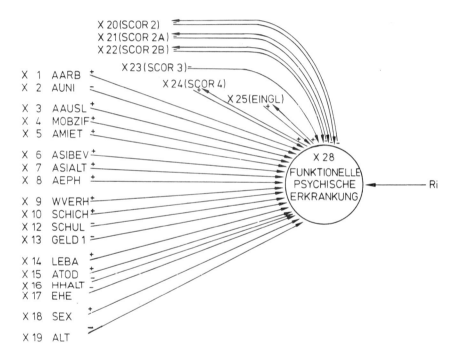

Es ist anzunehmen, daß Frauen eher als Männer (SEX) an funktionellen psychischen Erkrankungen leiden, Alleinlebende eher als solche, die mit anderen einen Haushalt teilen (HHALT), Alleinstehende eher als Verheiratete (EHE). Außerdem dürften alte Menschen um so eher an einer funktionellen psychischen Erkrankung leiden, je mehr soziale Isolation (ASIBEV, AEPH, ASIALT) und Anomie (AAUSL, MOBZIF, AMIET) in ihrem Kontext besteht. Gravierende Lebensereignisse (LEBA,

ATOD) dürften das Risiko für funktionelle psychische Erkrankungen erhöhen. Des weiteren kann man vermuten, daß funktionelle psychische Erkrankungen mit zunehmendem Alter abnehmen. Aufgrund des Stands der Literatur ist es weniger plausibel, daß niedrige Sozialschicht als Kontextvariablen (AARB, AUNI) und niedrige Sozialschicht als Individualvariable (WVERH, SCHICH, SCHUL, GELD1) einen positiven Effekt auf funktionelle psychische Erkrankungen haben. Es ist jedoch sicherlich sinnvoll, auch weniger plausible Hypothesen zu überprüfen. Deshalb wurden auch diese Hypothesen in das Modell aufgenommen.

Teilmodell 2: Effekte auf organisches Psychosyndrom

Abb. 3.5

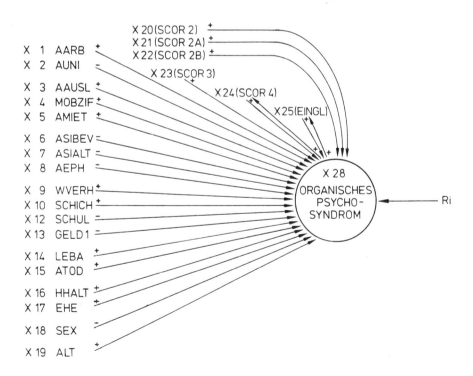

Während bei funktionellen psychischen Erkrankungen eine krankheitsverursachende Wirkung von Mangel an Sozialkontakten und Mangel an Hilfs- und Unterstützungsmöglichkeiten zu erwarten ist, muß bei organischem Psychosyndrom eine selektive Wirkung dieser beiden Variablen angenommen werden, d.h. alte Menschen mit organischem Psychosyndrom brauchen mehr Sozialkontakte (SCOR 2) und mehr Hilfs- und Unterstützungsmöglichkeiten (SCOR 3), um sich in der Gemeinde halten zu können und eine Heimeinweisung zu vermeiden als gesunde alte Menschen.

Eine negative Wirkung von 'anomia' und Einsamkeitsgefühlen auf organische psychische Gesundheit ist weniger plausibel als eine solche auf funktionelle psychische Erkrankung, da es aber, wie bereits erwähnt, sinnvoll sein kann auch weniger plausible Hypothesen zu überprüfen, sind auch diese Annahmen im Teilmodell 2 enthalten. Umgekehrt ist zu vermuten, daß alte Menschen, die an einem organischen Psychosyndrom leiden, eher dazu neigen, depressiv zu sein und daher anomischer sind und sich einsamer fühlen. Es muß also eine Rückkoppelung von organischem Psychosyndrom auf (SCOR4) und (EINGL) überprüft werden.

Über den Zusammenhang der exogenen Variablen mit organischem Psychosyndrom läßt sich aufgrund theoretischer Überlegungen und empirischer Ergebnisse folgendes postulieren:

Wiederum aufgrund eines Selektionsvorganges kommen organische Psychosyndrome in Bezirken mit hoher sozialer Isolation (ASIBEV, AEPH, ASIALT) weniger vor, da sich bei diesen widrigen Kontextbedingungen alte Menschen mit dieser Krankheit schwerer in der Gemeinde halten können und eher in Heime eingewiesen werden. Niedrige Sozialschicht als Kontext- (AARB, AUNI) und Individualvariable (WVERH, SCHICH, SCHUL, GELD1) und Anomie (AAUSL, MOBZIF, AMIET) als Kontextvariable führen hingegen zu einem Anstieg der Häufigkeit von organischem Psychosyndrom unter älteren Menschen.

Organische Psychosyndrome kommen bei Alleinlebenden (HHALT) und Alleinstehenden (EHE) in der Gemeinde weniger vor, da ältere Menschen mit dieser Erkrankung, ohne die Unterstützung von Ehepartnern und anderen Haushaltsmitgliedern nicht in der Lage sind, sich in der Gemeinde zu halten. Bei Männern ist eher ein organisches Psychosyndrom zu erwarten als bei Frauen (SEX). Mit zunehmendem Alter (ALT) steigt das Risiko an einem organischen Psychosyndrom zu erkranken. Weniger plausibel ist die Annahme, daß Lebensereignisse in den letzten zehn Jahren (LEBA, ATOD) das Risiko für organisches Psychosyndrom erhöhen, trotzdem wurden auch diese Hypothesen in das zu überprüfende Teilmodell 2 aufgenommen.

Teilmodell 3: Effekte auf Einsamkeitsgefühle

Abb. 3.6

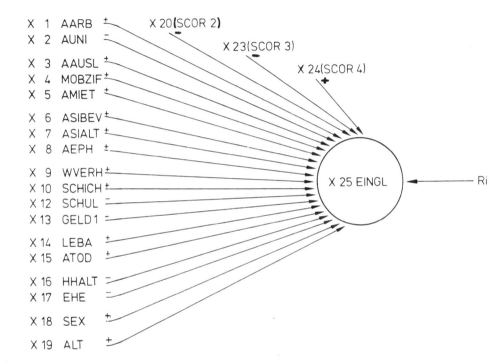

In das Teilmodell 3 mit Einsamkeitsgefühlen im Vergleich zu Gleichaltrigen als abhängiger Variable sind die Annahmen eingegangen, daß Mangel an Sozialkontakten (SCOR2), Mangel an Hilfe und Unterstützung (SCOR3) und 'anomia' (SCOR4) die Einsamkeitsgefühle bei alten Menschen erhöhen. Je niedriger die Sozialschicht als Kontextvariable (AARB, AUNI) und als Individualvariable (WVERH, SCHICH, SCHUL, GELD1), desto mehr Einsamkeitsgefühle dürften alte Menschen haben. Entsprechend ist zu erwarten, daß Anomie (AAUSL, MOBZIF, AMIET) und soziale Isolation als Kontextvariablen die Einsamkeitsgefühle erhöhen, ebenso wie die Individualvariable Lebensereignisse in den letzten zehn Jahren (LEBA, ATOD).

Wenn alte Menschen allein leben, haben sie vermutlich mehr Einsamkeitsgefühle, als wenn sie mit anderen zusammen den Haushalt teilen (HHALT), das gleiche gilt von Alleinstehenden gegenüber Verheirateten (EHE) und von Frauen gegenüber Männern (SEX). Schließlich dürften sich mit zunehmendem Lebensalter (ALT) die Einsamkeitsgefühle erhöhen.

Teilmodell 4: Effekte auf 'anomia'

Abb. 3.7

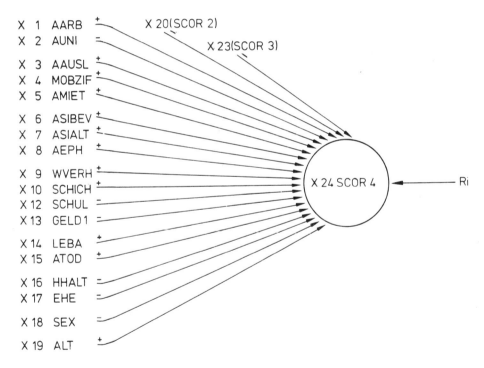

Es wird angenommen, daß Sozialkontakte (SCOR2) und Hilfs- und Unterstützungsmöglichkeiten (SCOR3), bei alten Menschen 'anomia' (SCOR4) verringern. Die Kontextvariablen niedrige Sozialschicht (AARB, AUNI), Anomie (AAUSL, MOBZIF, AMIET)

und soziale Isolation (ASIBEV, ASIALT, AEPH) hingegen, dürften ungünstige Umweltbedingungen sein, die 'anomia' erhöhen. In der Literatur finden sich Hinweise, daß die Zugehörigkeit zu einer niedrigen Sozialschicht 'anomia' erhöht. Dasselbe dürfte für wichtige Lebensereignisse (LEBA, ATOD) gelten. Alleinstehende sind vermutlich anomischer als diejenigen, die mit anderen zusammenleben (HHALT), das gleiche gilt für Alleinstehende gegenüber Verheirateten (EHE) und von Frauen gegenüber Männern (SEX). Zunehmendes Lebensalter dürfte schließlich anomische Einstellungen verstärken.

Teilmodell 5: Effekte auf Hilfs- u. Unterstützungsmöglichkeiten

Abb. 3.8

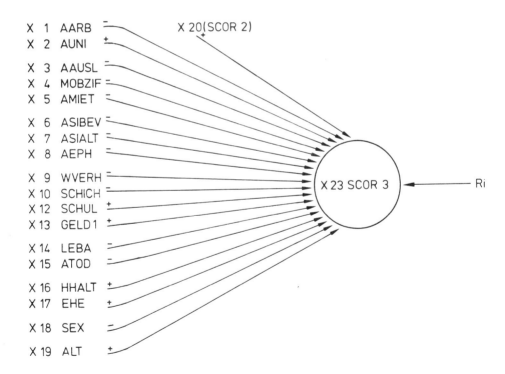

Je mehr Sozialkontakte (SCOR2) ein alter Mensch hat, desto eher dürfte er die Chance haben, Hilfe und Unterstützung (SCOR3) zu erhalten. Niedriges Sozialschichtniveau (AARB, AUNI), Anomie (AAUSL, MOBZIF, AMIET) und soziale Isolation (ASIBEV, ASIALT, AEPH) als Kontextvariablen sind auch hier vermutlich negative Umweltbedingungen, die die Möglichkeiten der Hilfe und Unterstützung für alte Menschen reduzieren. Es ist anzunehmen, daß Unterschichtsangehörige weniger Hilfs- und Unterstützungsmöglichkeiten haben, ebenso alte Menschen, die in den letzten zehn Jahren vielen Lebensereignissen (LEBA, ATOD) ausgesetzt waren. Alleinlebende erhalten vermutlich weniger Hilfe und Unterstützung als solche, die mit anderen zusammenleben (HHALT), das gleiche gilt von Alleinstehenden gegenüber Verheirateten (EHE).

Bei Geschlecht ist ein selektiver Effekt möglich; d.h. ältere Männer brauchen mehr Hilfe und Unterstützung als Frauen, um sich in der Gemeinde halten zu können und eine Heimeinweisung zu vermeiden, der gleiche Effekt tritt vermutlich mit zunehmendem Alter ein.

Teilmodell 6: Effekte auf Sozialkontakthäufigkeit

In Teilmodell 6 ist als einzige endogene Variable Sozialkontakthäufigkeit (SCOR2) verblieben. Es wird angenommen, daß sich niedriges Sozialschichtniveau (AARB, AUNI), Anomie (AAUSL, MOBZIF, AMIET) und soziale Isolation (ASIBEV, ASIALT, AEPH) negativ auf die Kontakthäufigkeit älterer Menschen auswirken.

Je niedriger ihr individuelles Sozialschichtniveau, desto weniger Sozialkontakte dürften ältere Menschen haben. Auch Lebensereignisse in den letzten zehn Jahren haben, wohl durch den Abbruch von Bindungen, einen negativen Effekt auf die abhängige Variable. Bei Alleinstehenden kann man weniger Sozialkontakte vermuten, als bei alten Menschen, die mit anderen zusammenwohnen, das gleiche gilt für Alleinstehende gegenüber Verheirateten. Von älteren Männern ist anzunehmen, daß sie mehr Sozialkontakte haben als ältere Frauen. Schließlich dürfte mit zunehmendem Lebensalter die Sozialkontakthäufigkeit abnehmen (s. Abb. 3.9).

Abb. 3.9

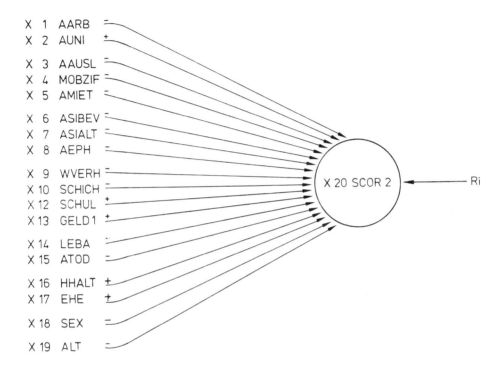

Modelle mit Interaktionstermen

In allen Teilmodellen wurde als Modellannahme die Additivität unterstellt, d.h. die Gesamtwirkung soll sich als Summe der Einzelwirkungen der unabhängigen Variablen ergeben. Nun ist aber auch denkbar, daß eine Reihe von Variablen interaktive Effekte ausübt, d.h., daß die Wirkung von mindestens zwei unabhängigen Variablen auf eine abhängige Variable sich nicht nur addiert.
  Bei der Untersuchung interaktiver Effekte beschränke ich mich in dieser Arbeit auf die von der Fragestellung her wichtigsten abhängigen Variablen nämlich auf organische und funktionelle psychische Erkrankung.

Hinsichtlich möglicher multiplikativer Glieder wurden für diese beiden Variablen die folgenden Überlegungen angestellt:

Es läßt sich vermuten, daß ältere Menschen, wenn sie 'objektiv' isoliert sind, also verhältnismäßig wenig Sozialkontakte (SCOR2) und Hilfs- und Unterstützungsmöglichkeiten (SCOR3) haben und zugleich einsam (EINGL) bzw. anomisch (SCOR4) sind, über den rein additiven Effekt hinaus ein höheres Risiko haben, funktionell psychisch zu erkranken. Es kann auch angenommen werden, daß Interaktionseffekte jeweils zwischen diesen Variablen und organischem Psychosyndrom bestehen. Außerdem soll überprüft werden, ob zusätzlich ein Interaktionseffekt zwischen Indizes auf verschiedener Analyseebene besteht. Zur statistischen Überprüfung von Individual- und Konexteffekten durch nicht lineare Regression siehe HUMMELL (1972, S. 93ff), HARDER & PAPPI (1976, S. 506ff). Solche Interaktionseffekte werden vermutet zwischen dem sozialen Isolationsindex auf Kontextebene (ASIBEV) einerseits, sowie auf Individualebene (SCOR2) andererseits, von Sozialschicht auf Kontextebene (AARB) einerseits und auf Individualebene (SCHICH) andererseits und schließlich von 'Anomie' auf Kontextebene (AAUSL) einerseits und 'anomia' (SCOR4) auf Individualebene andererseits in Bezug auf die abhängige Variable psychische Erkrankung.

Es wurden multiplikative Terme gewählt, obwohl sich kein Hinweis auf etwaige mathematische Funktionen aus bisherigen Forschungsergebnissen entnehmen läßt. Von den beiden Variablen, die jeweils in Interaktionsterme einbezogen wurden, ist aber anzunehmen, daß sie sich gegenseitig verstärken, und daß ihr gemeinsamer Effekt größer ist als der der Originalvariablen allein; deshalb sind multiplikative Terme zumindest naheliegend. Auf die Überlegung, ob mehr als zwei Originalvariablen miteinander interagieren, wurde verzichtet.

Zur Veranschaulichung des Problems geben OPP & SCHMIDT (1976, S. 219f) das folgende Dreivariablenmodell:

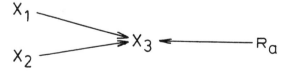

Es stellt sich nun die Frage, ob die beiden unabhängigen Variablen additiv auf die abhängige Variable wirken, oder ob nicht zusätzlich (oder nur) ein nichtadditiver Effekt von X_1 und X_2 auf die abhängige Variable X_3 vorhanden ist. Die Variable X_{12}, die aus dem Produkt der Variablen X_1 und X_2 gebildet wird, repräsentiert die Interaktionsvariable. Daraus ergibt sich das folgende Pfaddiagramm:

Pfaddiagramm:

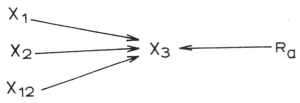

Aufgrund der obigen Überlegungen wurden die folgenden Interaktionsterme gebildet:

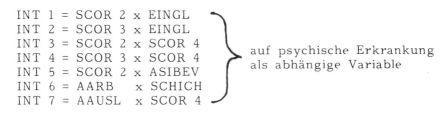

4. Durchführung der Untersuchung

Nach Aufnahme der Arbeit an dem Forschungsprojekt wurde in einem ersten Schritt der Fragebogen und die Skalen zu dem Sozialinterview durch zahlreiche Probeinterviews und die Beratung durch Experten entwickelt. Diese Phase diente auch einem intensiven Interviewertraining durch gemeinsame Interviews und der Besprechung von Tonbandaufzeichnungen. Bei den gemeinsamen Interviews ergab sich eine gute Interviewerübereinstimmung.

Gleichzeitig damit wurde der schon früher in einer deutschen Fassung verwendete psychiatrische Interviewbogen entsprechend der gerontopsychiatrischen Fragestellung modifiziert und die psychiatrischen Mitarbeiter mit dieser modifizierten Form des Interviewfragebogens trainiert. Auch hier wurde eine Reihe gemeinsamer Interviews durchgeführt, die eine gute Übereinstimmung bei den meisten klinischen Itemscores zeigten.

Neben der Arbeit an den Erhebungsinstrumenten konnte gleichzeitig die Zusammenarbeit mit dem Einwohnermeldeamt für die Stichprobenziehung gesichert und die Kontakte zu verschiedenen sozialen Einrichtungen aufgenommen werden.

4.1. Pilotuntersuchung

Der Felduntersuchung wurde eine Pilotuntersuchung vorgeschaltet, um Probleme der Probandenerfassung zu erkennen und die endgültige Fassung des Fragebogens zu erstellen.

Gemäß der ökologischen Hypothese wurden zwei statistische Bezirke der Stadt Mannheim für die Voruntersuchung ausgewählt (Abb. 4.1). Es waren der innerstädtische Bezirk, Schwetzingerstadt West und der Außenbezirk Seckenheim. Beide Bezirke unterscheiden sich hinsichtlich ihrer aggregierten kontextuellen Merkmale. So findet sich in dem innerstädtischen Bezirk ein höherer Anteil an Einpersonenhaushalten als in dem Außenbezirk. Ebenso ist der Anteil der über 65jährigen Wohnbevölkerung in Schwetzingerstadt West höher als in Seckenheim. Die Nettowohndichte ist in der Schwetzingerstadt West über dreimal so hoch wie in Seckenheim. Die zwei Bezirke unterscheiden

Abb. 4.1
Erhebungsbezirke in der Voruntersuchung

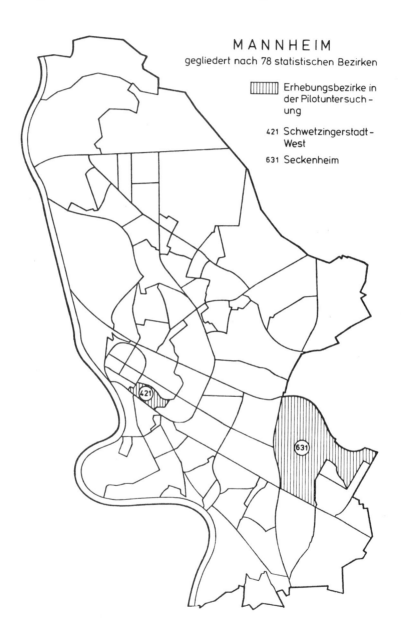

sich aber kaum, hinsichtlich der Sozialschichtmerkmale ihrer Bevölkerung. Sie weisen deutlich im Vergleich zum Mannheimer Stadtdurchschnitt einen hohen Anteil an Hochschulabsolventen, Angestellten und einen niedrigen Anteil von Arbeitern an den Erwerbstätigen bzw. an der Wohnbevölkerung auf.

Das Einwohnermeldeamt stellte aufgrund seiner Dateien Bänder mit Angaben über die Altenbevölkerung der zwei statistischen Bezirke zum Stichtag, dem 26.04.1977, zur Verfügung. Nach der Methode der uneingeschränkten Zufallsauswahl wurde jeder 40. über 65jährige aus den beiden Bezirken gezogen. Das ergab in Seckenheim 49 Probanden, in Schwetzingervorstadt-West 32 Probanden. Die Stichprobe hatte also einen Umfang von insgesamt 81 Probanden, die am 26.04.1977 65 Jahre und älter waren.

Die Voruntersuchung sollte, wie bereits erwähnt, auch in Erfahrung bringen, wie man sich am besten den Probanden nähern kann, wie man das Risiko vermeidet, vom Probanden abgewiesen zu werden. Dabei war es möglich, sich auf Erfahrungen zu stützen, die aus anderen vergleichbaren Untersuchungen berichtet wurden (KRAUSS, 1975; BERGENER & KÄHLER, 1978). Es erwies sich als problematisch, den Erstkontakt mit dem Probanden herzustellen, d.h. sozusagen, den Fuß in die Tür zu bekommen. Kam das Erstinterview zustande, war es mit Ausnahme von zwei Fällen immer möglich, auch das zweite Interview durchzuführen. Die Verweigerer wurden nochmals persönlich angeschrieben und trotz ablehnender Haltung mehrmals aufgesucht. Manchmal war es möglich, den Betreffenden mit Hilfe des Hausarztes, eines Bekannten oder eines Angehörigen doch noch für die Durchführung zu gewinnen. Bei einigen Interviews wurde versucht, den Probanden ohne Anschreiben aufzusuchen, nachdem in anderen Untersuchungen die Erfahrung gemacht wurde, daß der persönliche Erstkontakt eine deutlich höhere Erfolgsquote aufwies. Diese überraschenden Besuche waren jedoch für die Interviewer ungleich schwieriger und anstrengender; deshalb wurde nach einigen Versuchen diese Vorgehensweise verworfen.

Da die Verweigerungsquote bei der Voruntersuchung relativ hoch (25%) war, wurde versucht, vor Beginn der Hauptuntersuchung durch 'Öffentlichkeitsarbeit' - Pressemitteilungen, Aushänge bei den Kirchengemeinden, Information der Polizeidienststellen - bessere Voraussetzungen zu schaffen.

4.2. Ablauf der Hauptfelderhebung

Anfang 1978 begann die Haupt-Felderhebung zunächst in dem Innenstadtbezirk Östliche Unterstadt (mit niedrigem Arbeiteranteil), dann folgte der Außenbezirk Gartenstadt (mit hohem Arbeiteranteil), der Innenstadtbezirk Oststadt (mit niedrigem Arbeiteranteil) und schließlich der Außenbezirk Wallstadt (mit hohem Arbeiteranteil und dörflichem Charakter) und die Außenbezirke Feudenheim-Süd und Neuostheim-Nord (beide mit niedrigem Arbeiteranteil). (Siehe Abb. 3.2)

4.2.1. Kontaktaufnahme mit den Probanden

Um die Kontaktaufnahme vorzubereiten und zu erleichtern, erschien in verschiedenen Lokalzeitungen eine Pressemitteilung, in der das Projekt der Bevölkerung Mannheims kurz vorgestellt und um Unterstützung durch die in der Folgezeit angeschriebenen über 65jährigen gebeten wurde. Darüber hinaus nahmen die Sozialarbeiterinnen in den entsprechenden Bezirken Kontakte mit dem Sozialamt, den Sozialstationen, den Kirchen und den Polizeistationen auf. Der erwähnte Pressebericht wurde auch in Kopie dem Anschreiben der Probanden beigelegt, die dann einige Tage später von den Sozialinterviewern besucht wurden. Im günstigsten Falle wurde sofort das Sozialinterview durchgeführt, andernfalls ein Termin hierfür vereinbart. Im Durchschnitt waren während der Hauptfelduntersuchung 3 bis 4 Kontakte je Proband erforderlich, bis das erste Interview zustande kam. Für das psychiatrische Interview wurde von den Sozialinterviewern dann ein fester Termin vereinbart. Diese Verfahrensweise wurde vor allem wegen der knappen psychiatrischen Erheberkapazität gewählt. Verweigerte ein Proband das Interview, wurde er einige Zeit später noch mehrmals aufgesucht, teilweise konnte auch über den betreffenden Hausarzt noch ein Interview durchgesetzt werden. In besonders schwierigen Fällen wurde in einer Teambesprechung das weitere Vorgehen festgelegt. Die unstandardisierte Vorgehensweise bei der Kontaktaufnahme stellte mit Sicherheit eine Biasquelle dar. Dies wurde jedoch in Kauf genommen, um die Verweigerungsrate möglichst gering zu halten, was bei einer psychiatrischen Prävalenzuntersuchung von besonderer Bedeutung ist, da die Gefahr besteht, daß gerade in der Gruppe der Verweigerer der Anteil der psychisch Kranken verhältnismäßig höher ist.

4.2.2. Durchführung der Interviews

Die Probanden wurden in ihrer Wohnung aufgesucht und zunächst mit dem halbstrukturierten Sozialinterview und dann unabhängig davon mit dem psychiatrischen Interview untersucht. Das Sozialinterview wurde von den vier Projektmitarbeitern durchgeführt, die auch an der Reliabilitätsstudie während der Hauptuntersuchung teilnahmen. Das psychiatrische Interview wurde von zwei Psychiatern durchgeführt. Die Interviewer waren durch längeres Training und Gruppengespräche bestens mit dem Interview und der Technik vertraut. Das Sozialinterview dauerte im Durchschnitt 50 Minuten, weitete sich aber nicht selten in ein Gespräch bis zu zwei Stunden aus. Diese Gespräche hatten großen Informationswert und wurden stichwortartig mitgeschrieben, um später in den ausführlichen Interviewbericht einzugehen, der zu jedem Interview niedergelegt wurde.

Die Probanden wurden nicht im Zweifel darüber gelassen, daß die Interviewer keine Hilfe anbieten konnten, sondern lediglich eine wissenschaftliche Befragung durchführten, von der allgemein Informationen für eine bessere Versorgung der älteren Bevölkerung erwartet würden. Alle Fälle, in denen ärztliche Behandlung oder soziale Hilfe notwendig erschien, sollten von dem Interviewer im Teamgespräch vorgetragen werden, um die angemessene Handlungsweise - das waren in der Regel Informationen über zuständige Versorgungseinrichtungen - festzulegen.

4.3. Auswertungs- und Analyseverfahren

In einem ersten Schritt wurde mit dem Programm 'FREQUENCIES' aus dem SPSS-Programmpaket von NIE et al. (1975) eine Häufigkeitsauszählung durchgeführt. Die für die Fragestellung zentralen Variablen, nämlich die Indizes sozialer Isolation und der gewichtete Gesamtscore psychischer Erkrankung zeigten kontinuierliche Verteilungen (siehe hierzu die folgenden Abschnitte 5.2 und 5.5). Dieses Ergebnis legt korrelative Auswertungstechniken nahe.

Allerdings steht für psychische Erkrankung auch die Fall/Nicht-Fall Dichotomie zur Verfügung. Auch haben korrelative Techniken z.B. gegenüber Kontingenztafeln den Nachteil, daß auch unterschiedliche Verteilungen zu gleichen Korrelationskoeffizienten führen können, bei Kontingenztafeln dagegen sieht man relativ eindeutig die Trends. Auch Darstellungsgesichtspunkte sprechen für Kontingenztafeln, da sie eher 'einsichtig' und 'anschaulich' sind als z.B. multivariate Methoden auf korrelativer Grundlage. Zudem haben Kontingenztafeln keine Verteilungsvoraussetzungen, weder Normalverteilung noch Intervallskaliertheit, deshalb kann man sicher sein, daß die Daten nicht 'überfordert' werden. Weil man bei der Gruppenbildung auf Informationen verzichtet, verzichtet man eher auf signifikante Ergebnisse, insofern sind angewendete Signifikanztests (chi^2 Tests) konservativer.

Es erschien sinnvoll, in einem zweiten Schritt zur Deskription und einer ersten tentativen Überprüfung der wichtigsten Hypothesen mit dem Programm 'CROSSTABS' aus dem SPSS-Programmpaket zwei- bis dreidimensionale Kontingenztafeln mit sozialen und psychiatrischen Variablen zu erstellen. Die dabei verwendeten chi-Quadrat-Tests wurden nicht als rigides Entscheidungsinstrument verwendet, sondern sollten nur einen Hinweis geben, ob ein Zusammenhang besteht.

Da es mit diesem Verfahren nur möglich ist, eine begrenzte Anzahl von Variablen konstant zu halten, wurden im folgenden auch multivariate Verfahren angewendet. Für die Mehrvariablenanalyse wurden in dieser Arbeit als statistische Methode die Pfadanalyse - eine 'Variante' der Regressionsanalyse - verwendet (mit Hilfe des Programms 'REGRESSION' aus dem SPSS-Programmpaket und dem Programm LISREL von JÖRESKOG & van THILLO, 1973). Obwohl in der Pfadanalyse auch dichotome Variablen (wie Fall/Nicht-Fall) verwendet werden können (siehe auch Abschnitt 5.7.1.1) war es hier naheliegend, den gewichteten Gesamtscore als abhängige Variable zu benutzen, da aufgrund von Rangskalen mehr Varianz erklärt werden kann. Auf die Vorgehensweise und Probleme bei der Prüfung der Pfadmodelle wird in Abschnitt 5.7.1 noch näher eingegangen.

Wie schon weiter oben erwähnt, handelt es sich bei der vorliegenden Untersuchung um eine Querschnittsstudie; sie befaßt sich daher mit der Gesamthäufigkeit oder Prävalenz von Krankheiten und nicht speziell mit dem Ausbruch oder der Inzidenz neuer Krankheiten. Es stellt sich nun die Frage, ob es mit Querschnittsdaten überhaupt möglich ist, Kausalanalysen durchzuführen, wie das die Anwendung der Pfadanalyse impliziert. In den Sozialwissenschaften ist es im allgemeinen üblich, die Daten als Querschnittsdaten zu erheben, d.h. Daten, die sich auf einen bestimmten Zeitpunkt beziehen. Man hat dann keine Zeitdifferenz zwischen abhängigen und unabhängigen Variablen, obwohl nach der üblichen Explikation des Kausalbegriffes zwischen Ursache und Wirkung eine - wenn auch noch so kleine - Zeitdifferenz bestehen muß. Man kann daher bei solchen Daten nur aufgrund theoretischer Annahmen festlegen, in welche Richtung ein gefundener Effekt gelaufen ist und dann prüfen, ob postulierte Vorzeichen oder Koeffizienten von den Daten bestätigt oder widerlegt werden.

5. Ergebnisse

Die Darstellung der Ergebnisse beginnt mit einem verhältnismäßig deskriptiven Teil. Nachdem die Frage der Repräsentativität der Untersuchungsstichprobe abgehandelt worden ist, wird in einem ersten Schritt auf psychische Krankheit, die 'abhängige' Variable der Untersuchung eingegangen. Mit Hilfe von zwei- und dreidimensionalen Kreuztabellen wird die Verteilung von psychischer Erkrankung in der Altenbevölkerung und über verschiedene soziodemographische und körperliche Indizes, sowie über statistische Bezirke und Kontextvariablen beschrieben.

In einem zweiten Schritt kommt die Darstellung dann zu der wichtigsten 'unabhängigen' Variablen der Untersuchung, nämlich zu sozialer Isolation. Die Verteilung der Indizes sozialer Isolation in der Altenbevölkerung und die Zusammenhänge zwischen den Indizes sozialer Isolation werden beschrieben. Bevor hier auf die statistischen Zusammenhänge eingegangen wird, werden einige Einzelfallbeispiele gegeben.

Ein dritter Schritt bringt dann die beiden zentralen Variablen der Untersuchung, 'soziale Isolation' und psychische Erkrankung, in Verbindung. Bevor die statistischen Zusammenhänge dargestellt werden, werden wiederum einige Einzelfallbeispiele gegeben.

Der Einfluß von Moderatorvariablen auf die Zusammenhänge zwischen sozialer Isolation und psychischer Gesundheit wird in einem vierten Schritt mit Hilfe von dreidimensionalen Kreuztabellen dargestellt. Bis zu diesem Punkt bleibt die Darstellung der Ergebnisse verhältnismäßig deskriptiv. Zu einer weiteren Analyse reichen dreidimensionale Kontingenztafeln nicht aus. Deshalb werden in einem letzten Schritt der Analyse, bei der Untersuchung der Effekte auf psychische Krankheit, in einer Pfadanalyse alle relevanten Variablen konstant gehalten. Dieser Schritt kann als der eigentlich hypothesentestende angesehen werden.

Schließlich folgt zum Abschluß noch eine Darstellung der Kontakte der alten Menschen mit sozialen und medizinischen Einrichtungen.

Einige Ergebnisse, die nicht zentral für die Fragestellung der Arbeit sind, werden bereits in diesem Kapitel diskutiert, damit die konsequente Abhandlung in der abschließenden Diskussion nicht unterbrochen wird.

5.1. Die Untersuchungsstichprobe: Erfolgsquote und Repräsentativität

Es wurde eine Zufallsstichprobe von 503 Probanden gezogen. Davon konnten 312 vollständig interviewt werden, 21 haben das Sozialinterview gemacht aber das psychiatrische verweigert, 79 haben beide Interviews verweigert, 12 konnten nicht erreicht werden und 79 waren verstorben bzw. verzogen. Nach Abzug des neutralen Ausfalls hatte die Bruttostichprobe ein N von 424. In die Datenanalyse gingen, soweit die psychiatrischen Variablen betroffen waren, 74% davon ein, soweit nur die sozialen Variablen betroffen waren 79%. Die Verweigerer zusammen mit den nicht Erreichten machen zusammen als 21% beim Sozialinterview und 26% beim psychiatrischen Interview aus.

Es besteht die Möglichkeit, daß unter den Verweigerern und Nicht-Kontaktierten die Rate psychischer Erkrankungen besonders hoch ist. Diese Frage läßt sich nicht systematisch überprüfen. Es läßt sich jedoch feststellen, ob unter den Verweigerern und Nicht-Kontaktierten bereits registrierte psychiatrische Fälle vorhanden sind. Dazu wurde das psychiatrische Fallregister Mannheims auf Probanden, die der Stichprobe angehören, überprüft. Es konnte jedoch unter den Probanden nur eine psychiatrische Patientin identifiziert werden. Diese war im Rahmen der Untersuchung befragt und als Fall diagnostiziert worden. Allerdings wurden im Fallregister viele Patienten niedergelassener Nervenärzte nicht erfaßt, so daß man die Möglichkeit nicht ausschließen kann, daß einige der Probanden ambulant behandelt wurden.

Zur Überprüfung der Repräsentativität der Stichprobe wurde in einem ersten Schritt die Altenbevölkerung der sieben Erhebungsbezirke mit der Stichprobe hinsichtlich der drei Variablen Alter, Geschlecht und Familienstand, die aus der Einwohnermeldekartei über die über 65jährige Bevölkerung zu bekommen war, verglichen (s. Tab. 5.1.).

Es zeigt sich, daß die Grundbevölkerung mit der Stichprobe hinsichtlich der drei Variablen gut übereinstimmt. Die etwas größeren Diskrepanzen bei der Variablen Alter sind einerseits auf den langen Befragungszeitraum, andererseits auf eine etwas stärkere Neigung bei Probanden der jüngeren Altersgruppe zurückzuführen, das Interview zu verweigern.

Tab. 5.1
Vergleich zwischen der Altenbevölkerung der sieben Erhebungsbezirke am zweiten Stichtag (15.6.1978) und der Stichprobe

	Altenbevölkerung d. 7 Erhebungsbze. N=10 005	gezogene Stichprobe N=503	Bruttostichprobe (gez.% neutral. Ausfall) N=424	Nettostichprobe (befragte Stichprobe) N=333
	%	%	%	%
Anteil d. Frauen	64.2	62.4	63.0	62.5
Anteil d. Alleinstehenden	53.8	54.9	53.8	51.6
Anteil d. über 75jährigen an den über 65jährigen	35.5	36.4	36.1	41.3

Obwohl es nicht das Ziel der Untersuchung war, eine für ganz Mannheim repräsentative Stichprobe zu befragen, sondern nur Bezirke mit konträren Merkmalen ausgewählt wurden, wurde in einem nächsten Schritt überprüft, ob die sieben Erhebungsbezirke hinsichtlich verschiedener Kontextmerkmale von der Stadt Mannheim abweichen. Das Ergebnis dieses Vergleichs ist in Tab. 5.2 dargestellt. Die Übereinstimmung zwischen den sieben Erhebungsbezirken und Mannheim insgesamt hinsichtlich einer ganzen Reihe für die Fragestellung der Untersuchung relevanten Kontextvariablen ist sehr gut, lediglich die Unterschicht ist in den Erhebungsbezirken gegenüber Mannheim insgesamt etwas unterrepräsentiert.

Tab. 5.2
Vergleich zwischen den sieben Erhebungsbezirken und Mannheim insgesamt

Kontextvariablen	7 Erhebungsbezirke	Mannheim insgesamt
Anteil der Alten*	16.8%	16.4%
Anteil der alten Frauen*	64.2%	64.0%
Anteil der über 75jährigen an den über 65jährigen*	35.5%	34.4%
Anteil der Frauen an der Bevölkerung	52.8%	51.4%
Soziale Isolation		
Anteil der alleinstehenden Alten*	53.8%	52.3%
Anteil der Alleinstehenden an der Bevölkerung	49.9%	48.7%
Anteil der Einpersonenhaushalte an den Privathaushalten	37.7%	33.9%
Anomie		
Mobilitätsindex**	40.3%	37.8%
Ausländeranteil	8.3%	8.9%
Anteil der Mieter	76.2%	77.3%
Sozialschicht		
Anteil der Arbeiter	38.7%	42.9%
Anteil der Selbständigen	8.5%	6.6%
Anteil der Volksschulabsolventen	72.1%	75.9%
Anteil der Universitätsabsolv.	4.2%	3.1%
Urbanitätsindex		
Nettowohndichte***	119.8	118.6

* diese Raten beziehen sich auf den 2. Stichtag der Erhebung
** aus Daten des Stadtentwicklungsamts der Stadt Mannheim für das Jahr 1978
*** berechnet aufgrund der Gebäude- und Wohnungszählung von 1968 alle anderen Raten wurden aufgrund der Volks- u. Berufszählung von 1970 berechnet.

5.2. Verteilung von psychischer Erkrankung in der Untersuchungsstichprobe

Die Häufigkeitsverteilung von psychischer Erkrankung und damit das Problem der psychiatrischen Fallidentifikation in der Mannheimer Altenbevölkerung wurde von COOPER & SCHWARZ (1982) im Rahmen des Forschungsprojekts untersucht, aus dem auch die vorliegende Arbeit stammt.

Die Verteilung der Stichprobe wurde zunächst nach dem gewichteten Gesamtscore, einem der drei psychiatrischen Fallkriterien untersucht, wie sie in Abschnitt 3.3.3 dieser Arbeit dargestellt sind. Es zeigte sich, daß die Scores für die Gemeindestichprobe einer schiefen, unimodalen Kurve entsprechen, wie sie mit vielen Morbiditätsindizes verbunden ist. Es ergab sich kein Hinweis für irgendeine natürliche Grenze zwischen der psychisch kranken und der psychisch gesunden Gruppe in der Altenbevölkerung; die Verteilung zeigt eher ein Kontinuum, das von schweren psychischen Störungen zu völlig normalen gesunden Zuständen führt.

Um zwischen psychiatrischen Fällen und Nicht-Fällen zu unterscheiden, mußten daher die beiden anderen unter Abschnitt 3.3.3 dieser Arbeit dargestellten Fallkriterien herangezogen werden. Entsprechend dem Rating des klinischen Schweregrads waren 53,5% der Stichprobe in einem normalen psychischen Gesundheitszustand, 22,4% hatten subklinische Störungen oder abnorme Persönlichkeitszüge, aber brauchten keine Behandlung; 16,3% benötigten allgemeinmedizinische Überwachung ihres psychischen Zustandes und bei 7,7% waren die psychischen Störungen so chwer, daß nach der Meinung des psychiatrischen Interviewers eine Betreuung durch niedergelassene Psychiater oder eine Einweisung in eine psychiatrische Institution erforderlich war. Das Rating wurde dazu benutzt, um zwischen zwei wichtigen Subgruppen zu unterscheiden: denjenigen Personen, von denen die psychiatrischen Interviewer annahmen, daß sie aufgrund ihres psychischen Zustandes irgendeine Betreuung brauchten (Score 2-4) und dem Rest der Stichprobe (0-1). Die Anteile dieser beiden Gruppen waren entsprechend 24,0% und 76,0%.

Die vierstellige ICD-Klassifikation sieht in Abschnitt V (psychische Störungen) eine Unterscheidung zwischen alten Menschen, denen eine Diagnose zugeschrieben wird, und denjenigen ohne eine solche Diagnose, vor. Hier waren die entsprechenden Anteile 31,7% gegenüber 68,3%. Der gewichtete Gesamtscore stimmte gut mit den beiden anderen Kriterien überein, wenn ein 'cut-off-Score' zwischen 20 und 25 Punkten angewendet wurde. Die engste Übereinstimmung wurde bei einem 'cut-off' von 22 Punkten gefunden.

Tab. 5.3
Verteilung der Gemeindestichprobe nach 3 Kriterien der psychiatrischen Fallidentifikation (N = 312) (1)

Gesamt-score	Keine psychiatrische ICD-Diagnose		Psychiatrische ICD-Diagnose	
	Klin. Schweregradscore		Klin. Schweregradscore	
	0-1	2-4	0-1	2-4
0-21	208	1	24	12
22+	4	0	1	62

▨▨▨ = psychiatrische Fälle

☐ = Nicht-Fälle

1 nach COOPER & SCHWARZ (1982).

Die Tabelle 5.3. zeigt die Verteilung der befragten Stichprobe nach den drei Kriterien der psychiatrischen Falldefinition. Auf der Basis der operationalen Definition waren also insgesamt <u>75 alte Menschen (24,0% der Stichprobe) als Fälle identifiziert</u>. In die beiden diagnostischen Hauptkategorien, funktionelle psychische Erkrankungen einerseits und organisches Psychosyndrom andererseits, fielen davon 42 bzw. 33 der psychisch Kranken. Wegen der relativ kleinen Zahl psychiatrischer Fälle, wurde keine Differenzierung der einzelnen spezifischen diagnostischen Untergruppen vorgenommen.

5.3. Zusammenhang der Häufigkeit psychischer Erkrankung mit somatischen und soziodemographischen Variablen

5.3.1. Körperliche Behinderung und psychische Erkrankung

Körperliche Behinderung wurde in dieser Untersuchung durch Beeinträchtigung des Gehörsinns, Beeinträchtigung der Sehkraft, Gehbehinderung und Beeinträchtigung der Selbstversorgung erfaßt. Jede dieser Variablen steht in einem hochsignifikanten Zusammenhang mit psychischer Erkrankung. Mit dem Konstrukt allgemeiner Unfähigkeit wird versucht, die Behinderungsindizes und Selbstversorgung zu einem Gesamtindex zusammenzustellen.

Tab. 5.4
Allgemeine Unfähigkeit und psychische Erkrankung

Psychische Erkrankung	Allgemeine Unfähigkeit		
	nicht vorhanden (0)	leicht (1)	mäßig-stark (2-4)
	%	%	%
Nicht-Fälle	88.7	76.8	54.8
Fälle	11.3	23.1	45.2
- Organisches Psychosyndrom	1.5	14.7	20.2
- Funktionelle psychische Erkrankung	9.8	8.4	25.0
Summe	100.0	100.0	100.0
N	133	95	84

Chi² (Fälle/Nicht-Fälle) = 32,57, df = 2, p < 0,001

In Tabelle 5.4 sieht man den eindeutigen Trend, daß mit Zunahme der allgemeinen Unfähigkeit auch der Anteil der psychisch Kranken ansteigt. Dieser allgemeine Trend ist für beide diagnostischen Hauptkategorien gültig.

Tab. 5.5
Allgemeine Unfähigkeit, Alter und psychische Erkrankung

Psychische Erkrankung	Allgemeine Unfähigkeit					
	nicht vorhanden (0)		leicht (1)		mäßig-stark (2-4)	
	65-74 Jahre	75+ Jahre	65-74 Jahre	75+ Jahre	65-74 Jahre	75+ Jahre
	%	%	%	%	%	%
Nicht-Fälle	88.7	88.9	83.3	70.2	55.9	54.0
Organisches Psychosyndrom	0.0	5.5	10.4	19.2	8.8	28.0
Funktionelle psychische Erkrankung	11.3	5.6	6.3	10.6	35.3	18.0
Summe	100.0	100.0	100.0	100.0	100.0	100.0
N	97	48	34	36	47	50

Chi² für 65-74jährige = 26.00, df = 1, $p < 0.001$
Chi² für 75+jährige = 12.12, df = 1, $p < 0.02$

Die Häufigkeit psychischer Erkrankung nimmt sowohl mit steigendem Alter als auch mit allgemeiner Unfähigkeit zu. Für die zwei diagnostischen Kategorien getrennt, sind diese allgemeinen Trends nicht mehr so eindeutig. Es handelt sich hier jedoch um sehr kleine Zahlen, so daß die Ergebnisse vielleicht nicht zuverlässig sind. Auffallend ist, daß bei den funktionellen psychischen Erkrankungen der Zusammenhang mit allgemeiner Unfähigkeit am stärksten bei der niedrigeren Altersgruppe ist.

5.3.2. Alters- und Geschlechtsverteilung psychischer Erkrankung

Wie bei vergleichbaren Untersuchungen sind Frauen bei den psychiatrischen Fällen mit insgesamt 27,2% gegenüber 17,2% bei Männern deutlich überrepräsentiert. Der Unterschied ist vor allem durch die hohe Prävalenz funktioneller Störungen unter Frauen zu erklären. Es ist deshalb unwahrscheinlich, daß diese höhere Gesamtprävalenz unter Frauen auf eine Überrepräsentation der hochbetagten Frauen zurückzuführen ist.

Allerdings muß dieser Punkt im folgenden noch überprüft werden.

Tab. 5.6
Geschlecht und psychische Erkrankung

Psychische Erkrankung	Geschlecht	
	m	w
	%	%
Nicht-Fälle	82.9	71.8
Fälle	17.1	28.2
- Organisches Psychosyndrom	9.4	11.3
- Funktionelle psychische Erkrankung	7.7	16.9
Summe	100.0	100.00
N	117	195

Chi^2 (Fälle/Nicht-Fälle) = 4.35, df = 1, $p < 0.05$

Bisherige Feldstudien haben keine eindeutigen Hinweise auf einen geschlechtsspezifischen Unterschied der psychiatrischen Prävalenz im Alter erbracht. Eine grundsätzlich ähnliche Gesamtprävalenz für beide Geschlechter könnte jedoch große diagnostische Unterschiede beinhalten. So deuten die meisten Forschungsergebnisse darauf hin, daß arteriosklerotische Psychosyndrome häufiger bei Männern vorkommen, senile Demenzprozesse und endogene Psychosen dagegen häufiger bei Frauen (KAY et. al., 1964b, NIELSEN, 1962, STERNBERG und GAWRILOWA, 1978).

Betrachtet man in einem nächsten Schritt den Zusammenhang zwischen Alter und psychischer Erkrankung (s. Tab. 5.7), so ist das auffallendste Ergebnis der Anstieg der Fälle über 85 Jahre. Wie weiter aus Tab. 5.7 zu entnehmen ist, ist dies vor allem auf einen Anstieg der organischen Fälle in dieser Altersgruppe zurückzuführen. Die organischen Fälle steigen fast gleichmäßig über die Altersgruppen bis 85 an und haben danach einen stärkeren Anstieg, während die funktionellen Fälle mit zunehmendem Alter fast konstant leicht abnehmen. Hierin stimmen die Ergebnisse der vorliegenden Untersuchung mit den Ergebnissen anderer Felduntersuchungen (z.B. NIELSEN, 1962) überein.

Tab. 5.7
Alter und psychische Erkrankung

Psychische Erkrankung	Alter				
	65-69 Jahre	70-74 Jahre	75-79 Jahre	80-84 Jahre	85+ Jahre
	%	%	%	%	%
Nicht-Fälle	78.8	83.0	73.3	74.4	42.1
Fälle	21.2	17.0	26.7	25.6	57.9
- Organisches Psychosyndrom	5.9	3.2	14.7	12.8	47.4
- Funktionelle psychische Erkrankung	15.3	13.8	12.0	12.8	10.5
Summe	100.0	100.00	100.0	100.0	100.0
N	85	94	75	39	19

$Chi^2 = 36.4$, $df = 8$, p 0.001
Chi^2 (Fälle/Nicht-Fälle) = 15.18, $df = 4$, $p < 0.005$

Das Verhältnis zwischen funktionellen Fällen und Nicht-Fällen bleibt über alle Altersgruppen, außer bei der Gruppe mit 85+ Jahren ziemlich konstant. Die Erklärung dafür ist vermutlich, daß der organischen Diagnose gegenüber der funktionellen der Vorzug gegeben wird, depressive Störungen also bei Patienten mit organischem Psychosyndrom - das in der höchsten Altersgruppe stark zunimmt - nicht gezählt werden.

Nur bei Männern besteht ein signifikanter Zusammenhang zwischen zunehmendem Alter und psychischer Erkrankung. Bei organischem Psychosyndrom gibt es sowohl bei Männern als auch bei Frauen einen starken Anstieg in der Zahl der Fälle an der Altersgrenze von 75 Jahren. Dies trifft für funktionelle psychische Erkrankungen nicht zu. Bei Frauen häufen sich die funktionellen Fälle in der Altersgruppe von 65-74 Jahren, bei Männern dagegen ist die Zahl der funktionellen Fälle in der Altersgruppe über 75 etwas höher.

Tab. 5.8
Alter, Geschlecht und psychische Erkrankung

Psychiatrische Fälle	65-74 Jahre		75+ Jahre	
	m	w	m	w
	%	%	%	%
Nicht-Fälle	89.5	74.8	70.7	68.5
Organisches Psychosyndrom	3.9	4.9	19.5	18.5
Funktionelle psychische Erkrankung	6.6	20.4	9.8	13.0
Summe	100.0	100.0	100.0	100.0
N	76	103	41	92

Chi^2 (Fälle/Nicht-Fälle) für Männer = 5.34, df = 1, p<0.02
Chi^2 (Fälle/Nicht-Fälle) für Frauen = 0.66, df = 1, n.s.

5.3.3. Sozialschicht, psychische Erkrankung und körperliche Behinderung

Es besteht eine eindeutige inverse Beziehung zwischen Sozialschicht und psychischer Erkrankung insgesamt, d.h. je niedriger ihr Sozialschichtniveau ist, desto häufiger sind alte Menschen psychisch krank (s. Tab. 5.9). Dies ist auf den Zusammenhang zwischen Sozialschicht und organischem Psychosyndrom zurückzuführen, die sich vor allem in der unteren Unterschicht konzentrieren, während sich auf funktionelle psychische Erkrankung kein Effekt findet. Auch mit den anderen Schichtindizes, nämlich Berufsprestige (TREIMAN), Einkommen und Schulbildung, besteht derselbe Zusammenhang, allerdings nicht mit der Variablen Wohnverhältnisse (Wohnungseigentümer/Mieter). Dies ist wohl darauf zurückzuführen, daß diese Variable bei der vorliegenden Untersuchungsstichprobe kein guter Schichtindex ist, da z.B. in der Arbeitersiedlung 'Gartenstadt' das Wohnungseigentum von allen sieben Erhebungsbezirken am höchsten ist (1).

Tab. 5.9
Sozialschicht und psychische Erkrankung

Psychische Erkrankung	Sozialschicht (MOORE,KLEINING)			
	Oberschicht O.Mittelsch. M.Mittelsch.	U.Mittelsch. O.Untersch.	U.Untersch.	unbekannt
	%	%	%	
Nicht-Fälle	84.6	74.5	61.3	1
Fälle	15.4	25.5	38.7	1
- Organisches Psychosyndrom	5.5	10.1	25.8	1
- Funktionelle psychische Erkrankung	9.9	15.4	12.9	0
Summe	100.0	100.0	100.0	
N	91	188	31	2

Chi^2 (Fälle/Nicht-Fälle) = 7.65, df = 2, p<0.02

In einem nächsten Schritt wurde überprüft, ob sich bei Männern und Frauen der Zusammenhang zwischen Sozialschicht und psychischer Erkrankung unterscheidet (s. Tab. 5.10). Während bei den Männern der Anteil der psychisch Kranken in allen drei Schichtgruppen fast gleich hoch ist, nimmt er bei Frauen von der oberen Schichtgruppe zur unteren Unterschicht hin kontinuierlich zu. Von den Frauen in der unteren Unterschicht ist sogar die Hälfte als psychisch krank definiert.

1 Von allen Schichtindizes korrelieren nur der MOORE-, KLEINING-Index und der Index von TREIMAN hoch miteinander (SPEARMAN's rho = 0.74), während alle anderen Indizes mit diesen beiden und untereinander nur sehr niedrig korrelieren. Es erschien daher nicht sinnvoll, einen allgemeinen Schichtindex zu bilden. Die Indizes gehen im folgenden deshalb jeweils getrennt in die Analyse ein.

Tab. 5.10
Sozialschicht, psychische Erkrankung und Geschlecht

Psychische Erkrankung	Sozialschicht (MOORE, KLEINING)						
	Oberschicht O.Mittelsch. M.Mittelsch.		U.Mittelsch. O.Untersch.		U.Untersch.		unbekannt
	m	w	m	w	m	w	
	%	%	%	%	%	%	
Nicht-Fälle	86.5	83.3	81.2	70.6	81.8	50.0	1
Fälle	13.5	16.7	18.8	29.4	18.2	50.0	1
Summe	100.0	100.0	100.0	100.0	100.0	100.0	
N	37	54	69	119	11	20	2

Chi² für Männer = 0.49, df = 2, n.s.
Chi² für Frauen = 8.36, df = 2, p<0.002

Der Zusammenhang zwischen Sozialschicht und psychischer Erkrankung nimmt mit zunehmendem Alter ab, wenn auch dieses Ergebnis nicht signifikant ist (s. Tab. 5.11).

Tab. 5.11
Sozialschicht, psychische Erkrankung und Alter

Psychische Erkrankung	Sozialschicht (MOORE, KLEINING)						
	Oberschicht O.Mittelsch. M.Mittelsch.		U.Mittelsch. O.Untersch.		U.Untersch.		unbekannt
	65-74 Jahre	75+ Jahre	65-74 Jahre	75+ Jahre	65-74 Jahre	75+ Jahre	
	%	%	%	%	%	%	
Nicht-Fälle	88.9	78.4	79.9	67.5	64.7	57.1	1
Fälle	11.1	21.6	20.4	32.5	35.3	42.9	1
Summe	100.0	100.0	100.0	100.0	100.0	100.0	
N	54	37	108	80	17	14	2

Chi² für 65-74jährige = 5.25, df = 2, n.s.
Chi² für über 75jährige = 2.53, df = 2, n.s.

Auch zwischen allgemeiner Unfähigkeit und Sozialschicht zeigt sich in der folgenden Tabelle eine eindeutig inverse Beziehung.

Tab. 5.12
Allgemeine Unfähigkeit und Sozialschicht

Allgemeine Unfähigkeit	Sozialschicht (MOORE, KLEINING)			
	Oberschicht O.Mittelsch. M.Mittelsch.	U.Mittelsch. O.Untersch.	U.Untersch.	unbekannt
	%	%	%	
nicht vorhanden (0)	58.2	38.3	25.8	0
vorhanden (1-4)	41.8	61.7	74.2	2
leicht (1)	24.2	33.5	29.0	1
mäßig-stark (2-4)	17.6	28.2	45.2	1
Summe	100.0	100.0	100.0	
N	91	188	31	2

Chi² (Allgemeine Unfähigkeit 0/1-4) = 14.02, df = 2, $p < 0.001$

Es ist eine dreidimensionale Tabelle notwendig, um zu prüfen, ob der Zusammenhang zwischen psychischer Erkrankung und Sozialschicht einfach durch allgemeine Unfähigkeit zu erklären ist (s. Tab. 5.13).

Innerhalb jeder Sozialschichtgruppe gibt es eine eindeutige Beziehung zwischen psychischer Erkrankung und allgemeiner Unfähigkeit. Wird allgemeine Unfähigkeit konstant gehalten, ist der Zusammenhang zwischen psychischer Erkrankung und sozialer Schicht nicht mehr statistisch signifikant.

Tab. 5.13
Allgemeine Unfähigkeit, Sozialschicht und psychische Erkrankung

	Sozialschicht	Oberschicht / Obere Mittelschicht / Mittl. Mittelschicht (1-2)			Untere Mittelschicht (3)			Obere Unterschicht / Untere Unterschicht (4-5)			unbekannt
	Allgemeine Unfähigkeit	0	1	2-4	0	1	2-4	0	1	2-4	
Psychische Krankheit	Nicht-Fälle	90.6 %	86.4 %	62.5 %	86.1 %	70.3 %	50.0 %	88.6 %	77.1 %	54.9 %	0
	Fälle	9.4	13.6	37.5	13.9	29.7	50.0	11.4	22.9	45.1	2
	Summe	100.0	100.0	100.0	100.0	100.0	100.0	100.0	100.0	100.0	
	N	53	22	16	36	37	16	44	35	51	2

Chi² für Sozialschicht 1-2 = 7.50, df = 2, $p < 0.05$
Chi² für Sozialschicht 3   = 7.58, df = 2, $p < 0.05$
Chi² für Sozialschicht 4-5 =13.98, df = 2, $p < 0.001$

Chi² für Allgemeine Unfähigkeit 0   = 0.43, df = 2, n.s.
Chi² für Allgemeine Unfähigkeit 1   = 2.00, df = 2, n.s.
Chi² für Allgemeine Unfähigkeit 2-4 = 0.52, df = 2, n.s.

5.3.4. Familienstand und psychische Erkrankung

Tab. 5.14
Familienstand (alleinstehend/nicht alleinstehend)

Psychische Erkrankung	Familienstand	
	alleinstehend	nicht alleinstehend
	%	%
Nicht-Fälle	73.0	79.7
Fälle	27.0	20.3
- Organisches Psychosyndrom	12.6	8.0
- Funktionelle psychische Erkrankung	14.4	12.3
Summe	100.0	100.0
N	174	138

Chi^2 (Fälle/Nicht-Fälle) = 1.55, df = 1, n.s.

Zwischen Familienstand und psychischer Erkrankung besteht ein leichter, aber nicht signifikanter Zusammenhang. Innerhalb der psychisch kranken Gruppe differenziert jedoch die Verteilung deutlich zwischen dem organischen und dem funktionellen Syndrom. Wenn man den Familienstand weiter aufgliedert (s. Tab. 5.15), zeigt sich, daß die große Gruppe der Verwitweten mit organischem Psychosyndrom auffällig ist, dies entspricht der Alters- und Geschlechtsverteilung. Es handelt sich dabei um ältere, verwitwete Frauen.

Tab. 5.15
Familienstand (verheiratet, verwitwet, geschieden, ledig) und psychische Erkrankung

Psychische Erkrankung	Familienstand			
	verheiratet	verwitwet	geschieden	ledig
	%	%	%	%
Nicht-Fälle	79.7	71.4	75.0	84.2
Fälle	20.3	28.6	25.0	15.8
- Organisches Psychosyndrom	8.0	15.0	0.0	0.0
- Funktionelle psychische Erkrankung	12.3	13.6	25.0	15.8
Summe	100.0	100.0	100.0	100.0
N	138	147	8	19

Chi² (Fälle/Nicht-Fälle) = 3.42, df = 3, n.s.

5.3.5. Verteilung von psychischer Erkrankung über die statistischen Bezirke und ihr Zusammenhang mit Kontextvariablen

Die Raten psychischer Erkrankungen schwanken schwach, aber nicht signifikant, zwischen den Erhebungsbezirken. Diese unterschiedliche Verteilung ist, wie aus Tab. 5.16 zu ersehen, sicherlich teilweise auf die niedrige Probandenzahl in den letzten drei Außenbezirken zurückzuführen, wodurch die psychischen Erkrankungsraten für diese Bezirke unzuverlässig werden.
Die durchschnittliche Rate psychischer Erkrankungen beträgt sowohl in den innenstädtischen Bezirken, als auch in den Außenbezirken rund 20%. Auch für organisches Psychosyndrom besteht für Innenbezirke mit 7,8% und für Außenbezirke mit 9,5% kein nennenswerter Unterschied, das gleiche gilt für funktionelle psychische Erkrankungen, wo das Verhältnis 9,5%:11,2% von Innenstadtbezirken gegen Außenbezirke besteht.

Tab. 5.16
Verteilung psychischer Erkrankung über die statistischen Bezirke

Psychische Erkrankung	Statistische Bezirke						
	Innenstadtbezirke			Außenbezirke			
	Östl. Unterstadt 141	Neckarstadt West 311	Oststadt Nord 411	Gartenstadt 581	Neuostheim Nord 611	Wallstadt 761	Feudenheim Süd 772
	%	%	%	%	%	%	%
Nicht-Fälle	73.8	77.4	86.3	63.6	77.8	93.3	82.6
Fälle	26.2	22.6	13.7	36.4	22.2	6.7	17.4
Organ. Psychosyndrom	7.1	11.8	4.5	16.9	5.6	6.7	8.7
Funkt. psychische Erkrankung	19.0	10.8	9.1	19.5	16.7	0.0	8.7
Summe	100.0	100.0	100.0	100.0	100.0	100.0	100.0
N	42	93	44	77	18	15	23

Chi^2 (Fälle/Nicht-Fälle) = 12.30, df = 6, n.s.

Faßt man die drei letzten Außenbezirke wegen ihrer niedrigen Probandenzahl zusammen, so ergibt sich eine durchschnittliche Fallrate von 16.0%, für organisches Psychosyndrom von 7.1% und für funktionelle psychische Erkrankungen von 8.9%.

Der Bezirk mit der höchsten Rate psychischer Erkrankungen ist Außenbezirk Gartenstadt, eine zwischen den beiden Weltkriegen durch städtebauliche Maßnahmen entstandene Arbeitersiedlung. Der Bezirk mit der niedrigsten Rate Oststadt-Nord, ein ausgesprochener Oberschichtbezirk in der Innenstadt, der um die Jahrhundertwende geplant und erbaut wurde und im wesentlichen seinen Charakter bewahrt hat (1).

---

1 Diese Ergebnisse sind insofern vorläufig, als man nicht wissen kann, wieviele psychische kranke alte Menschen aus den verschiedenen Bezirken bereits in Heime eingewiesen worden sind. Eine Kenntnis dieser Daten könnte das Bild erheblich modifizieren.

In einem nächsten Schritt wurde überprüft, ob eine der erfaßten Kontextvariablen in einem Zusammenhang mit der Verteilung psychischer Erkrankung über die Stadtbezirke steht. Lediglich mit der Variablen 'Ausländeranteil', die zur Operationalisierung von Anomie auf Kontextebene benutzt worden war, ergab sich ein schwacher signifikanter Zusammenhang, wie Tabelle 5.17 zeigt.

Tab. 5.17
Ausländeranteil und psychische Erkrankungsraten in den statistischen Bezirken

Psychische Erkrankung	Ausländeranteil	
	niedrig	hoch
	%	%
Nicht-Fall	69.5	79.9
Fall	30.5	20.1
Summe	100.0	100.0
N	118	194

Chi^2 = 4.31, df = 1   0.05

Je niedriger der Ausländeranteil ist, desto höher ist auch die Rate psychischer Erkrankungen in den Erhebungsbezirken. Bei 'Anteil der Alleinstehenden an der Grundbevölkerung', einem der Indizes für soziale Isolation auf Kontextebene, zeigen sich leichte, allerdings nicht signifikante Trends in der erwarteten Richtung.

5.4. Zusammenhänge zwischen den Indizes sozialer Isolation in der Untersuchungsstichprobe (1)

5.4.1. Einzelfallbeispiele

1. Beispiel: verheiratete Frau mit guten Kontakten zu ihren Kindern, teilweise berufstätig, wenig anomisch.
   Die 65jährige, verheiratete Frau A. ist während des Interviews verhältnismäßig kurz angebunden. Sie bezeichnet

---

1 Die Isolationsskalen II und III einerseits und IV andererseits

ihre Ehe selbst als gut. Sie teilt sich mit ihrem Mann die Hausarbeit. Sie gehen dreimal im Jahr gemeinsam in Urlaub und regelmäßig zum Schwimmen und Wandern. Insgesamt macht sie einen sehr aktiven, vielleicht etwas überlasteten Eindruck. Sie hat mit ihrem Mann zusammen ein Einzelhandelsgeschäft geführt. Ihr Leben sei zu 90% das Geschäft gewesen. Ohne Beschäftigung könne sie gar nicht sein. Trotz Übergabe des Geschäfts an ihren Sohn macht sie jetzt noch immer die gesamte Buchführung und hilft zweimal in der Woche im Verkauf, außerdem verwaltet sie vier Mietshäuser. Mit ihren drei Kindern habe sie einen sehr starken Familienzusammenhalt, jedoch mache sie nur sehr kurze Besuche bei den Kindern, um ihnen nicht auf die Nerven zu fallen.

Isolationsindex II: (Sozialkontakthäufigkeit)	62 Scorepunkte
Isolationsindex III: (Hilfs- und Unterstützungsmöglichkeiten)	21 Scorepunkte
Isolationsindex IV: ('anomia')	13 Scorepunkte

2. Beispiel: verwitwete Frau, familär gut integriert, stark behindert und daher auf Hilfe angewiesen, sehr anomisch.
Die 78jährige Frau B. (1) lebt zusammen mit Tochter und Schwiegersohn in einem Mehrfamilienhaus in der Innenstadt. Sie hat einen Schlaganfall erlitten und ist dadurch jetzt stark behindert. Sie kann nur am Stock gehen und nur unter Schwierigkeiten sprechen, versteht aber offenbar alle Fragen. Sie wird von ihrer Tochter versorgt, zu der sie offensichtlich eine tiefe Bindung hat. Die Tochter ist während des ganzen Interviews anwesend; ohne sie wäre das Interview undurchführbar. Sie versucht, die Äußerungen der Mutter zu verstehen und mitzuteilen, sie wartet auch stets ab, ob diese ihr durch Kopfnicken zustimmt. Frau B. schüttelt den Kopf, wenn sie meint, daß ihre Tochter eine falsche Auskunft gebe. Die Tochter versucht auch nie ihre Mutter zu berichten. Frau B. sei früher sehr kontaktfreudig gewesen und habe allen geholfen.

---

sind gegensätzlich gepolt, wegen der Vergleichbarkeit mit der übrigen Literatur wurde keine Umcodierung vorgenommen.

1 Der Anfangsbuchstabe der Nachnamen wurde von der Verfasserin geändert.

Normalerweise kann Frau B. nicht das Haus verlassen, sie braucht dann Begleitung. Die Tochter betont die Nützlichkeit der Mutter, obwohl diese offensichtlich wenig zur gemeinsamen Hausarbeit beitragen kann. Zwischen Frau B. und ihrer Tochter besteht offensichtlich ein sehr enges und liebevolles Vertrauensverhältnis. Seit rund 30 Jahren wohnt sie bei ihrer Tochter in Mannheim. Dieser hat sie zunächst den Haushalt geführt, bis sie aufgrund eines Schlaganfalls schwer behindert wurde. Außer zu einigen wenigen nahen Verwandten und den mit ihr im Haushalt lebenden Kindern, hat Frau B. keine sozialen Kontakte. Außenkontakte kann sie wegen ihrer Behinderung kaum aufnehmen. Bei Problemen würden Tochter und Schwiegersohn, evtl. auch der Bruder und seine Familie helfen. Wegen ihrer sprachlichen Behinderung kann Frau B. ihrer Tochter ihre Probleme nicht mehr so genau mitteilen, die Tochter meint aber, daß sie die Sorgen und Probleme ihrer Mutter sehr gut verstehe. Auf die Frage, ob sich jemand auf sie verläßt, für wen sie wichtig ist, wer sie braucht, schaut die Probandin unsicher zu ihrer Tochter und murmelt schwer verständlich "Ich wollte, ich wäre tot". Die Tochter betont darauf, wie wichtig für sie die emotionale Bindung an die Mutter sei, daraufhin nicken beide Frauen befriedigt. Die Belastung, die Frau B. durch ihre schwere Behinderung empfindet, kommt vermutlich in dem verhältnismäßig hohen 'anomia'-Wert zum Ausdruck. Seit ihrem Schlaganfall fühlt sie sich niedergeschlagen und minderwertig.

Isolationsindex II: (Sozialkontakthäufigkeit)	35,25 Scorepunkte
Isolationsindex III: (Hilfs- und Unterstützungsmöglichkeiten)	18 Scorepunkte
Isolationsindex IV: ('anomia')	21 Scorepunkte

3. Beispiel: ausschließlich Familienkontakte von schlechter Qualität, sehr anomisch.

Der 68jährige Herr C. ist seit einigen Jahren nach längerer Krankheit und einer Operation invalidisiert. Er lebt zusammen mit seiner Frau, der Tochter und ihrer Familie in einem Einfamilien-Reihenhaus. Er hat von seinen Kindern einen völlig getrennten Haushalt. Zu den Kindern besteht ein sehr schlechtes Verhältnis. Die völlig pflegebedürftige Ehefrau wird teilweise von der Tochter gepflegt. so daß etwas undeutlich bleibt, in welchem Haushalt sie lebt.

Herr C. ist stark an das Haus gebunden, da er wegen seiner bettlägerigen Frau nicht länger weggehen kann.
Über seinen Tagesablauf sagt er: "Ich bin hier wie ein Gefangener." Er macht alle Hausarbeit, d.h. die Einkäufe, Essen, waschen, bügeln, saugen und die Wohnung sauberhalten für sich allein. Er macht und bekommt keine Besuche, angeblich wegen seiner kranken Frau. Die Tochter, deren Ehemann und Sohn sieht er täglich, außerdem hat er noch Kontakt zu einer Schwester, die im selben Stadtteil wohnt und alleinstehend ist. Kontakte zu Bekannten hat er nur, wenn er sie zufällig auf der Straße trifft. Eine engere Bekanntschaft ginge ja nicht, da er sehen müsse, so schnell wie möglich nach Hause zu seiner Frau zu kommen. Außerdem kommt fast jede Woche die Gemeindeschwester wegen der kranken Ehefrau. Seine Mahlzeiten nimmt er alleine ein, die Ehefrau ißt bei der Tochter; er habe keine Gespräche mit seiner Familie: "sie wollen nur mein Geld". Sein Interesse richtet sich auf alltägliche Pflichten, auf seinen regelmäßigen Tagesablauf. Mit seiner Frau kann er sich nicht mehr unterhalten, da sie durch einen Schlaganfall behindert ist.
Es ist auch durch Nachfrage nicht möglich herauszubekommen, warum das Verhältnis zu seiner Tochter so schlecht ist, er könne mit niemandem über seine Sorgen und Probleme reden. "Das mache ich alles mit mir selbst ab, wenn ich mit jemandem darüber spreche, dann wird das bloß herumgeklatscht und daraus schlagen manche Kapital, helfen kann mir ja doch keiner." Wenn er sich nicht mehr in einem Notfall allein helfen könne, dann würde er in ein Altersheim gehen, bei einem Unfall oder Krankheit würde er den Arzt anrufen. Seine Tochter würde er nicht darüber verständigen. Wenn es notwendig wäre, könne er sich 'Essen auf Rädern' kommen lassen, seine Tochter würde er um nichts bitten.
Über seine Beziehung zur Familie äußert er "ich bin arg betrogen worden, aber das ist eine familiäre Angelegenheit, eine gegenseitige Gefühlsbindung ist nicht mehr drin, im Grunde will ich aber nichts erzählen". Er meint, daß er einsamer sei als die meisten anderen alten Menschen seines Alters. "Es geht praktisch allen Anderen besser als mir." Auf eine Nachfrage meint er, daß ihm der schlechte Kontakt zu seinen Kindern nichts ausmache, obwohl er dabei zu weinen beginnt. Bei der Beantwortung der 'anomia'-Skala äußert er u.a. "man wird von Freunden nur ausgenutzt, das weiß niemand besser als ich", die Menschen seien zwar von Natur aus freundlich und hilfsbereit, weiterhin verfalle aber alles, so lange man gebraucht werde, sei man angenehm, sobald es den anderen besser gehe, sei man abgeschrieben.

Isolationsindex II: 32,50 Scorepunkte
(Sozialkontakthäufigkeit)

Isolationsindex III: 2 Scorepunkte
(Hilfs- und Unter-
stützungsmöglichkeiten)

Isolationsindex IV: 29 Scorepunkte
('anomia')

4. Beispiel: verheiratete Frau, zusätzlich einige außerfamiläre Kontakte, wenig Hilfs- und Unterstützungsmöglichkeiten, wenig anomisch.
Frau D. ist eine freundliche, 67 Jahre alte, verheiratete Frau. Das Ehepaar hat keine Kinder und wenig Kontakte mit Verwandten und Geschwistern. In der Nachbarschaft bestehen wenig Kontakte, da die meisten Nachbarn Gastarbeiter seien. Sie wären im allgemeinen schon freundliche Leute, und sie hätte gern etwas mehr Kontakt mit ihnen. Mit den Leuten im Haus steht sie gut, und wenn man etwas brauche, helfe man sich gegenseitig. Frau D. geht jeden Nachmittag in eine Altentagesstätte, wo sie Freunde und Bekannte trifft, sie ist daher mit ihren Aktivitäten voll ausgefüllt und zufrieden. Das Ehepaar hilft sich gegenseitig im Haushalt und bei schwierigen Problemen hilft auch schon einmal ein Nachbar. Da ihr Mann elf Jahre älter ist als sie, hat sie sich jetzt schon in einem Altersheim angemeldet, falls ihr Mann nicht mehr leben würde.

Isolationsindex II: 36.75 Scorepunkte
(Sozialkontakthäufigkeit)

Isolationsindex III: 10 Scorepunkte
(Hilfs- und Unter-
stützungsmöglichkeiten)

Isolationsindex IV: 12 Scorepunkte
('anomia')

5. Beispiel: voll berufstätige, alleinstehende Frau, keinerlei außerberufliche Kontakte und Hilfs- und Unterstützungsmöglichkeiten, wenig anomisch.
Frau E. ist eine sehr vitale, über 70jährige Frau, die noch voll in einem freien Beruf tätig ist. Für die Interviews nahm sie sich verhältnismäßig wenig Zeit und wahr sehr kurz angebunden. Offensichtlich geht Frau E. ganz in ihrer Arbeit auf, sie hat keine Interessen bzw. Hobbies außerhalb ihrer Tätig-

keit, auch einen festen Freundeskreis hat sie nicht, da sie angeblich keine Zeit finde, Besuche zu machen. Sie ist eine bemerkenswert aktive und gesundheitlich rüstige Frau, für die es vermutlich sehr schlimm wäre, wenn sie durch irgendwelche Umstände gezwungen wäre, ihre Berufstätigkeit aufzugeben.

Isolationsindex II: (Sozialkontakthäufigkeit)	23,25 Scorepunkte
Isolationsindex III: (Hilfs- und Unterstützungsmöglichkeiten)	3 Scorepunkte
Isolationsindex IV: ('anomia')	11 Scorepunkte

6. Beispiel: sehr isolierte, im äußeren Erscheinungsbild unauffällige, verwitwete Frau.

Die 80jährige Frau F. wohnt allein als Mieterin in einem Mehrfamilienhaus in der Innenstadt. Der Tod des Ehemannes vor einigen Jahren war ein schweres Verlusterlebnis für sie, das sie noch immer nicht überwunden hat. Danach hat sich ihre Kontaktsituation stark verschlechtert. Ihr Mann war in einem Vorort der Stadt beruflich tätig, daher waren auch alle sozialen Kontakte des Ehepaares dorthin ausgerichtet und sind jetzt abgebrochen. Frau F. hat außer mit zwei alleinstehenden Frauen im Haus und Frauen ihres Alters in kirchlichen Kreisen, keinerlei Sozialkontakte. Über ihre Sozialkontaktsituation äußert sie: "Es ist schlimm, wenn man niemanden hat, der einem nahesteht. Ich mache mir über das Sterben Sorgen - mit dem Grab, das schieb' ich vor mir her - eines Tages falle ich auf der Straße um und nichts ist erledigt, das schlimme ist, das ich niemanden habe, mit dem ich ein intimes Wort reden kann. Ich weiß niemanden, der für mich sorgt, wenn ich sterbe." Auf die Frage, ob sie für jemand wichtig sei, antwortet sie mit Nachdruck: "Nein, ich habe gar niemanden hinter mir, das bedrückt mich." Wenn andere Frauen über ihre Familienprobleme klagen, dann sage ich ihnen, "was wollt ihr denn, euch geht es doch gut, ihr habt doch jemanden, der euch braucht. Ich habe nichts Familiäres, andere haben alle Kinder und Enkel". Sie leidet sehr unter Einsamkeit, die sie allerdings vergesse, wenn sie unter Menschen komme. "Es ist furchtbar, wenn ich in diese Wohnung zurückkommen muß. Als mein Mann gestorben war, kamen mir an der Haustür oft die Tränen." Frau F. versucht, sich selbst zu erklären, warum sie so allein ist. Sie sagt von sich selbst, daß sie kontaktarm sei. "Man empfindet mich als abweisend. Ich bin im Grunde genommen kontaktarm. Ich sehe auch nicht friedlich aus, Kinder lachen mich nicht an, ich weiß nicht, woher das kommt." Freunde von früher haben sie eingeladen, aber bis jetzt sei sie nicht hingegangen, dazu müsste sie sich einen Ruck geben. Seit einem halben Jahr nehme sie sich vor, jemanden zu besuchen, habe es aber noch nicht getan.

Isolationsindex II: 6 Scorepunkte
(Sozialkontakthäufigkeit)

Isolationsindex III: 1 Scorepunkt
(Hilfs- und Unter-
stützungsmöglichkeiten)

Isolationsindex IV: 22 Scorepunkte
('anomia')

7. Beispiel: alleinlebende, sehr isolierte Frau, mit leichten Verwahrlosungserscheinungen.
Frau G. ist eine 71jährige Witwe, die in einer Wohnung lebt, in der sie bereits als Kind mit ihren Eltern lebte.
Sie hat über viele Jahre einen handwerklichen Beruf ausgeübt. Ihr Mann ist gestorben, als sie noch sehr jung war. Danach hat sie immer alleine gelebt. Sie hat keinen Kontakt zu irgendwelchen Verwandten.
In der Wohnung wirkt alles sehr dürftig und renovierungsbedürftig. Auch Frau G. selbst ist etwas ungepflegt. Da sie finanziell sehr schlecht gestellt ist, sammelt sie auf Baustellen Bauholz, zerkleinert dies und verheizt es. Sie bekommt eine Minimalrente, Mietbeihilfe und Kohlenbeihilfe. Um sich etwas besonderes, wie z.B. in diesem Jahr einen Urlaub am Meer leisten zu können, sammelt sie an Baustellen Flaschen ein, um das Pfandgeld zurückzubehalten. Wahrscheinlich aufgrund dieser Tätigkeiten wirkt die Probandin in dem Stadtteil auffällig und hat Schwierigkeiten Kontakt zu finden. Manchmal habe sie schon den Versuch unternommen, mit jemand anderen gemeinsam spazieren zu gehen, dies sei jedoch nie gut gegangen, da sie ständig nach verwertbarem Material oder Sammelobjekten wie Federn oder Steinen sucht.
Über ihre Vergangenheit erzählt sie wenig, dagegen viel über alltägliche Geschehnisse und ihren letzten Urlaub, da sei sie an der Nordsee gewesen: "Dies war wunderschön." Vor allem die Weite und Einsamkeit haben ihr gefallen, sie sei stundenlang alleine durchs Wattenmeer gelaufen. Sie selbst bezeichnet sich als eine Alleingängerin, die sehr naturverbunden sei, das helfe ihr auch ihre zeitweisen Einsamkeitsgefühle zu überwinden.

Aufgrund ihres Alleinseins und finanzieller Sorgen sei sie gelegentlich niedergeschlagen, sie weint auch während des Interviews bei den entsprechenden Fragen, es gelingt ihr jedoch in ausreichendem Maße, sich durch Hobbies abzulenken.
Frau G. hat in ihrem Beruf bis zum 60. Lebensjahr gearbeitet. Sie berichtet recht lebendig über ihre Arbeit, die ihr großen Spaß gemacht habe.

Isolationsindex II: 2,5 Scorepunkte
(Sozialkontakthäufigkeit)

Isolationsindex III: 4   Scorepunkte
(Hilfs- und Unterstützungsmöglichkeiten)

Isolationsindex IV: 19   Scorepunkte
('anomia')

5.4.2. Statistische Zusammenhänge

Der Begriff soziale Isolation auf der Individualebene wurde (s. Abschnitt 3.3.2.1.) durch drei Indizes erfaßt, nämlich:
Mangel an Sozialkontakten, Mangel an Hilfs- und Unterstützungsmöglichkeiten aus Sozialbeziehungen und 'anomia'. Wie aus Tab. 5.18 zu entnehmen ist, korrelieren die drei Indizes sozialer Isolation untereinander und mit Einsamkeitsgefühlen nicht hoch.

Tab. 5.18
Korrelation zwischen den Indizes sozialer Isolation und Einsamkeitsgefühlen (SPEARMAN'S rho) (N=333)

	Isolationsindex II (Mangel an Sozialkontakten)	Isolationsindex III (Mangel an Hilfs- und Unterstützungsmöglichkeiten)	Isolationsindex IV ('anomia')
Isolationsindex III	+ .55		
Isolationsindex IV	+ .24	+ .35	
Einsamkeitsindex I	+ .25	+ .27	+ .37

Die Rangkorrelation des Index Einsamkeitsgefühle steigt von dem 'objektivsten' Index - dem Mangel an Sozialkontakten - zu 'anomia' hin kontinuierlich an. 'anomia' ist etwa gleich stark mit Isolationsindex III und mit Einsamkeitsgefühlen verbunden. Am höchsten ist die Rangkorrelation zwischen Index II und III mit 0.55. Dieser Zusammenhang ist allerdings durch die Konstruktion der Meßinstrumente eingebaut, da bei beiden Scorepunkte für Alleinleben vergeben werden.

Die verschiedenen Aspekte sozialer Isolation, mit denen sich diese Untersuchung befaßt, insbesondere die objektiven einerseits und die subjektiven Aspekte andererseits, hängen in der älteren Bevölkerung also nicht sehr eng zusammen.

Für die weitere Auswertung ergab sich daraus die Konsequenz, daß die einzelnen Indizes sozialer Isolation jeweils getrennt in die Analyse eingingen und nicht versucht wurde, einen gemeinsamen Isolationsindex auf Individualebene zu bilden.

5.5. Verteilung der Indizes sozialer Isolation in der Untersuchungsstichprobe

In einem nächsten Schritt wurde die Häufigkeitsverteilung der drei Indizes sozialer Isolation in der Stichprobe berechnet. Aus Abb. 5.1 ist zu ersehen, daß sich der Isolationsindex II, also die Sozialkontaktscores, unimodal mit einer leichten Schiefe nach links verteilen.

Trennt man die Kontaktscores nach Alleinlebenden und Nicht-Alleinlebenden auf, wie aus Abb. 5.2 zu ersehen ist, dann zeigt sich erwartungsgemäß, daß es sich um deutlich unterscheidbare Populationen handelt. Die Verteilung der Alleinlebenden hat ihren Modus bei einem Wert, der so niedrig ist, daß bei den Nicht-Alleinlebenden nur sehr wenige Werte darunter liegen.

Auch der Isolationsindex III (s. Abb. 5.3) ist unimodal verteilt. Am auffallendsten ist hier ein Deckeneffekt der Variablen bei dem höchsten Integrationswert. Da es vor allem um die Erfassung eines Notstandes - dem Mangel an Hilfe und Unterstützung aus Sozialbeziehungen - ging und kein genormtes Instrument entwickelt werden sollte, ist dieses Ergebnis akzeptabel. Ab einem bestimmten Ausmaß an Hilfe und Unterstützung erscheint eine weitere Differenzierung für die Fragestellung dieser Arbeit nicht bedeutsam.

Abb. 5.1

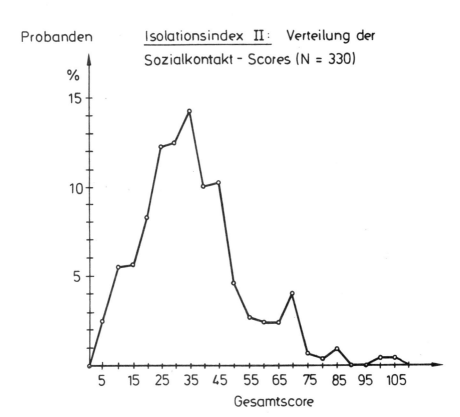

Abb. 5.2

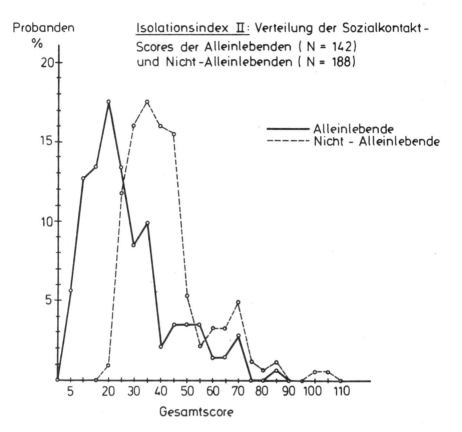

Abb. 5.3

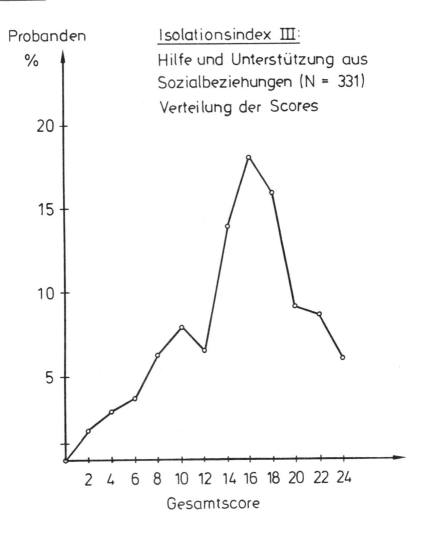

Auch hier handelt es sich erwartungsgemäß bei den Alleinlebenden und Nicht-Alleinlebenden, wie aus Abb. 5.4 ersichtlich ist, um zwei deutlich unterscheidbare Populationen; der Deckeneffekt bei dem höchsten Integrationswert ist vor allem auf die Scores der in Familiengruppen lebenden Probanden zurückzuführen. Bei den Alleinlebenden zeigt sich hier eine zweigipflige Verteilung.

Abb. 5.4

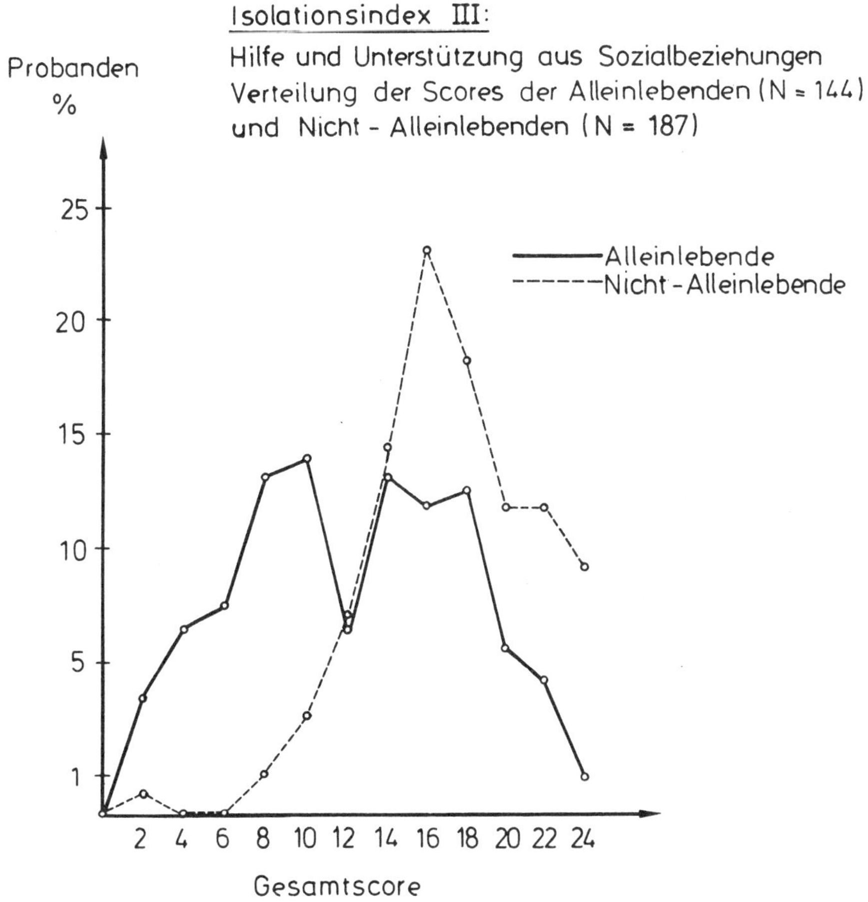

Isolationsindex III:
Hilfe und Unterstützung aus Sozialbeziehungen
Verteilung der Scores der Alleinlebenden (N = 144) und Nicht-Alleinlebenden (N = 187)

Die Verteilung der Werte auf der Einstellungsskala, die mit
Isolationsindex IV bezeichnet wurde, ist unimodal, wie aus
Abb. 5.5 zu ersehen ist.
 Jedoch ist hier die Kurve der Alleinlebenden gegenüber der
Kurve der Nicht-Alleinlebenden (Abb. 5.6) nicht auf die höheren Isolationswerte hin verschoben wie bei den beiden anderen
Isolationsindizes.
 Keine der dargestellten Kurven legt einen natürlichen 'cut-off'-Punkt zwischen Isolierten und Nicht-Isolierten nahe; es
wäre aber in vielen Situationen, vor allem bei dem Versuch,
präventive Methoden für die medizinische und soziale Versorgung zu entwickeln, von großem Wert, einige gut festgelegte
Grenzlinien zwischen diesen beiden Gruppen zu haben.

Abb. 5.5

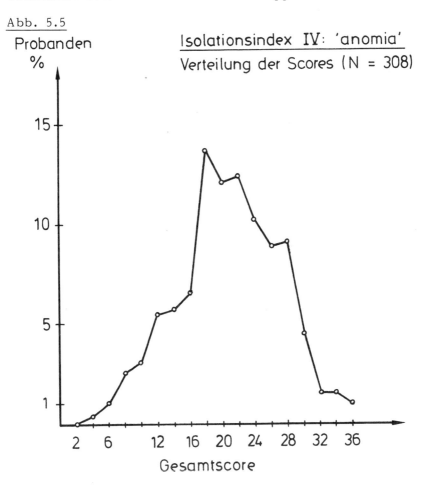

Abb. 5.6

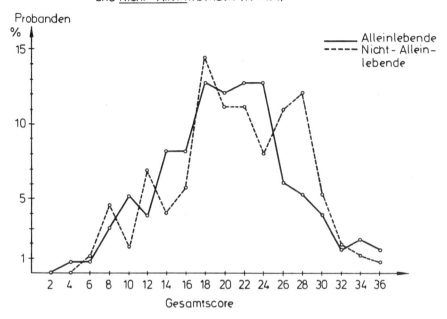

Nach den von TUNSTALL (1966, S. 67ff) 'willkürlich' vorgeschlagenen 'cut-off'-Scores ergibt sich für die vorliegende Untersuchung das folgende Bild (s. Tab. 5.19). (Nach dem Vorbild TUNSTALL's ist das hier angewendete Meßverfahren für Sozialkontakthäufigkeit entwickelt worden).

In der vorliegenden Untersuchung variieren die gefundenen Sozialkontaktscores zwischen 0.25 und 101.75; TUNSTALL gibt entsprechend 0 bis über 100 für die von ihm gefundenen Sozialkontaktscores an; theoretisch ist die obere Grenze offen.

Tab. 5.19

Sozialkontakthäufigkeit	TUNSTALL (1966)	vorliegende Untersuchung
	%	%
extrem isoliert 0-5	4,5	2,4
isoliert 6-20	16,5	19,4
'intermediate' 21-40	54,0	49,4
viele Kontakte 41+	26,0	28,8
Summe	100,0	100,0
N	538	330

Soziale Isolation im Sinne von Mangel an Sozialkontakten ist in beiden Untersuchungspopulationen sehr ähnlich verteilt. Die Unterschiede in den Ergebnissen (insbesondere bei der extrem isolierten Gruppe) können teilweise dadurch erklärt werden, daß in der vorliegenden Untersuchung das Score-System etwas verändert wurde, so wurde bereits ein 5minütiger und nicht erst ein 10minütiger Kontakt gewertet, außerdem wurden auch in geringfügigem Umfang Telefonkontakte mitbewertet.

SHANAS et al. (1968) haben zwar kein vergleichbares Meßinstrument zur Erfassung der Sozialkontakte angewendet, aber sie fanden in ihrer internationalen Vergleichsstudie in drei Ländern, daß "zwischen 2% und 3% der Älteren in den drei Ländern allein lebten, keinen Besucher in der vorausgehenden Woche hatten und keinen Sozialkontakt an dem Tag vor dem Interview gehabt hatten ..., obwohl also diese und andere Daten nahelegen, daß in jedem der drei Länder weniger als 5% der Älteren in extremer Isolation lebten, lebte nichtsdestoweniger eine große Minderheit halb isoliert ...". (SHANAS et al., 1968, S. 262) Für die beiden anderen Isolationsindizes auf Individualebene gibt es keine entsprechenden Angaben über 'cut-off'-Scores, für Isolationsindex III nicht, weil er 'ad hoc' für diese Untersuchung entwickelt wurde, für 'anomia' (Isolationsindex IV) werden weder von DEAN noch von einem späteren Autor entsprechende Angaben gemacht.

Für die Fragestellung der vorliegenden Arbeit war es auch nicht unbedingt erforderlich, für diese Variablen Gruppen zu bilden. Soweit es die Isolationsindizes betrifft, legen die kontinuierlichen Verteilungen für die Auswertung korrelative Techniken nahe. Allerdings haben diese gegenüber z.B. Kontingenztafeln den Nachteil, daß auch unterschiedliche Verteilungen zu gleichen Korrelationskoeffizienten führen können, bei Kontingenztafeln dagegen sieht man relativ eindeutig die Trends. Kontingenztafeln sind außerdem einsichtiger und damit anschaulicher. In einem ersten Schritt werden daher im folgenden die Zusammenhänge zwischen sozialen Variablen und psychischer Erkrankung mit Hilfe von Kontingenztafeln überprüft. Da es damit nur möglich ist, eine beschränkte Anzahl von Variablen konstant zu halten, werden in einem weiteren Schritt auch multivariate Analysenmethoden angewendet (auf die in dieser Untersuchung angewendeten Auswertungs- und Analyseverfahren ist unter Abschnitt 4.3. dieser Arbeit schon näher eingegangen worden).

Da sich aufgrund der Häufigkeitsverteilung keine natürlichen cut-off-Scores anbieten, sind bei den folgenden Kreuztabellen artifizielle Gruppen gebildet worden, so daß jede der Gruppen in etwa gleich viel Probanden enthält. Die Gruppenbildung, wie sie z.B. TUNSTALL für Sozialkontakthäufigkeit vorschlägt, war für diesen Zweck nicht geeignet, da sie zu sehr unterschiedlich großen Gruppen führt.

5.6. Soziale Isolation und psychische Erkrankung

5.6.1. Einzelfallbeispiele

In diesem Abschnitt soll beispielhaft Anschauungsmaterial über die Situation individueller älterer Menschen gegeben werden, bevor im folgenden die statistischen Zusammenhänge dargestellt werden. Es wurden exemplarisch Probanden ausgewählt, die sich in bezug auf ihre soziale Integration bzw. Isolation und ihren psychischen Gesundheitszustand klar voneinander differenzieren lassen. Hierzu wurde Material aus den ausführlichen Interviewberichten entnommen, die sowohl die Sozialinterviewer als auch die psychiatrischen Interviewer unmittelbar nach der Durchführung ihrer Interviews anfertigten.

1. Beispiel: sozial gut integriert - keine psychiatrische Krankheit

Der 68jährige Herr K. (1) ist in einer leitenden Stellung noch voll berufstätig und übt zahlreiche Nebentätigkeiten aus. Er lebt mit seiner Frau allein im Haushalt. Seine vier Kinder

---

1 Der Anfangsbuchstabe des Nachnamens wurde von der Verfasserin geändert.

mit ihren Familien leben alle in seiner Nähe, im selben Haus, in einem Nachbarhaus, in einem anderen Stadtteil von Mannheim und in einer benachbarten Stadt.

Obwohl ihm seine Arbeit Spaß macht, fühlt er sich überlastet, gleichzeitig macht er sich Sorgen, wie sein Leben sich ohne Berufsarbeit gestalten wird. Trotz seiner starken beruflichen Inanspruchnahme übernimmt er auch häusliche Arbeiten und erledigt die bürokratischen Angelegenheiten und ist in verschiedenen Herrenclubs aktiv. Über seine privaten und künstlerischen und beruflichen Interessen hat er genügend Aussprachemöglichkeiten im Familien- und Freundeskreis, in den Clubs und bei seinen Arbeitskollegen. Wenn er in Schwierigkeiten käme, wüßte er seine Kollegen absolut hinter sich. Mit zwei Kollegen könnte er jederzeit Schwierigkeiten auch nicht-dienstlicher Art besprechen. Auch seine Kinder würden ihm helfen; mit seiner Frau würde er Schwierigkeiten nach Möglichkeit nicht besprechen, um sie nicht zu belasten. Er möchte niemanden seine persönlichen Sorgen und Probleme aufladen und hat deshalb z.B. alle Sterbeunterlagen geregelt, bis jetzt habe er aber keinen Mangel an Aussprachemöglichkeiten.

In einer Notsituation würde er sicherlich ausreichend Hilfe aus seinem Familien- und Freundes- und Kollegenkreis erhalten. Die Frage, ob es jemanden gibt, der sich auf ihn verläßt, für den er wirklich wichtig ist, der ihn braucht, versteht er nur im Sinne, für wen er bei seinem Tod eine Lücke hinterlassen würde. Bei seiner Antwort ist er betont illusionslos "im echten Sinne braucht mich niemand - ich meine finanziell - für meine Frau habe ich vorgesorgt, die Kinder sind flügge - wichtig ist die Gefühlsbindung". Über seine Sozialkontakte sagt er: "Eigentlich gehen sie mir alle über den Kragen, es ist mir alles zuviel." Auf die Frage, ob er sich einsam fühle, spricht er mehr von innerer Absonderung. "Ich würde gerne abladen, mache es aber nicht, das kann man schon als einsam bezeichnen. Gelangweilt fühle er sich aber nicht, er habe keine Zeit dazu, sei immer in Hetze. Seine 'illusionslose' Einstellung gegenüber zwischenmenschlichen Beziehungen kommt vermutlich in dem 'anomia'-Wert zum Ausdruck, der im Gegensatz zu den übrigen Isolationsindizes verhältnismäßig hoch ist.

Herr K. ist insgesamt sehr rüstig, seine Beweglichkeit ist nicht eingeschränkt, obwohl er seit Jahrzehnten erhebliche Rückenbeschwerden hat und bereits dreimal an der Wirbelsäule operiert worden ist.

Durch seine berufliche Tätigkeit steht er von morgens bis abends unter großer Belastung, wodurch er sich seit drei Jahren viel müde fühle und nachts auch schlecht abschalten könne. Er habe ein chronisches Schlafdefizit. Auch in den letzten zwei

Wochen sei seine Stimmung mies gewesen, er sei nämlich jetzt wirklich urlaubsreif. Manchmal sei ihm zum Weinen zumute, besonders bei Musik sei er schon immer etwas melancholisch gewesen. Der derzeitige Übergangsstatus vor seiner Pensionierung und der Ernennung seines Nachfolgers sei für ihn schwer zu ertragen, da er keine wichtigen und weitreichenden Entscheidungen mehr fällen könne, er fühle sich dadurch regelrecht in einem Vakuum. Obwohl Herr K. sehr streßgeplagt ist und leichte psychische Symptome zeigt, ist damit zu rechnen, daß er auch nach dem Verlust seiner beruflichen Aktivitäten psychisch stabil bleiben wird.

Isolationsindex II: (Sozialkontakthäufigkeit)	101,75 Scorepunkte
Isolationsindex III: (Hilfs- und Unterstützungsmöglichkeiten)	21 Scorepunkte
Isolationsindex IV: ('anomia')	18 Scorepunkte

2. Beispiel: hohe soziale Isolation - keine psychiatrische Krankheit

Die 78jährige verwitwete Frau M. lebt allein in einer Dachwohnung in einem Mehrfamilienhaus. Sie ist in Mannheim geboren und hat die meiste Zeit hier gelebt. Frau M. ist seit mehreren Jahrzehnten verwitwet. Das Ehepaar hatte gemeinsam einen kleinen Freundeskreis, mit dem es befriedigende Kontakte pflegte. Diese Kontakte wurden auch nach dem Tod des Ehemannes aufrecht erhalten und haben ihr viel bedeutet. Frau M. hat keine Kinder, zu ihrer einzigen lebenden Schwester hat sie keinen Kontakt. Die einzigen Verwandten, eine Schwägerin und deren Ehemann, die sie in Abständen regelmäßig sieht, leben in einem anderen Stadtteil von Mannheim. Außerdem hat sie als weitere enge Bezugsperson eine Freundin, die allerdings in einer weit entfernten Großstadt lebt und mit der sie in der Regel nur telefonieren kann. Alle ihre anderen Freunde sind inzwischen verstorben. Neue Freunde will sie offensichtlich nicht haben, mit denen könne man nicht über früher reden. Sie geht öfters auf den Friedhof und schaut nach den Gräbern. "Da redet man mit den Toten in Gedanken." Als weitere Begründung, warum sie keine Kontakte anknüpft, gibt sie an, daß die anderen älteren Leute keine Interessen hätten.

Ihr Tagesablauf bestehe aus Schlafen, Essen, Spazierengehen, ein bißchen Haushalt machen, zweimal in der Woche Katzen füttern. Seit zwei Jahren war sie bei keiner geselligen Veranstaltung mehr; ein Theaterabonnement mußte sie wegen einer Sehschwäche aufgeben. Auch in dem Stadtteil, in dem sie lebt, habe sie "keine Ansprache". Sie laufe lieber alleine herum. Sie holt sich jeden Morgen die Zeitung, das mache sie extra, um hinaus zu kommen.

Frau M. hat eine starke Sehbehinderung, das beeinträchtigt sie jedoch nicht in ihrer Selbstversorgung. Wenn sie einmal Hilfe und Unterstützung bei alltäglichen Aufgaben bräuchte, dann müßte sie einen sozialen Dienst in Anspruch nehmen. Auch Reparaturen muß sie von Handwerkern ausführen lassen. Nur mit ihrer Schwägerin und Schwager kann sie hin und wieder über gemeinsame Interessen, wie Musik, Theater usw. sprechen. Bei Konflikten und Auseinandersetzungen mit Außenstehenden kann sie sich an niemanden wenden, sie müßte alles selbst erledigen. Mit Schwägerin und Schwager spricht sie nur oberflächlich über ihre Probleme. Wenn sie einmal in eine Notlage käme, hätte sie immer etwas Vorrat zuhause; man esse ja nicht viel, wenn man krank sei. Bei einer wirklichen Krankheit würde sie sich an den Krankenpflegeverein wenden. Da sie kein Telefon besitzt, würde sie im Notfall an das Wasserrohr klopfen, damit eine Hausbewohnerin auf sie aufmerksam wird. Sie hat nicht das Gefühl, daß sie noch jemand braucht oder daß sie für jemanden nützlich ist.

Gegen ihre Einsamkeit kann sie sich helfen, sie kämpfe dagegen an. Einsam fühle sie sich vor allem im Winter, wenn es dunkel ist. Über ihre Sozialkontakte meint sie, daß es an ihr läge, mehr Kontakte zu finden, sie sei wohl etwas zu kritisch. Trotz ihrer starken Isolation, die der Probandin auch selbst einsichtig ist, macht sie einen ausgeglichenen und lebensbejahenden Eindruck. Die Entfremdung von ihrer sozialen Umwelt kommt in ihrem hohen 'anomia'-Score zum Ausdruck.

Frau M. leidet unter einer starken Sehbehinderung und ist in ihrer Beweglichkeit durch ein Hüftleiden eingeschränkt.

Psychisch erscheint die Probandin im großen und ganzen unauffällig, eine gewisse Inflexibilität in ihren Ansichten deutet auf eine geringfügige Zwanghaftigkeit hin. Im Symptombereich gibt sie eine Neigung zu Angstreaktionen an, was vor einigen Jahren besonders stark gewesen sei und klaustrophobe Züge angenommen habe. Diese Ängste seien jetzt aber fast verschwunden. Im Herbst träten regelmäßig depressive Verstimmungen auf, die dann jedoch auch wieder weggingen. Aus der Eigen- und Familienanamnese sind keine psychischen Erkrankungen bekannt. Zusammenfassend kann man sagen, daß ihr psychischer Zustand weitgehend unauffällig ist, abgesehen von einer gewissen phobischen Neigung und leichten zwanghaften Zügen. Sie kommt jedoch mit ihrer Haushaltsführung gut zurecht und hat sich mit ihrem Alleinsein abgefunden.

Isolationsindex II: 4,50 Scorepunkte
(Sozialkontakthäufigkeit)

Isolationsindex III: 2   Scorepunkte
(Hilfs- und Unterstützungsmöglichkeiten)

Isolationsindex IV: 25   Scorepunkte
('anomia')

3. Beispiel: hohe soziale Isolation - funktionelle psychische Erkrankung

Frau L. ist eine 66jährige alleinstehende Frau, deren Mann vor kurzem nach längerer Krankheit verstorben ist - sie trägt Trauerkleidung. Vor dem Krieg hat Frau L. beruflich sehr eng mit ihrem Mann zusammengearbeitet. Nach der Flucht aus Ostdeutschland bei Kriegsende ist sie dann nicht mehr berufstätig gewesen. Sie hat sich auch in der Nachbarschaft keine sozialen Kontakte mehr aufgebaut.

Sie führt hier in Mannheim, wohin sie nicht gern gezogen ist, sondern nur wegen der beruflich günstigen Möglichkeiten für ihren Mann, ein extrem zurückgezogenes Leben. Die einzigen Bezugspunkte sind ihre Kinder, die jedoch in entfernten Großstädten leben; sie steht mit ihnen in einem regelmäßigen Besuchs- und Telefonkontakt. Für spontane Bedürfnisse nach Aussprache bleibt ihr nur der Telefonkontakt mit ihnen, dies macht Frau L. sehr zu schaffen; sie ist sehr unglücklich über ihre Zurückgezogenheit und Einsamkeit, jedoch sieht sie keine Möglichkeit, zu ihren Kindern zu ziehen, da deren Wohnverhältnisse dies nicht erlaubten. Sie fühlt sich völlig unsicher und hilflos: "Ich bin vollkommen unnötiges Gemüse."

Frau L. ist körperlich sehr rüstig und hat keinerlei Behinderungen. Gesundheitsbeschwerden, die sie angibt, sieht sie selbst in ursächlichem Zusammenhang mit dem Tod ihres Mannes. Bei allem was auf sie zukomme, werde sie aufgeregt mit Zittern, starkem Herzklopfen und Magenbeschwerden. Durch starke Angstzustände fühlt sie sich wie gelähmt. Vor kurzem hat sie eine Einladung, die ihr eigentlich sehr angenehm war, abgelehnt aus Angst, den Weg allein zurücklegen zu müssen. Während sie dies erzählt, beginnt sie zu weinen. In ihrer Trauer um den verstorbenen Mann fühlt sie sich selbst wie versteinert. Unter Tränen sagt sie, daß sie schon öfter überlegt habe, mit dem Leben Schluß zu machen. Der Schwung fehle ihr völlig, am liebsten säße sie den ganzen Tag auf der Couch, ohne etwas zu tun, auch bei Hausarbeiten und Handarbeiten habe sie keine Ausdauer, sie sei völlig unkonzentriert und ihre Gedanken kreisten immer um den Tod ihres Mannes und ihr Alleinsein.

Zusammenfassend kann man sagen: auf den Tod ihres Mannes reagiert Frau L. mit Selbstvorwürfen, Ratlosigkeit, Antriebsarmut, Suizidgedanken, Gedankenkreisen und somatischen Beschwerden. Der Beginn ihrer Erkrankung liegt also nach dem 65. Lebensjahr. Eine psychiatrische Vorgeschichte ist bei ihr nicht bekannt. In Anbetracht des erst kürzlichen Todesfalles ist wahrscheinlich mit einer guten Prognose zu rechnen.

Isolationsindex II: (Sozialkontakthäufigkeit)	11,25 Scorepunkte
Isolationsindex III: (Hilfs- und Unterstützungsmöglichkeiten)	5 Scorepunkte
Isolationsindex IV: ('anomia')	19 Scorepunkte

psychiatrischer Fall; Diagnose: reaktive Depression

4. Beispiel: viele Familienkontakte, aber sehr wenige außerfamiliäre Kontakte - funktionelle psychische Erkrankung

Der 71jährige Herr Z. ist gebürtiger Mannheimer. Vor einigen Jahren wurde er vorzeitig pensioniert. Herr Z. wohnt mit seiner Frau zusammen im Haushalt; seine Tochter und sein Schwiegersohn wohnen im gleichen Haus; er sieht sie täglich. Auch ein anderer Sohn, der in Mannheim lebt, kommt mit seiner Familie viermal in der Woche zu Besuch. Durch die zahlreichen Familienkontakte kommt auch der verhältnismäßig hohe Kontaktscore des Probanden zustande.

Er scheint von seiner Frau total versorgt zu werden, sie macht den Haushalt und regelt auch die finanziellen und bürokratischen Angelegenheiten. Dinge, die sie nicht mehr erledigen kann, wie z.B. kleinere Reparaturen, werden von den Kindern übernommen. Der Proband führt überhaupt keine Arbeiten aus, obwohl er körperlich dazu in der Lage wäre. Den Tag verbringt er mit langem Schlafen, Zeitung lesen, gelegentlichem Spazierengehen oder damit, ein Lokal aufzusuchen. Interessen oder Hobbies hat er offensichtlich nicht. Wie es scheint, lebt er ziemlich zurückgezogen. Außer den Leuten, die er in den Lokalen trifft, hat er keine Bekannten.

Eine negative Einstellung gegenüber zwischenmenschlichen Beziehungen kommt in etwa in der 'anomia'-Skala zum Ausdruck, wo er im Gegensatz zu den anderen Isolationsindizes einen etwas höheren Wert hat. So sagt er, daß gute Freunde noch nie leicht zu finden waren; es gibt kaum Freunde. Selbst zu seinen Verwandten könne man keine zuverlässige Beziehungen aufbauen. So gibt es für ihn auch keine zuverlässigen Bindungen unter den Menschen. Das ganze Interview über macht er ein mißmutiges Gesicht, wirkt niedergeschlagen, vielleicht auch ein wenig böse. Er sieht den Interviewer überhaupt nicht an, spricht im gleichen Tonfall, er scheint emotional überhaupt nicht beteiligt, auch recht mißtrauisch und verschlossen und verweigert gelegentlich die Antwort auf bestimmte Fragen.

Sein Gesundheitszustand wird von ihm als recht schlecht bezeichnet. Er sei seit etwa 10 Jahren leberkrank (Fettleber), habe seit ca. 2 Jahren einen leichten Altersdiabetes und leide schon jahrelang an einer Atemnot, an Herzbeschwerden und schon über 30 Jahre an Magenbeschwerden. Dies sei insbesondere in den Kriegszeiten aufgetreten und er habe deshalb kaum Soldat sein müssen. Außerdem besteht eine gewisse Beeinträchtigung des Gehörs und der Augen.

Im Verlauf des Interviews fällt neben den zunehmenden Atembeschwerden ein leichtes Kopfwackeln und eine zunehmende Erregbarkeit auf. Ansonsten ist der psychische Zustand gekennzeichnet durch eine dysphorische Verstimmung, eine gewisse Gereiztheit, eine emotionale Unbeteiligtheit des Probanden, sowie eine sehr starke Verschlossenheit, insbesondere bei Fragen zum paranoiden Kontext. Auch nur am Rande ergibt sich, daß der Proband vor drei Jahren in psychiatrischer Behandlung war. Er vermag oder will nicht angeben, weshalb er beim Psychiater gewesen ist. Der Hausarzt hat ihn hingeschickt. Vermutliche Gründe sind wohl depressive Verstimmung und Schlaflosigkeit gewesen. Zu dem psychischen Zustandsbild kann Herr Z. kein genaueres Anfangsdatum angeben, alles bestünde schon jahrelang, zumindest länger als 10 Jahre. Vielleicht ist in diesem Zusammenhang die vorzeitige Pensionierung des Probanden von Bedeutung.

Bei Herrn Z. handelt es sich zwar gewiß um einen psychiatrischen Fall, der aber schwierig genauer einzuschätzen ist, da Informationen über seine frühere, vielleicht psychotische Episode, fehlen.

Isolationsindex II: 59,25 Scorepunkte
(Sozialkontakthäufigkeit)

Isolationsindex III: 13 Scorepunkte
(Hilfs- und Unterstützungsmöglichkeiten)

Isolationsindex IV: 16 Scorepunkte
('anomia')

psychiatrischer Fall; Diagnose: Involutionsdepression

5. Beispiel: hohe soziale Isolation - organisches Psychosyndrom
Frau W. ist eine alleinlebende 75jährige verwitwete Frau.
Der Ehemann der Probandin war selbständig und sie hatte als
mithelfende Familienangehörige mitgearbeitet. Der Ehemann ist
vor einigen Jahren verstorben. Ihre finanzielle Situation ist
sehr dürftig, sie lebt von einer Minimalrente und erhält verschiedene Beihilfen sowie einen kleinen Zuschuß von ihren Söhnen. Mit ihren beiden Söhnen und deren Familien, die in Mannheim leben, hat sie nur geringfügige Kontakte. Sie fühlt sich
dadurch etwas zurückgesetzt und verlassen, vor allem auch
mit den Schwiegertöchtern hat sie keinen guten Kontakt. Eine
Schwiegertochter bezeichnet sie als kalt und ablehnend. Sie
bedauert es, keine Tochter zu haben, da sie annimmt, daß zu
einer Tochter ein intimeres Verhältnis bestehen würde. Enttäuscht ist sie u.a. auch deshalb, weil sie selbst den Söhnen
eine qualifizierte Ausbildung (Studium) zukommen ließ. Es fällt
auf, daß die Probandin wirklich sehr isoliert und zurückgezogen lebt und wenig Kontakte zu Kindern und Enkelkindern bestehen. Auch in der Nachbarschaft bestehen wenig Kontakte
und nur ein sehr geringer Bekanntenkreis. Im Gegensatz zu
den anderen Isolationsindizes ist die Probandin verhältnismäßig
wenig anomisch.

Zu ihrem Gesundheitszustand gibt sie an, daß im Vordergrund
ihrer Beschwerden fast ständige Kreuzschmerzen bei längerem
Gehen und Stehen aufgrund eines Bandscheibenschadens stünden. Zeitweise leide sie an Herzbeschwerden, mit Herzklopfen
und einer Koronarinsuffizienz. In der Beweglichkeit ist sie
trotz der geklagten Schmerzen bei längerem Gehen und Stehen
nur geringfügig eingeschränkt, ebenso in ihrer Selbstversorgung. Mit der Hausarbeit kommt sie noch recht gut zurecht.

Frau W. klagt über Herzklopfen bei Aufregungen, das immer
wieder mal auftrete, über deutliche Müdigkeit und Schwunglosigkeit, seit längerer Zeit mit Ein- und Durchschlafstörungen,
so daß sie jeden Tag Schlaftabletten einnähme. Seit einem Jahr
bemerkt sie deutlich Gedächtnisstörungen, die insbesondere
beim Aufnehmen der biographischen Anamnese als recht auffallende Zeitgitterstörungen deutlich werden. So kann sie beispielsweise das Jahr ihrer Eheschließung, die Geburtstage ihrer Kinder, das Todesjahr und das damalige Alter ihres Ehemannes und
das Alter ihrer vier Enkelkinder nur nach etlichem sich Verbessern und unter Mithilfe der Interviewerin angeben, wobei sie
immer versucht, diese Fragen zu umgehen.

Sie klagt über gelegentliches Traurigsein, das sie anfangs
mit Sorgen über ihre Kinder begründet. Dies erweist sich jedoch im Verlaufe des Interviews als das Gefühl, alleingelassen
zu werden und von den Kindern und insbesondere von den bei-

den Schwiegertöchtern zurückgesetzt zu werden. Ihre verständliche Sorge ist es, bettlägerig zu werden, zumal sie angeblich nicht damit rechnen kann, in einem solchen Falle von ihren Verwandten aufgenommen zu werden, obwohl diese räumlich die Möglichkeit dazu hätten. Bei der klinischen Beurteilung fällt eine geringfügige Verlangsamung auf, sie wirkt etwas unruhig und scheint dies durch ein leicht theatralisches und teilweise inadäquates Verhalten überspielen zu wollen. In Bezug auf ihre Kinder macht sie einen etwas resignierten Eindruck, ohne daß jedoch eine manifeste Depression besteht. Sie fühlt sich zurückgesetzt und gestaltet möglicherweise auch deshalb ihre Klagen über ihre körperlichen Beschwerden vermehrt aus. Wahnideen oder Halluzinationen sind nicht zu eruieren.

Isolationsindex II: 8,75 Scorepunkte
(Sozialkontakthäufigkeit)

Isolationsindex III: 11   Scorepunkte
(Hilfs- und Unterstützungs-
möglichkeiten)

Isolationsindex IV: 11   Scorepunkte
('anomia')

Psychiatrischer Fall; Diagnose: Hirnarteriosklerose mit leichtem organischem Psychosyndrom

6. Beispiel: viele Familienkontakte, fast keine außerfamiliären Kontakte - organisches Psychosyndrom

Bei Herrn P. handelt es sich um einen 83jährigen verwitweten Mann, der nach dem Krieg mit seiner ganzen Familie aus Ostdeutschland kam.

Während des Interviews tritt eine starke Bewegungsunruhe auf, er läuft viel hin und her. Es macht ihm Mühe, auf Fragen zu antworten, auch wenn er bei einzelnen Fragen den Sinn verstanden zu haben scheint, kann er größtenteils keine adäquaten Antworten geben, so daß neben seiner eigenen Angabe eine Fremdanamnese durch die Tochter erhoben werden muß. Seine Tochter berichtet, daß sich die ganze Familie schlecht in Mannheim einleben konnte, die Leute wären so reserviert, daß es für sie schwierig sei Bekanntschaften zu schließen. Herr P. hat deshalb auch fast ausschließlich Kontakt zu seinen Kindern. Da er nicht alleingelassen werden kann, betreuen die beiden Töchter ihren Vater abwechselnd, wie es ihre Arbeitszeit zuläßt. Da der Proband selbst weitgehend nicht befragbar war, konnten keine Scores für Isolationsindex III und IV vergeben werden. Nach Angaben seiner Tochter lebt Herr P. seitdem die Familie vor einem Jahr innerhab der Stadt ihre Wohnung gewechselt hat, vollständig in der Scheinwelt, noch in seiner alten Heimat zu leben.

Der Frage nach seinem Gesundheitszustand gibt Herr P. selbst keinerlei Beschwerden an. Nach Angaben seiner Tochter sind seit einem Jahr ein Diabetes mellitus (Einstellung mit einem oralen Antidiabetikum) und eine Gicht bekannt, sowie eine Lebererkrankung. Vor einem Jahr war er wegen Herzbeschwerden im Krankenhaus. Nach Angaben der Tochter sei er bis vor zwei Jahren körperlich und geistig völlig gesund gewesen. Er sei sogar noch Fahrrad gefahren. Seit dem Umzug, einer für ihn offensichtlich sehr einschneidenden Veränderung, sei er des öfteren auch umtriebig und habe sich mehrmals verlaufen, so daß die Familie ihn jetzt garnicht mehr allein auf die Straße lasse. Halluzinationen verneint die Tochter. Auf die Frage der Interviewerin an Herr P., wie sein Tag aussähe, meint er folgendes: er füttere das Vieh (2 Kühe) und habe gedroschen (er hat zuhause eine kleine Landwirtschaft betrieben). Weitere Angaben kann er nicht machen. Er ist zeitlich und örtlich nicht orientiert, zur Person nur unzureichend. Sein Alter kann er nicht angeben, von seinem Geburtsdatum weiß er nur den Tag und den Monat. Von seiner Familie erzählt der Proband u.a., daß seine Mutter und seine Frau noch leben. Bei dem Einwand der Tochter, daß seine Frau doch schon gestorben sei, meint er, sie sei vor zwei Jahren gestorben (Fremdanamnese: die Ehefrau von Herr P. verstarb bereits vor Jahrzehnten). Das Alter seiner Kinder gibt er falsch und zwar viel jünger an.

Es besteht bei ihm eine Stimmungslabilität. Teilweise erzählt er recht froh von seiner Arbeit als Tischler und Landwirt in der alten Heimat. Als seine Tochter ihm sagt, daß seine Frau doch gestorben sei, weint er wie ein kleines Kind, dann wiederum zeigt sich auch eine starke Affektverarmung, und er ist völlig in sich zurückgezogen. Sicherlich besteht bei Herrn P. ein paranoides Wahnsystem; Hallzinationen können nicht ausgeschlossen werden. Aufgrund von Fremdangaben bestehen bei ihm erhebliche Schlafstörungen und eine große Müdigkeit, so daß er tagsüber im Sessel mehrmals einschlafe. Seine Tochter gibt an, daß er beim Zeitunglesen alles wieder gleich vergesse. Herr P. ist verlangsamt und verharmlost seine Beschwerden, affektiv wirkt er verflacht.

Nur durch den Einsatz der gesamten Familie, die ihn nicht mehr allein läßt, kann er überhaupt noch zuhause leben, ansonsten müßte er in einem Heim untergebracht werden. Mit einer Besserung seines Zustandsbildes ist wohl kaum zu rechnen.

Isolationsindex II: 43,50 Scorepunkte
(Sozialkontakthäufigkeit)

Die beiden anderen Isolationsindizes konnten wegen des schweren geistigen Abbaus des Probanden nicht erhoben werden.

Psychiatrischer Fall; Diagnose: senile Demenz

5.6.2. Zusammenhänge zwischen einzelnen Indizes sozialer Isolation und psychischer Erkrankung

Tab. 5.20
Alleinleben im Haushalt und psychische Erkrankung

Psychische Erkrankung	alleinlebend	nicht alleinlebend
	%	%
Nicht-Fälle	78.0	74.4
Fälle	21.9	25.5
- Organisches Psychosyndrom	9.8	11.1
- Funktionelle psychische Erkrankung	12.1	14.4
Summe	100.0	100.0
N	132	180

Chi^2 (Fälle/Nicht-Fälle) = 0.36, df = 1, n.s.

Wie aus Tabelle 5.20 zu ersehen ist, gibt es entgegen der Arbeitshypothese keine Beziehung zwischen Haushaltstyp und der Häufigkeit sowohl organischer Psychosyndrome als auch funktioneller psychischer Erkrankung.

Eine genauere Überprüfung der Familien- und Sozialsituation zeigte aber, daß viele ältere Menschen, die alleine lebten, häufigen Kontakt mit Verwandten hatten und zu sozialen Netzwerken gehörten und daher nicht als isoliert betrachtet werden konnten. Deshalb wurde die Rate psychischer Erkrankungen direkt gegenüber Sozialkontakten getestet (s. Tab. 5.21).

Tab. 5.21
Isolationsindex II (Mangel an Sozialkontakten) (1) und psychische Erkrankung

Psychische Erkrankung	Sozialkontakthäufigkeit (Isolationsindex II)			
	wenig (0-9)	mittel (10-23)	viel (24+)	unbekannt
	%	%	%	
Nicht-Fälle	80.8	69.3	78.8	0
Fälle	19.2	30.7	21.2	3
- Organ. Psychosyndrom	11.5	8.0	10.1	3
- Funktion. psychische Erkrankung	7.7	22.7	11.1	0
Summe	100.0	100.0	100.0	
N	26	75	208	3

Chi² = 7.25, df = 4, n.s.

Es fällt vor allem die erhöhte Rate funktioneller psychischer Erkrankungen in der Gruppe mit mittlerem Sozialkontaktniveau auf, während die Rate bei den extrem Isolierten, also denjenigen mit ganz wenigen Sozialkontakten nicht erhöht ist.

---

1 Hier wurden die Gruppen nach Isolationsindex II anders als sonst in den Kreuztabellen eingeteilt, um Ergebnisse von LOWENTHAL (1964) genauer überprüfen zu können.

Es ist plausibel, daß die Häufigkeiten verschiedener Arten von Sozialkontakten - insbesondere Kontakte mit anderen Familienmitgliedern und Kontakte mit Individuen bzw. Gruppen außerhalb der Familie - unterschiedliche Zusammenhänge mit psychischen Erkrankungen zeigen. Deshalb wurden in einem nächsten Schritt die Sozialkontakte nach familiären und außerfamiliären Kontakten aufgeteilt.

Tab. 5.22
Isolationsindex II A (Mangel an familiären Kontakten) und psychische Erkrankung

Psychische Erkrankung	Familiäre Kontakthäufigkeit (Isolationsindex II A)			
	wenig (0-19.75)	mittel (20-30.75)	viel (31+)	unbekannt
	%	%	%	
Nicht-Fälle	75.3	77.8	76.9	0
Fälle	24.7	22.2	23.1	3
- Organ. Psychosyndrom	8.2	8.3	12.5	3
- Funktion. psychische Erkrankung	16.5	13.9	10.6	0
Summe	100.0	100.0	100.0	
N	97	108	104	3

Chi^2 (Fälle/Nicht-Fälle) = 0.19, df = 2, n.s.

Es findet sich keine signifikante Beziehung zwischen familiärer Kontakthäufigkeit und psychischer Erkrankung. Die Trends sind jedoch bei den beiden Krankheitsgruppen sehr unterschiedlich, während organische Psychosyndrome von geringer bis zu hoher Kontakthäufigkeit kontinuierlich ansteigen, finden sich die meisten funktionell psychisch Kranken in der Gruppe mit der geringsten Sozialkontakthäufigkeit und nehmen bis zur Gruppe mit hoher Kontakthäufigkeit kontinuierlich ab.

Dagegen hat Mangel an außerfamiliären Kontakten (s. Tab. 5.23) eine signifikante Beziehung zu psychischer Erkrankung.

Tab. 5.23
Isolationsindex II B (Mangel an außerfamiliären Kontakten) und psychische Erkrankung

Psychische Erkrankung	Außerfamiliäre Sozialkontakthäufigkeit (Isolationsindex II B)			
	wenig (0-2.50)	mittel (2.75-8.50)	viel (8.75+)	unbekannt
	%	%	%	
Nicht-Fälle	64.2	81.8	84.6	0
Fälle	35.9	18.2	14.8	3
- Organ. Psychosyndrom	15.1	7.1	6.7	3
- Funktion. psychische Erkrankung	20.8	11.1	8.7	0
Summe	100.0	100.0	100.0	
N	106	99	104	3

Chi^2 (Fälle/Nicht-Fälle) = 14.44, df = 2, $p < 0.01$

Es sieht so aus, als ob dieser Trend auf den Zusammenhang von Mangel an außerfamiliären Kontakten mit beiden Krankheitsgruppen zurückzuführen ist. Dies muß aber in der multivariaten Analyse (siehe Abschnitt 5.7.) weiter überprüft werden.

Als nächster Schritt wurde der Zusammenhang zwischen Isolationsindex III (Mangel an Hilfe und Unterstützung) und der Häufigkeit psychischer Erkrankung geprüft. Bei beiden Krankheitsgruppen gibt es einen schwachen Trend in der erwarteten Richtung, der jedoch nicht signifikant ist (Tab. 5.24).

Tab. 5.24
Isolationsindex III (Mangel an Hilfe und Unterstützung aus Sozialbeziehungen)

Psychische Erkrankung	Hilfe u. Unterstützung aus Sozialbeziehungen (Isolationsindex III)			
	wenig (0-12)	mittel (13-16)	viel (17-24)	unbekannt
	%	%	%	
Nicht-Fälle	68.5	78.6	80.5	0
Fälle	31.5	21.4	19.5	2
- Organ. Psychosyndrom	13.5	9.2	8.1	2
- Funktion. psychische Erkrankung	18.0	12.2	11.4	0
Summe	100.0	100.0	100.0	
N	89	98	123	2

Chi^2 (Fälle/Nicht-Fälle) = 4.45, df = 2, n.s.

Im Kontrast dazu besteht zwischen Isolationsindex IV (Isolation im Sinne von 'anomia') und psychischer Erkrankung ein signifikanter Zusammenhang, der fast ausschließlich auf den Zusammenhang zwischen 'anomia' und funktionellen psychischen Erkrankungen zurückzuführen ist (s. Tab. 5.25).

Tab. 5.25
Isolationsindex IV ('anomia') und psychische Erkrankung

Psychische Erkrankung	'anomia' (Isolationsindex IV)		
	wenig anomisch (0-14)	sehr anomisch (15-36)	unbekannt
	%	%	
Nicht-Fälle	88.7	74.8	2
Fälle	11.3	25.1	22
- Organisches Psychosyndrom	3.5	5.4	20
- Funktionelle psychische Erkrankung	7.8	19.7	2
Summe	100.0	100.0	
N	141	147	24

Chi^2 (Fälle/Nicht-Fälle) = 8.26, df = 1, $p < 0.005$

Bei organischen Psychosyndromen ist ein leichterer Trend bemerkbar, dieses Ergebnis muß jedoch wegen der geringen Fallzahl mit Vorsicht betrachtet werden; bei 20 Probanden mit organischem Psychosyndrom war es nicht möglich, aufgrund deren Abbauerscheinungen diese Skala anzuwenden.

Tab. 5.26
Einsamkeitsindex I und psychische Erkrankung

Psychische Erkrankung	Einsamkeitsindex I			
	sehr einsam (2-2)	mittelmäßig einsam (1)	nicht einsam (0)	unbekannt
	%	%	%	
Nicht-Fälle	58.5	87.7	79.1	9
Fälle	45.5	12.3	20.9	5
- Organisches Psychosyndrom	15.9	5.7	9.1	4
- Funktionelle psychische Erkrankung	25.6	6.6	11.8	1
Summe	100.0	100.0	100.0	
N	82	106	110	14

Chi^2 (Fälle/Nicht-Fälle) = 22.58, df = 2, $p < 0.001$

Es besteht eine hoch signifikante Beziehung zwischen Einsamkeitsgefühlen im Vergleich mit Gleichaltrigen (Einsamkeitsindex I) und beiden Gruppen von psychischen Erkrankungen (Tab. 5.26). Dies ist vor allem auf eine Häufung der Fälle in der sehr einsamen Gruppe zurückzuführen, insbesondere bei funktionellen psychischen Erkrankungen; allerdings fällt auf, daß der Trend nicht linear ist. Zwischen der Gruppe mit mittleren Einsamkeitsgefühlen oder ohne Einsamkeitsgefühle, besteht ein geringerer Unterschied. Dieses Ergebnis wird auch in Tabelle 5.27 bestätigt.

Tab. 5.27
Einsamkeitsindex II und psychische Erkrankung (1)

Psychische Erkrankung	Einsamkeitsindex II			
	sehr einsam	mittel- mäßig einsam	nicht einsam	
	(5-4)	(3-1)	(0)	unbekannt
	%	%	%	
Nicht-Fälle	40.7	80.0	80.0	2
Fälle	59.2	20.0	20.0	3
- Organisches Psychosyndrom	22.2	7.1	9.2	3
- Funktion. psychische Erkrankung	37.0	12.9	10.8	0
Summe	100.0	100.0	100.0	
N	27	85	195	5

Chi^2 (Fälle/Nicht-Fälle) = 21.14, df = 2, p<0.001

Es gibt einen allgemeinen Zusammenhang, der sich in dem hohen Chi^2-Wert ausdrückt, dieser ist aber vor allem auf die Häufung der psychisch Kranken, vor allem der funktionellen Fälle, in der sehr einsamen Gruppe zurückzuführen. Zwischen der Gruppe mit einem mittleren Ausmaß von Einsamkeitsgefühlen und der Gruppe ohne Einsamkeitsgefühle gibt es keinen Unterschied.

---

1 Bei dieser Skala haben etwa 60% der Probanden angegeben, daß sie sich nicht einsam fühlen (dies führt zu einer ungünstigen Gruppierung in der Tabelle). Die Skala differenziert nicht hinreichend, deshalb wurde bei allen anderen Analysen die Skala 'Einsamkeitsindex I' vorgezogen.

5.6.3 Einfluß von Moderatorvariablen auf die Zusammenhänge zwischen sozialer Isolation und psychischer Erkrankung

Bei der bisherigen Auswertung wurden die Zusammenhänge zwischen sozialen Variablen und psychischer Gesundheit nur auf zweidimensionaler Ebene untersucht, nun soll geprüft werden, welche Variablen einen moderierenden Einfluß auf diese Zusammenhänge haben. Hierzu wurden in einem weiteren Schritt alle Annahmen über die Zusammenhänge zwischen sozialen Variablen untereinander und mit körperlicher Behinderung überprüft. Zur Überprüfung von Moderatoreffekten wurden dann die Variablen, die sowohl mit sozialer Isolation als auch mit psychischer Erkrankung im Zusammenhang standen und für die es aufgrund theoretischer Überlegungen sinnvoll erschien, in dreidimensionalen Tabellen konstant gehalten.

Tab. 5.28
Isolationsindex II (Mangel an Sozialkontakten), Geschlecht und psychische Erkrankung

Psychische Erkrankung	Sozialkontakthäufigkeit (Isolationsindex II)				
	wenig Sozialkontakte (0-30)		viel Sozialkontakte (30.25+)		unbekannt
	m	w	m	w	
	%	%	%	%	
Nicht-Fälle	73.1	71.7	85.7	74.7	0
Fälle	26.9	28.3	14.3	25.3	3
Summe	100.0	100.0	100.0	100.0	
N	26	113	91	79	3

Chi^2 für Männer = 1.47, df = 1, n.s.
Chi^2 für Frauen = 0.09, df = 1, n.s.

Auch wenn man Geschlecht konstant hält, findet sich keine signifikante Beziehung zwischen Mangel an Sozialkontakten und psychischer Erkrankung. Trotzdem weist Tab. 5.28 darauf hin, daß die Häufung psychischer Erkrankung unter Frauen mit der Tatsache verbunden sein könnte, daß Frauen überhaupt weniger Kontakte haben. In der Gruppe mit wenigen

Sozialkontakten kommt psychische Erkrankung bei Männern fast so oft vor wie bei Frauen. Desweiteren soll überprüft werden, ob Männer mehr außerfamiliäre Kontakte haben als Frauen (s. Tab. 5.29).

Tab. 5.29
Isolationsindex II B (Mangel an außerfamiliären Kontakten), Geschlecht und psychische Erkrankung

Psychische Erkrankung	Außerfamiliäre Kontakthäufigkeit (Isolationsindex II B)						
	(0-2.50)		(2.75-8.50)		(8.75+)		unbekannt
	m	w	m	w	m	w	
	%	%	%	%	%	%	
Nicht-Fälle	66.7	62.9	90.0	76.3	90.2	81.0	0
Fälle	33.3	31.1	10.0	23.7	9.8	19.0	3
Summe	100.0	100.0	100.0	100.0	100.0	100.0	
N	36	70	40	59	41	63	3

Chi^2 für Männer = 10.31, df = 2, $p < 0.01$
Chi^2 für Frauen = 6.47, df = 2, $p < 0.05$

Aus Tabelle 5.29 ist zu ersehen, daß bei beiden Geschlechtern der signifikante Trend besteht, daß sich die Fälle in der Gruppe mit den niedrigsten außerfamiliären Kontakten konzentrieren. Dieser Trend ist jedoch bei Männern stärker als bei Frauen.

Als nächstes wurde der Zusammenhang zwischen Isolationsindex III und psychischer Erkrankung getrennt für Männer und Frauen überprüft.

Tab. 5.30
Isolationsindex III (Mangel an Hilfe und Unterstützung) Geschlecht und psychische Erkrankung

Psychische Erkrankung	Hilfe u. Unterstützung aus Sozialkontakten (Isolationsindex III)						
	wenig (0-12)		mittel (13-16)		viel (17-24)		unbekannt
	m	w	m	w	m	w	
	%	%	%	%	%	%	
Nicht-Fälle	66.7	69.0	79.4	78.1	90.6	69.5	0
Fälle	33.3	31.0	20.6	21.9	9.4	30.5	2
Summe	100.0	100.0	100.0	100.0	100.0	100.0	
N	18	71	34	64	64	59	2

Chi^2 für Männer = 6.51, df = 2, $p < 0.05$
Chi^2 für Frauen = 1.69, df = 2, n.s.

Wie aus Tab. 5.30 zu ersehen ist, findet sich für Männer ein signifikanter Zusammenhang, für Frauen aber nicht. Dieser Unterschied, der sich ganz auf den Unterschied zwischen Männern und Frauen mit vielen Unterstützungen bezieht, läßt sich nicht leicht interpretieren; ein Versuch dazu soll in der abschließenden Diskussion gemacht werden.

Der Zusammenhang zwischen Isolationsindex IV ('anomia') und psychischer Erkrankung ist möglicherweise zum Teil durch die Unterschiede in der Kontakthäufigkeit zu erklären.

Tab. 5.31
Isolationsindex II (Mangel an Sozialkontakten), Isolationsindex IV ('anomia') und psychische Erkrankung

Psychische Erkrankung	Sozialkontakthäufigkeit				
	wenig (0-30)		viel (30.25+)		unbe-kannt
	'anomia' (Isolationsindex IV)				
	wenig anomisch (0-14)	sehr anomisch (15-36)	wenig anomisch (0-14)	sehr anomisch (15-36)	
	%	%	%	%	
Nicht-Fälle	84.6	70.5	91.0	79.7	2
Fälle	15.4	29.5	9.0	20.3	22
Summe	100.0	100.0	100.0	100.0	
N	52	78	89	69	24

Chi^2 für Isolationsindex II 0-30 = 2.68, df = 1, n.s.
Chi^2 für Isolationsindex II 30.25+ = 3.25, df = 1, n.s.
Chi^2 für Isolationsindex IV 0-14 = 0.77, df = 1, n.s.
Chi^2 für Isolationsindex IV 15-36 = 0.27, df = 1, n.s.

Aus Tab. 5.31 ist zu ersehen, daß in beiden Sozialkontaktgruppen ein Trend besteht, der jedoch bei keiner signifikant ist. Die meisten Fälle gibt es in der Gruppe, die die wenigsten Sozialkontakte hat und am 'anomischsten' ist.
   Wenn man Sozialkontakthäufigkeit konstant hält, wird der Zusammenhang zwischen 'anomia' und psychischer Erkrankung nicht mehr signifikant. Wahrscheinlich handelt es sich dabei um einen Effekt der niedrigeren Fallzahlen in den Gruppen, da die Verhältnisse zwischen den Zahlen in den einzelnen Zellen nicht verändert sind.

In einem nächsten Schritt wurde geprüft, ob der Zusammenhang zwischen Einsamkeit und psychischer Erkrankung auch durch Unterschiede in der Kontakthäufigkeit zu erklären ist. Aus der dreidimensionalen Tabelle 5.32 sieht man, daß sich sowohl bei der Gruppe mit weniger Kontakten als auch bei derjenigen mit vielen ein Trend findet, der jedoch bei der Gruppe mit vielen Kontakten nicht signifikant ist. Am auffälligsten ist die Häufung der Fälle in der Gruppe mit einem hohen Einsamkeitsindex und wenigen Sozialkontakten.

Tab. 5.32
Isolationsindex II (Mangel an Sozialkontakten), Einsamkeitsindex I und psychische Erkrankung

Psychische Erkrankung	Sozialkontakthäufigkeit (Isolationsindex II)				
	wenig (0-30)		viel (30.25+)		unbekannt
	Einsamkeitsindex I		Einsamkeitsindex I		
	hoch (3-4)	niedrig (1-2)	hoch (3-4)	niedrig (1-2)	
	%	%	%	%	
Nicht-Fälle	52.1	82.6	69.7	85.2	9
Fälle	47.9	17.4	30.3	14.8	8
Summe	100.0	100.0	100.0	100.0	
N	48	86	33	128	17

Chi^2 für Isolationsindex II 0-30 = 12.6, df = 1, p<0.001
Chi^2 für Isolationsindex II 30.25+ = 3.26, df = 1, n.s.

Wenn man den Einsamkeitsindex konstant hält, dann findet sich nur ein schwacher, nicht signifikanter Zusammenhang zwischen Sozialkontakthäufigkeit und psychischer Erkrankung.

Zwischen Isolationsindex III (Mangel an Hilfe und Unterstützung und Einsamkeitsindex I besteht noch eine starke Beziehung. Auch hier muß also analog überprüft werden, ob der Zusammenhang zwischen Einsamkeitsindex I und psychischer Erkrankung durch das Ausmaß an Hilfe und Unterstützung zu erklären ist, das der Proband erhält.

Tab. 5.33
Einsamkeitsindex I, Isolationsindex III (Mangel an Hilfe und Unterstützung) und psychische Erkrankung

Psychische Erkrankung	Einsamkeitsindex I					
	hoch (3-4)			niedrig (0-2)		
	Hilfe u. Unterstützung aus Sozialbeziehungen (Isolationsindex III)			Hilfe u. Unterstützung aus Sozialbeziehungen (Isolationsindex III)		
	wenig (0-12)	mittel (13-16)	viel (17-24)	wenig (0-12)	mittel (13-16)	viel (17-24)
	%	%	%	%	%	%
Nicht-Fälle	51.54	62.5	66.7	81.3	84.3	83.7
Fälle	48.6	37.5	33.3	18.8	15.7	16.3
Summe	100.0	100.0	100.0	100.0	100.0	100.0

Chi^2 für Hilfe und Unterstützung, 1-12 = 7.29, df = 1, p 0.01
Chi^2 für Hilfe und Unterstützung, 13-16 = 3.85, df = 1, p 0.05
Chi^2 für Hilfe und Unterstützung, 17-24 = 2.21, df = 1, n.s.

Tabelle 5.33 zeigt, daß sich bei allen drei Gruppen, in die der Isolationsindex III eingeteilt wurde, ein Trend findet, er ist jedoch nur in den beiden Gruppen mit einem geringen und mittleren Ausmaß an Hilfe und Unterstützung signifikant. Die meisten Fälle finden sich analog in der einsamsten Gruppe, die am wenigsten Hilfe und Unterstützung bekommt.

Bei den Analysen in diesem Abschnitt wurde jeweils nur eine Variable konstant gehalten, in einem nächsten Schritt wurden bei der Untersuchung der Effekte auf psychische Krankheit mit Hilfe der Pfadanalyse alle Variablen, von denen es aufgrund theoretischer Überlegungen sinnvoll erschien, konstant gehalten.

5.7. Multivariate Überprüfung der Zusammenhänge zwischen sozialen Variablen und psychischer Erkrankung mit Hilfe der Pfadanalyse

5.7.1. Vorgehensweise und Probleme bei der Prüfung der Modelle

Welche Probleme sich bei der Durchführung der multivariaten Analyse ergaben und welcher Weg bei der Analyse beschritten wurde, soll zu Beginn dieses Abschnitts zusammengefaßt werden.

In einem ersten Schritt wurden zwei Korrelationsmatrizen erstellt, die als Eingabe für die weiteren Analysen verwendet wurden.

1. Das Modell mit funktionellen psychischen Erkrankungen als abhängiger Variable wurde mit einer Matrix überprüft, in die nur die Werte der gesunden und der funktionell psychisch kranken Probanden eingingen (Matrix Funkt./Gesund),
2. das Modell mit organischem Psychosyndrom als abhängiger Variable mit einer Matrix, die nur die Werte der gesunden Probanden und die der Probanden mit organischem Psychosyndrom enthielt (Matrix Organ./Gesund).

Betrachtete man die Theoretischen Modelle in Abschnitt 3.4. und die bivariaten Korrelationskoeffizienten in den beiden Matrizen, so war klar, daß Multikollinearität ein erhebliches Problem für diese Analyse darstellen würde. Eine mögliche Lösung dieses Problems wäre es gewesen, jeweils eine von zwei hoch miteinander korrelierenden Variablen ganz aus der Analyse auszuscheiden. Da aus theoretischen Überlegungen aber auf eine Reihe von Variablen nicht verzichtet werden sollte, wurde für jede der beiden Krankheitsgruppen zwei getrennte Modelle A und B aufgestellt.

Die vier Gesamtmodelle können aufgrund der in ihnen jeweils enthaltenen fünf endogenen Variablen (s. Abschnitt 3.4.) in insgesamt 20 Einzelmodelle aufgegliedert werden. Für diese wurden in einem nächsten Schritt multiple Regressionsanalysen durchgeführt (mit dem Programm 'Regression' aus dem SPSS-Programmpaket von NIE et al., 1975). Die Ergebnisse zeigten viele sehr kleine Regressionskoeffizienten. Da ich mich aber auf die Variablen konzentrieren wollte, die viel Varianz erklären, wurden im folgenden für die einzelnen Modelle stufenweise Regressionen gerechnet und zwar für jede einzelne der fünf endogenen Variablen in den vier Gesamtmodellen, d.h.

für 20 Einzelmodelle. Es wurden dann diejenigen Lösungen der stufenweisen Regressionen ausgewählt, bei denen die einzelnen Variablen relativ auf die Variablenzahl bezogen, die meiste Varianz erklären.

Die so reduzierten vier rekursiven Gesamtmodelle gingen anschließend in eine Pfadanalyse (mit dem Programm LISREL von JÖRESKOG & VAN THILLO, 1973) ein und wurden auf ihre kausale Anordnung hin getestet. Anschließend wurden die Linearitäts- und Additivitätsannahme überprüft. Schließlich wurden die vier rekursiven Modelle dadurch modifiziert, daß Rückkoppelungen zugelassen wurden (wie in Abschnitt 3.4. theoretisch angenommen). Die vier nicht-rekursiven und die vier rekursiven Modelle sollen dann jeweils paarweise miteinander verglichen werden.

5.7.1.1. Das Skalenniveau

Das Skalenniveau der in dieser Untersuchung erhobenen Daten ist unterschiedlich, teilweise handelt es sich um Intervallskalenniveau (z.B. Kontextvariablen, Alter), teilweise um Ordinalskalen (z.B. Isolationsindizes II-IV, gewichteter Gesamtscore psychischer Erkrankungen), teilweise handelt es sich um Variablen mit nur zwei Ausprägungen (Geschlecht, Familienstand). Strenggenommen ist für die Anwendung der Regressionsanalyse, basierend auf der vorhergehenden Berechnung von Korrelationskoeffizienten, die Messung der Variablen auf Intervallskalenniveau erforderlich. Die Verzerrungseffekte der Regressionskoeffizienten ist jedoch bei Daten, die nur auf dem ordinalen Niveau gemessen werden, in den meisten Fällen relativ gering. Das Begehen einer solchen mathematischen bzw. statistischen 'Sünde' wird auch von zahlreichen Autoren mit dem Argument, daß die Formulierung empirisch sinnvoller Hypothesen den Vorrang hat, in Kauf genommen (KIM, 1975; DUNCAN, 1975).

Variablen mit zwei Ausprägungen, z.B. die Variable Geschlecht, die man als Dummy-Variablen bezeichnet, stellen insofern kein Problem dar, als Regressionsverfahren die statistische Analyse dichotomer Variablen erlauben (DIEKMANN, 1979).

5.7.1.2. Entscheidungskriterien für die Falsifizierung der modifizierten Modelle

Die mit dem Programm LISREL berechneten Pfadmodelle werden mit Hilfe dreier Kriterien überprüft. Zunächst werden die er-

warteten Vorzeichen (s. Abschnitt 3.4.) und die tatsächlichen
Vorzeichen der Pfadkoeffizienten miteinander verglichen, sodann
wird die Höhe der erklärten Varianz in Betracht gezogen
(PSI-Matrizen von LISREL erstellt) und schließlich wird
die kausale Anordnung der vier Modelle durch einen Vergleich
der erwarteten gegenüber den tatsächlichen Korrelationskoeffizienten
überprüft (d.h. in den von LISREL erstellten SIGMA-Matrizen
sollen nach der von OPP & SCHMIDT, 1965, S.
157 vorgeschlagenen Faustregel keine Werte über ± 0.10 auftreten).

Die vier rekursiven Gesamtmodelle werden mit den entsprechenden
nicht-rekursiven Gesamtmodellen jeweils paarweise
verglichen. Die nicht-rekursiven Modelle sollen abgelehnt werden,
wenn sich darin nur 'feed-back' Pfade finden, die sehr
klein sind (d.h. deren Pfadkoeffizienten nicht größer als ± 0.10
sind). Finden sich 'bedeutsame feed-back'-Pfade, dann
soll jeweils das Modell ausgewählt werden, das den besten
'goodness of fit' (aufgrund des Programms LISREL) hat.

5.7.1.3. Die Zerlegung der Wirkung von Variablen

Die Zerlegung der Wirkung von Variablen soll an der folgenden
Abbildung illustriert werden:

x_1 hat eine 'direkte kausale' Wirkung auf x_3. Andererseits
wirkt x_1 aber auch über x_2 auf x_3, denn x_1 beeinflußt x_2
und x_2 wiederum x_3. x_1 hat also auch einen 'indirekten kausalen'
Effekt auf x_3. "Der direkte kausale Effekt einer Variablen
x_1 auf eine andere Variable x_n ist der Pfadkoeffizient p_{n1}.
Der indirekte kausale Effekt einer Variablen x_1 über eine Variable
x_2 auf eine Variable x_3 ist gleich dem Produkt der
Pfadkoeffizienten der einzelnen kausalen Beziehungen p_{21} und
p_{32}." (OPP & SCHMIDT, 1976, S. 148)

Der 'totale kausale' Effekt ergibt sich dann durch die Addition
von 'direktem' und 'indirekten kausalen' Effekt. In der
vorliegenden Analyse werden die 'indirekten kausalen' Effekte
nur zwischen den inhaltlich wichtigsten Variablen in den Modellen
berechnet, d.h. zwischen den endogenen Variablen,

nämlich den drei Isolationsindizes, Einsamkeitsgefühlen und den jeweiligen Krankheitsvariablen. Auch werden die Wege aufgezeichnet über die diese 'indirekten kausalen' Effekte laufen.

5.7.2 Die modifizierten Modelle: Die Wirkung von sozialen Variablen auf psychische Erkrankung und soziale Isolation

Die aufgrund stufenweiser Regressionsanalysen reduzierten vier rekursiven Gesamtmodelle gingen in eine Pfadanalyse - mit Hilfe des Programms LISREL - ein. Ihre kausale Anordnung wurde mit den oben angegebenen Kriterien überprüft. Die Modelle konnten aufgrund dieser Kriterien nicht falsifiziert werden.
    Die modifizierten Pfadmodelle sind in den Abb. 5.7 - 5.10 wiedergegeben. Die Vorzeichen der Pfadkoeffizienten entsprechen weitgehend den theoretischen Annahmen; insbesondere wurde keines der Vorzeichen der Pfadkoeffizienten auf die Krankheitsvariablen falsifiziert. Lediglich bei einigen für die Gesamtmodelle nicht bedeutsamen, niedrigen Koeffizienten stimmte das erwartete Vorzeichen nicht mit dem empirisch ermittelten überein. Weitere Informationen über die Beziehung zwischen den unabhängigen Variablen einerseits und psychischen Erkrankungen und sozialer Isolation andererseits erhält man bei der Zerlegung der Effekte (s. Tab. 5.34 - 5.37) durch die 'indirekten kausalen' Effekte.
    Der Vergleich zwischen theoretischen und tatsächlichen Korrelationskoeffizienten ergab in allen vier Modellen keine bedeutsamen Unterschiede (d.h. die Werte in den S-Sigma-Matrizen, wie sie von LISREL erstellt werden, lagen durchweg unter $\pm$ 0.10.
    Der durch soziale Variablen erklärte Varianzanteil ist bei allen vier Modellen niedrig, jedoch nicht niedriger als in vergleichbaren sozialwissenschaftlichen Untersuchungen, bei denen darüber hinaus ausschließlich soziale Variablen und nicht auch medizinische Variablen wie in dieser Untersuchung als abhängige Variablen dienten.

Abb. 5.7

Effekte auf funktionelle psychische Erkrankung   Revidiertes Gesamtmodell A

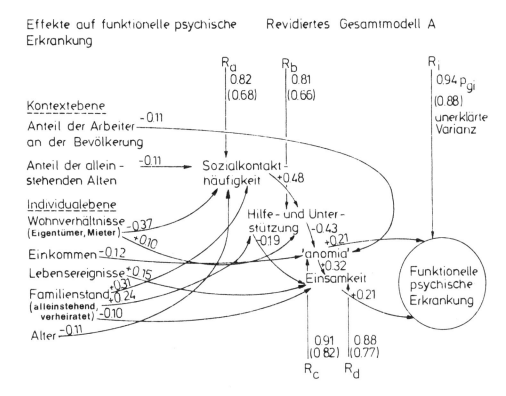

Tab. 5.34
Zerlegung der Effekte
Funktionelle psychische Erkrankung
Revidiertes Gesamtmodell A

Abhängige Variable	Kausal vorhergeh. Variable	Direkter kausaler Effekt	Indirekter kausaler Effekt	Totaler kausaler Effekt
Funktionelle psychische Erkrankung X_{28} (GEWGES)	X_{25} EINGL	+ .21	–	+ .21
	X_{24} SCOR4	+ .21	+ .07 (X_{25})	+ .28
	X_{23} SCOR3	–	– .04 (X_{25}) – .03 (X_{24}/X_{25}) – .09 (X_{24})	– .16
	X_{20} SCOR2	–	– .02 (X_{23}/X_{25}) – .04 (X_{23}/X_{24}) – .01 ($X_{23}/X_{24}/X_{25}$)	– .07
Einsamkeitsindex I X_{25} (EINGL)	X_{24} SCOR4	+ .32	–	+ .32
	X_{23} SCOR3	– .19	– .14 (X_{24})	– .33
	X_{20} SCOR2	–	– .09 (X_{23}) – .07 (X_{23}/X_{24})	– .16
Isolationsindex IV ('anomia') X_{24} (SCOR4)	X_{23} SCOR3	– .43	–	– .43
	X_{20} SCOR2	–	– .21 (X_{23})	– .21
Isolationsindex III (Hilfs- u. Unterstützungsmöglichk.) X_{23} (SCOR3)	X_{20} SCOR2	+ .48	–	+ .48

Abb. 5.8

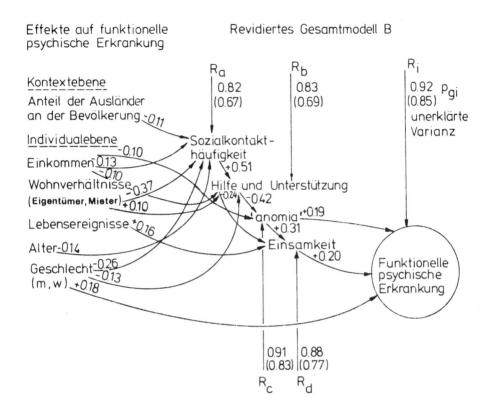

Tab. 5.35
Zerlegung der Effekte
Funktionelle psychische Erkrankung
Revidiertes Gesamtmodell B

Abhängige Variable	Kausal vorhergeh. Variable	Direkter kausaler Effekt	Indirekter kausaler Effekt	Totaler kausaler Effekt
Funktionelle psychische Erkrankung X_{28} (GEWGES)	X_{25} EINGL	+ .20	–	+ .20
	X_{24} SCOR4	+ .19	+ .06 (X_{25})	+ .25
	X_{23} SCOR3	–	– .08 (X_{24}) – .03 (X_{24}/X_{25}) – .05 (X_{25})	– .16
	X_{20} SCOR2	–	– .02 (X_{23}/X_{25}) – .01 ($X_{23}/X_{24}/X_{25}$) – .04 (X_{23}/X_{24})	– .07
Einsamkeits- index I X_{25} (EINGL)	X_{24} SCOR4	+ .31	–	+ .31
	X_{23} SCOR3	– .24	– .13 (X_{24})	– .37
	X_{20} SCOR2	–	– .12 (X_{23}) – .07 (X_{23}/X_{24})	– .19
Isolations- index IV ('anomia') X_{24} (SCOR4)	X_{23} SCOR3	– .42	–	– .42
	X_{20} SCOR2	–	– .21 (X_{23})	– .21
Isolations- index III (Hilfs- u. Un- terstützungs- möglichk.) X_{23} (SCOR3)	X_{20} SCOR2	+ .51	–	+ .51

Abb. 5.9

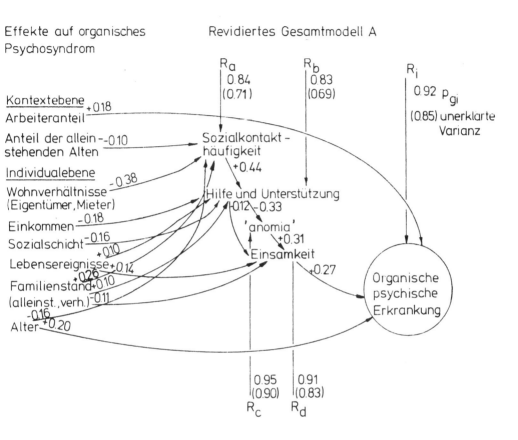

Tab. 5.36
Zerlegung der Effekte
Organisches psychosyndrom
Revidiertes Gesamtmodell A

Abhängige Variable	Kausal vorhergeh. Variable	Direkter kausaler Effekt	Indirekter kausaler Effekt	Totaler kausaler Effekt
Organisches Psychosyndrom X_{28} (GEWGES)	X_{25} EINGL	+ .27		+ .27
	X_{24} SCOR4	–	+ .08 (X_{25})	+ .08
	X_{23} SCOR3	–	– .03 (X_{25}) – .03 (X_{24}/X_{25})	– .06
	X_{20} SCOR2	–	– .01 (X_{23}/X_{25}) – .01 $(X_{23}/X_{24}/X_{25})$	– .02
Einsamkeits-index I X_{25} (EINGL)	X_{24} SCOR4	+ .31		+ .31
	X_{23} SCOR3	– .12	– .10 (X_{24})	– .22
	X_{20} SCOR2	–	– .05 (X_{23}) – .05 (X_{23}/X_{24})	– .10
Isolations-index IV ('anomia') X_{24} (SCOR4)	X_{23} SCOR3	– .33	–	– .33
	X_{20} SCOR2	–	– .15 (X_{23})	– .15
Isolations-index III (Hilfs- u. Unterstützungs-möglichk.) X_{23} (SCOR3)	X_{20} SCOR2	+ .44	–	+ .44

Abb. 5.10

Effekte auf organisches Psychosyndrom

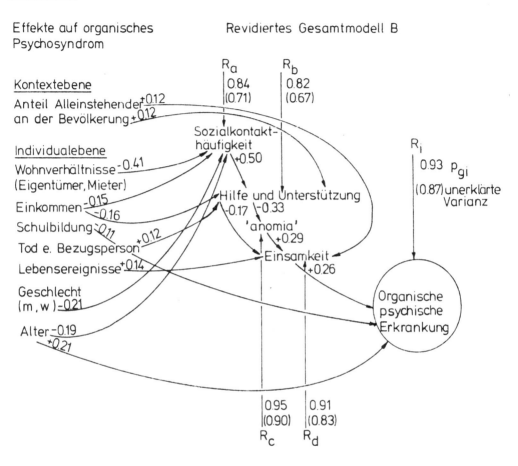

Tab. 5.37
Zerlegung der Effekte
Organisches Psychosyndrom
Revidiertes Gesamtmodell B

Abhängige Variable	Kausal vorhergeh. Variable	Direkter kausaler Effekt	Indirekter kausaler Effekt	Totaler kausaler Effekt
Organisches Psychosyndrom X_{28} (GEWGES)	X_{25} EINGL	+ .26	–	+ .26
	X_{24} SCOR4	–	+ .08 (X_{25})	+ .08
	X_{23} SCOR3	–	– .04 (X_{25}) – .03 (X_{24}/X_{25})	– .07
	X_{20} SCOR2	–	– .02 (X_{23}/X_{25}) – .01 ($X_{23}/X_{24}/X_{25}$)	– .03
Einsamkeitsindex I X_{25} (EINGL)	X_{24} SCOR4	+ .29	–	+ .29
	X_{23} SCOR3	– .17	– .10 (X_{24})	– .27
	X_{20} SCOR2	–	– .09 (X_{23}) – .05 (X_{23}/X_{24})	– .14
Isolationsindex IV ('anomia') X_{24} (SCOR4)	X_{23} SCOR3	– .33	–	– .33
	X_{20} SCOR2	–	– .16 (X_{23})	– .16
Isolationsindex III (Hilfs- u. Unterstützungsmöglichk.) X_{23} (SCOR3)	X_{20} SCOR2	+ .50	–	+ .50

In den folgenden Abschnitten werden die vier empirisch
überprüften Gesamtmodelle schrittweise mit den theoretischen
Modellen aus Abschnitt 3.4 verglichen.

5.7.2.1 Effekte auf funktionelle psychische Erkrankung

Von den Verhältnismäßig 'objektiven' Isolationsindizes zeigt als
einziger außerfamiliäre Kontakthäufigkeit (SCOR2B) einen
schwachen direkten Effekt auf funktionelle psychische Erkrankung (nur im Modell A Matrix Funkt./Gesund). In beiden Modellen gibt es von Sozialkontakthäufigkeit (x_{20} SCOR2) über
Hilfs- und Unterstützungsmöglichkeiten (x_{23} SCOR3), 'anomia'
(x_{24} SCOR4) und (x_{25} EINGL) Einsamkeitsgefühle und von
Hilfs- und Unterstützungsmöglichkeiten (x_{23} SCOR3) über 'anomia' (x_{24} SCOR4) und Einsamkeitsgefühle (x_{25} EINGL) sehr
niedrige indirekte Wirkungen auf die Krankheitsvariable. In
beiden Modellen finden sich jedoch von den 'subjektiven' Indizes 'anomia' (SCOR4) und Einsamkeitsgefühlen (EINGL) direkte Wirkungen auf die Krankheitsvariable. Des weiteren zeigt
sich ein Effekt von Geschlecht (SEX) auf funktionelle psychische Erkrankung (Modell B). Vergleicht man die erwarteten
mit den tatsächlichen Vorzeichen der Pfadkoeffizienten, dann
zeigt sich, daß alle Vermutungen bzgl. der erwarteten Vorzeichen beibehalten werden können.

In keinem der beiden Modelle haben sich die Annahmen bestätigt, daß die Kontextvariablen Sozialschicht (AARB), Anomie
(AAUSL) und soziale Isolation (ASIALT, ASIBEV) und die Individualvariablen Familienstand (EHE), Alter (ALT) und Lebensereignisse (LEBA, ATOD) direkt das Risiko erhöhen funktionell psychisch zu erkranken. Diese Pfade fehlen also in den
revidierten Modellen. Die unerklärte Varianz ist mit 0.85 bzw.
0.88 verhältnismäßig hoch.

5.7.2.2. Effekte auf organisches Psychosyndrom

Lediglich vier in den ursprünglichen Modellen enthaltene Variablen erhöhen 'direkt' das Risiko an einem organischen Psychosyndrom zu erkranken; und zwar sind dies die Variablen
Einsamkeit (EINGL) und Lebensalter (ALT) in beiden Modellen
und niedrige Sozialschicht auf Kontextebene (Modell A) und
Schulbildung auf Individualebene (Modell B). Keine der Vermutungen hinsichtlich der Vorzeichen der Pfadkoeffizienten wurde
widerlegt.

Auch bei dieser diagnostischen Gruppe haben sich die Annahmen nicht bestätigt, daß die verschiedenen 'objektiven' Indizes sozialer Isolation auf Kontext- und Individualebene mit der Erkrankung direkt im Zusammenhang stehen. Im Gegensatz zu funktionellen psychischen Erkrankungen (Modell A) haben auch außerfamiliäre Kontakte (SCOR2B) keine Wirkung. Es finden sich jedoch auch hier schwache indirekte Effekte von Sozialkontakthäufigkeit (x_{20} SCOR2) über Hilfs- und Unterstützungsmöglichkeiten (x_{23} SCOR3), 'anomia' (x_{24} SCOR4) und Einsamkeitsgefühle (x_{25} EINGL), sowie von Hilfs- und Unterstützungsmöglichkeiten (x_{23} SCOR3) über 'anomia' (x_{24} SCOR4) und Einsamkeitsgefühle (x_{25} EINGL) auf organische psychische Erkrankung. Es treten also die gleichen indirekten Effekte wie bei funktioneller psychischer Erkrankung als abhängiger Variable auf.

Anomie auf Kontextebene (AAUSL) und 'anomia' (SCOR4) auf Individualebene stehen in keinem direkten Zusammenhang mit der Krankheitsvariable (allerdings waren viele Probanden mit organischem Psychosyndrom, wegen ihres geistigen Abbaus, nicht in der Lage die verhältnismäßig komplexen 'anomia'-Fragen zu beantworten).

Es findet sich jedoch ein schwacher indirekter Effekt von 'anomia' (x_{24} SCOR4) über Einsamkeitsgefühle (x_{25} EINGL) auf die abhängige Variable.

Die unerklärte Varianz ist wie bei funktionellen psychischen Erkrankungen verhältnismäßig hoch, sie liegt bei 0.85 und 0.87. In den modifizierten Modellen wurden alle direkten Pfade bis auf diejenigen von Einsamkeit, Alter, Arbeiteranteil und Schulbildung eliminiert.

5.7.2.3. Effekte auf Einsamkeitsgefühle

Nach den Effekten auf die beiden Krankheitsgruppen werden nun die Wirkungen auf die vier anderen endogenen Variablen betrachtet. Die Varianz der zusätzlichen endogenen Variablen Einsamkeitsgefühle (EINGL) wird in den Modellen A und B für funktionelle psychische Erkrankung zu 23% erklärt. Bei organischer psychischer Erkrankung sind es allerdings nur jeweils 17%. Den stärksten Effekt auf Einsamkeitsgefühle (EINGL) hat in allen vier Modellen 'anomia' (SCOR4); je anomischer ein älterer Mensch ist, desto eher äußert er Einsamkeitsgefühle. Außerdem bestätigen sich die Annahmen, daß ältere Menschen sich desto einsamer fühlen, je weniger Hilfe und Unterstützung sie zur Verfügung (SCOR3) haben und je mehr bedeutsame Lebensereignisse (LEBA) in den letzten 10 Jahren auftraten. Es findet

sich auch ein schwacher Effekt von Familienstand (EHE) auf
Einsamkeit; Alleinstehende fühlen sich eher einsam als Verheiratete (in den A-Modellen).
Einen zusätzlichen schwachen Effekt hat die Kontextvariable 'Anteil der Alleinstehenden an der Bevölkerung' (ASIBEV) im Modell B (Matrix Organ./Gesund); je größer der Anteil der Alleinstehenden an der Bevölkerung ist, desto eher fühlen sich alte Menschen einsam. In einem Kontext, in dem 'soziale Isolation' besteht, treten also auch eher Einsamkeitsgefühle bei alten Menschen auf.

Alle Vorzeichen der Pfade auf die Variable 'Einsamkeitsgefühle' entsprechen den Erwartungen.

Es laufen auch indirekte Effekte von Sozialkontakthäufigkeit (x_{20} SCOR2) über Hilfs- und Unterstützungsmöglichkeiten aus Sozialkontakten (x_{23} SCOR3) und 'anomia' (x_{24} SCOR4) auf die abhängige Variable.

Entgegen der Erwartung erhöht jedoch Mangel an Sozialkontakten (SCOR2) nicht direkt die Einsamkeitsgefühle, so daß der Pfad zwischen den beiden Variablen gestrichen wurde. In den revidierten Modellen sind auch die direkten Pfade, die von Alter (ALT), Geschlecht (SEX), Verlust naher Bezugspersonen in den letzten 10 Jahren (ATOD), Sozialschicht als Kontext- und Individualvariablen und Anomie als Kontextvariable ausgehen, eliminiert.

5.7.2.4. Effekte auf 'anomia'

Auf die endogene Variable 'anomia' (SCOR4) findet sich vor allem eine Wirkung der Variablen 'potentielle Hilfs- und Unterstützungsmöglichkeiten' (SCOR3). Erwartungsgemäß sind alte Menschen umso anomischer, je weniger Hilfs- und Unterstützungsmöglichkeiten sie haben.

In den Modellen, die aufgrund der Matrix der funktionell psychisch Kranken und der Gesunden erstellt wurden, finden sich außerdem noch sehr schwache Effekte von Einkommen (GELD1) und Arbeiteranteil an der Erwerbsbevölkerung (AARB) auf 'anomia'. Während erwartungsgemäß 'anomia' um so höher ist je niedriger das Einkommen der Probanden ist, ist 'anomia' entgegen der Erwartung um so höher je niedriger der Arbeiteranteil in den Bezirken ist. Da beide Korrelationskoeffizienten dieselben Vorzeichen wie die Pfadkoeffizienten haben, handelt es sich dabei vermutlich nicht um einen Multikollinearitätseffekt. Die Unterschiedlichkeit der Effekte auf Kontext- und Individualebene ist schwer zu interpretieren; allerdings hat sich die Erfassung des Einkommens bei dieser Altersgruppe als sehr unzu-

verlässig erwiesen (s. hierzu a. S. 205). Die Vorzeichen der
übrigen Pfadkoeffizienten entsprechen der Erwartung.

Weder Sozialkontakthäufigkeit (SCOR2) noch soziale Isolation
auf Kontextebene (ASIALT, ASIBEV), Anomie auf Kontextebene
(AAUSL), wichtige Lebensereignisse (LEBA, ATOD), Familien-
zustand (EHE), Geschlecht (SEX) und Alter (ALT) stehen, im
Gegensatz zu den in der Literatur berichteten Ergebnissen, in
einem direkten Zusammenhang mit 'anomia'.

Sozialkontakthäufigkeit (x_{20} SCOR2) hat jedoch einen verhältnismäßig hohen indirekten Effekt über Hilfs- und Unterstützungsmöglichkeiten (x_{23} SCOR3) auf 'anomia'.

Auffallend ist, daß die direkten Effekte auf die Variable
'anomia' bei den organisch psychisch Kranken in beiden Modellen noch etwas weniger Varianz erklären, als die Effekte der
sozialen Variablen auf die 'medizinischen' Krankheitsvariablen.
Dies kann teilweise darauf zurückzuführen sein, daß es hier
bei der 'anomia'-Variablen so viele organisch psychisch Kranke
gab, die nicht in der Lage waren, die verhältnismäßig komplexen
Fragen zu erfassen. Jedoch ist auch bei den funktionell psychisch Kranken die erklärte Varianz von 'anomia' nur in etwa
so hoch wie bei den Krankheitsvariablen.

5.7.2.5. Effekte auf Hilfs- und Unterstützungsmöglichkeiten

Die Varianz der nächsten endogenen Variablen wird zu 31% bis
34% erklärt.

Der stärkste Effekt auf diese abhängige Variable geht in
allen vier Modellen von SCOR2 aus, d.h. je mehr Sozialkontakte ein alter Mensch hat, desto mehr Hilfe und Unterstützung
kann er erwarten, außerdem haben Verheiratete mehr Hilfs-
und Unterstützungsmöglichkeiten als Alleinstehende und erwartungsgemäß Männer mehr als Frauen (Modell B; Matrix Funkt./
Gesund).

Es gibt außerdem fünf Variablen mit sehr niedrigen Pfadkoeffizienten, von denen keine in allen vier Modellen auftaucht, bei
denen das Vorzeichen nicht der Erwartung entspricht. Es handelt sich dabei um die Variablen Wohnverhältnisse (Eigentümer/
Mieter) WVERH, Einkommen (GELD1), wichtige Lebensereignisse
(LEBA), 'Anteil der Alleinstehenden an der Bevölkerung'
(ASIBEV) und 'Tod einer nahestehenden Person' (ATOD). Bei
der ersten Variablen könnte ein Multikollinearitätseffekt vorliegen, da das Vorzeichen des Pfadkoeffizienten nicht dem des
Korrelationskoeffizienten entspricht.

In den revidierten Modellen fehlen die Pfade von Anomie
(AAUSL) und Sozialschicht (AARB) auf Kontextebene und Alter
(ALT) auf die abhängige Variable.

5.7.2.6. Effekte auf Sozialkontakthäufigkeit

Der erklärte Varianzanteil bei der Variablen 'Sozialkontakthäufigkeit' ist in etwa gleich hoch.
Den stärksten Effekt auf Sozialkontakthäufigkeit hat in allen Modellen die Variable 'Wohnverhältnisse' (Eigentümer/Mieter), Eigentümer haben also bedeutend mehr Sozialkontakte als Mieter. Das Vorzeichen des Pfadkoeffizienten entspricht der Erwartung und stimmt auch mit dem Vorzeichen des Korrelationskoeffizienten zwischen diesen beiden Variablen überein. Entgegen der Erwartung haben jedoch im Modell B (Matrix Organ./Gesund) alte Menschen um so mehr Sozialkontakte je niedriger ihr Einkommen (GELD1) ist, auch hier entspricht das Vorzeichen dem des Korrelationskoeffizienten. Inhaltlich erscheint dieses Ergebnis nur schwer vereinbar mit der Tatsache, daß Eigentümer mehr Sozialkontakte haben als Mieter, da so zwischen den beiden 'Schichtindizes' gegenläufige Trends zu bestehen scheinen.

Es findet sich außerdem der erwartete Effekt von Lebensalter auf Sozialkontakte: mit zunehmendem Alter sinkt die Sozialkontakthäufigkeit. Stärker ist der Effekt von Familienstand (EHE): Verheiratete haben erwartungsgemäß mehr Sozialkontakte als Alleinstehende. Es zeigt sich auch, daß die Sozialkontakthäufigkeit mit zunehmendem Anteil von alleinstehenden alten Menschen (ASIALT) und Ausländeranteil (AAUSL) im Bezirk sinkt; allerdings sind diese Effekte nur sehr schwach ausgeprägt. Der Vermutung entsprechend haben Männer mehr Sozialkontakte als Frauen.

Entgegen der Erwartung führen große Lebensereignisse (LEBA, ATOD) in den letzten zehn Jahren, niedrige Sozialschicht auf Kontextebene (AARB) und Individualebene (SCHICH) und niedrige Schulbildung (SCHUL) nicht dazu, daß die Sozialkontakthäufigkeit alter Menschen beeinträchtigt wird.

5.7.2.7. Modelle mit Interaktionstermen

Die in Abschnitt 3.4. angenommenen Interaktionstermen wurden mit den entsprechenden Originalvariablen in die modifizierten Modelle eingeführt (s. Tab. 5.38).

Die Originalvariablen wurden aufgrund der Faustregel, wonach höherrangige Interaktionen nur gleichzeitig mit niederrangigen Interaktionen und den Haupteffekten in die Gleichung einbezogen werden sollen, mit aufgenommen. Diese Faustregel wird im allgemeinen damit begründet, daß additive Beziehungen in irgendeiner Weise Priorität vor multiplikativen Beziehungen haben sollen (s. u.a. ALLISON, 1977, S. 150).

Tab. 5.38
Überprüfung von Interaktionstermen

Interaktionsvariable	R^2 Modell mit Restriktionen	R^2 Modell ohne Restriktionen	Diff. R^2
Modell A (funkt. psychische Erkrankung)			
INT1 = SCOR2 x EINGL	.130	.131	.001
INT2 = SCOR3 x EINGL	.123	.127	.004
INT3 = SCOR2 x SCOR4 (1)	.130	.142	.012
INT4 = SCOR3 x SCOR4	.123	.149	.026
INT6 = AARB x SCHICH	.129	.135	.006
Modell B (funkt. psychische Erkrankung)			
INT5 = SCOR2 x ASIBEV	.162	.162	.000
INT7 = AAUSL x SCOR4	.154	.156	.002
Modell A (organ. Psychosyndrom)			
INT1 = SCOR2 x EINGL	.155	.155	.000
INT2 = SCOR3 x EINGL	.154	.160	.006
INT3 = AARB x SCHICH	.156	.160	.004
Modell B (organ. Psychosyndrom)			
INT 5 = SCOR2 x ASIBEV	.137	.143	.006

1 Alle Interaktionen, in denen 'anomia' (SCOR4) vorkommt, wurden nur für funktionelle psychische Erkrankung erstellt, da diese Skala bei Probanden mit organischem Psychosyndrom häufig nicht angewendet werden konnte.

Um die nicht-aditiven Effekte der Variablen zu erfassen, wurden diese zusätzlich miteinander multipliziert. Wenn nun irgendwelche nicht-additiven Effekte vorhanden sind, muß die erklärte Varianz (R^2) in dem Modell ohne Restriktionen (multiplikatives Modell) größer sein als in dem Modell mit Restriktionen (additives Modell) (s. OPP & SCHMIDT, 1976, S. 220; ALLISON, 1977, S. 148).

Bei dem Vergleich der beiden Werte von R^2 entsteht nun das Problem, ab welcher Differenz man annehmen kann, daß diese nicht nur zufällig sondern systematisch ist. Hierfür wurde kein Test angewendet, sondern lediglich ein Vergleich vorgenommen und eine Faustregel angewendet, wonach die durch das Modell ohne Restriktionen erklärte Varianz um mindestens 0.01 höher sein soll als die durch das Modell mit Restriktionen (s. OPP & SCHMIDT, 1976, S. 210). In Tabelle 5.38 sind die Ergebnisse dieser Überprüfung dargestellt.

Nur zwei Interaktionstermen zeigen einen nicht-additiven Effekt. Alte Menschen, die wenig Sozialkontakte (SCOR2) haben und gleichzeitig 'anomisch' (SCOR4) sind bzw. wenig Hilfs- und Unterstützungsmöglichkeiten (SCOR3) haben und gleichzeitig 'anomisch' sind, haben über den rein additiven Effekt hinaus ein höheres Risiko, funktionell psychisch zu erkranken. Für organisches Psychosyndrom konnten keine Interaktionseffekte festgestellt werden. Bei der Mehrebenenanalyse zwischen Kontextvariablen und Individualvariablen (INT 5 bis INT 7) konnten keine Interaktionen zwischen den Variablen auf den verschiedenen Ebenen festgestellt werden.

5.7.2.8. Überprüfung der Linearitätsannahme

Eine Voraussetzung bei den bisher in dieser Untersuchung überprüften Modellen war, daß die Zusammenhänge zwischen den Variablen linear sind. Die Linearitätsannahme könnte aber eine falsche Interpretation des Datenmaterials zur Folge haben, da man die Effekte von Variablen unterschätzen kann, falls diese nicht linear verteilt sind. So ist z.B. im hier überprüften Modell A der lineare Koeffizient $b_{28/20}$ zwischen der abhängigen Variablen funktionelle psychische Erkrankung und der unabhängigen Variablen Sozialkontakthäufigkeit null; dennoch wäre es faktisch möglich, daß eine nichtlineare Beziehung besteht. Da außerdem in irrtümlich als linear spezifizierten Modellen die erklärte Varianz der abhängigen Variablen unterschätzt wird, ist es erforderlich, die Linearitätsannahme zu überprüfen. Ich habe mich dabei in der vorliegenden Untersuchung auf die wichtigste abhängige Variable, nämlich psychische Krankheit be-

Tab. 5.39
Überprüfung der Linearitätsannahme in Modell 1A mit funktioneller psychischer Erkrankung als abhängiger Variable

dummisierte Variable	R^2 der Original-Variablen	R^2 der dummisierten Variablen	R^2 Differenz
Sozialkontakt-häufigkeit (SCOR2)	.130	.151	.021
Hilfs- u. Unterstützungsmögl. d. Sozialkontakte (SCOR3)	.123	.156	.033
'anomia' (SCOR4)	.123	.138	.016
Einsamkeitsgefühle (EINGL)	.123	.144	.021
Sozialschicht (MOORE-KLEINING) (SCHICH)	.127	.132	.005

schränkt und hier wiederum auf diejenigen unabhängigen Variablen, die von zentraler Bedeutung für die Fragestellung sind, und zwar sind dies die Variablen Sozialkontakthäufigkeit (SCOR2), Hilfs- und Unterstützungsmöglichkeiten aus Sozialkontakten (SCOR3), 'anomia' (SCOR4), Einsamkeitsgefühle (EINGL), Sozialschicht (SCHICH). In die Überprüfung der Linearitätsannahme gingen des weiteren nur die rekursiven Modelle ein. Die normale Vorgehensweise ist es, in der Literatur nach Hypothesen zu suchen, die explizit Nicht-Linearität annehmen, solche expliziten Hypothesen konnten auf diesem Forschungsgebiet bei Durchsicht der Literatur nicht gefunden werden. Es wurde hier daher nur die Linearitätsannahme überprüft.

Zur Überprüfung der Linearitätsannahme wurde die Dummy-Regression (NAMBOODIRI et al., 1975) verwendet. Als erster Schritt wurden dazu die unabhängigen Variablen unter Bildung von Klassen in Dummy-Variablen umgewandelt. (SCOR2 wurde ersetzt durch D1-D10, SCOR3 durch E1-E7, SCOR4 durch F1-

Tab. 5.40
Überprüfung der Linearitätsannahme in Modell 2A mit organischem Psychosyndrom als abhängiger Variable

dummisierte Variable	R^2 der Original-Variablen	R^2 der dummisierten Variablen	R^2 Differenz
Sozialkontakthäufigkeit (SCOR2)	.155	.167	.012
Hilfs- u. Unterstützungsmögl. d. Sozialkontakte (SCOR3)	.154	.193	.039
'anomia' (SCOR4)	.157	.192	.035
Einsamkeitsgefühle (EINGL)	.154	.173	.019
Sozialschicht (MOORE-KLEINING) (SCHICH)	.156	.164	.008

F7, EINGL durch G1-G3, SCHICH durch H1-H4). Dann wurde die erklärte Varianz der linearen Gleichungen (Modell mit Restriktionen) und der neuen Strukturgleichung mit den Dummy-Variablen (Modell ohne Restriktionen) berechnet und sodann die erklärte Varianz der beiden Modelle miteinander verglichen. Je größer die Differenz zwischen beiden Werten ist, desto mehr Varianz der abhängigen Variablen wird durch die Abweichungen von der Linearität erklärt. Um festzustellen, ob die Differenz zwischen den beiden Werten für R^2 zufällig oder systematisch ist, wurde die Faustregel angewendet, daß die durch das Modell ohne Restriktionen (nicht-lineares Modell) erklärte Varianz um mindestens 0.01 höher ist als durch das Modell mit Restriktionen (lineares Modell) erklärte Varianz (s. OPP & SCHMIDT, 1976, S. 210). Wie die Tab. 5.39 und 5.40 zeigen sind einige der R^2-Abweichungen größer als 0.01.

Wenn im folgenden mit den additiven und linearen Modellen weitergearbeitet wird, muß man sich bewußt bleiben, daß diese Modelle nur mit Einschränkungen gelten.

5.7.2.9. Modelle mit Rückkoppelung

Es ist innerhalb der Literatur umstritten, inwieweit man nichtrekursive Modelle, also Modelle mit Rückkoppelung, noch als kausal bezeichnen kann. Auf diese Debatte sind OPP & SCHMIDT (1976, S. 264) kurz eingegangen. Danach vertreten einige Autoren, insbesondere STROTZ & WOLD (1971) die These, daß nicht-rekursive Modelle kaum kausal interpretierbar seien, da nach der üblichen Explikation des Kausalbegriffs zwischen Ursache und Wirkung eine - wenn auch noch so kleine - Zeitdifferenz bestehen müsse. Dagegen argumentiert FISHER (1969, 1970), daß nicht-rekursive Modelle in nahezu allen Fällen Approximationen an ein zeitlich verzögertes rekursives Kausalmodell sind.

Auf der Ebene der Daten erhebt man zwar wie bei der vorliegenden Untersuchung meist nur Querschnittsdaten, d.h. Daten, die sich auf einen bestimmten Zeitpunkt beziehen, jedoch auf der Ebene der Theorie finden zwischen den Variablen - meist mit nur kurzer Zeitverzögerung - gegenseitige Beeinflussungsprozesse statt; diese werden als nicht-rekursive Modelle dargestellt.

In der vorliegenden Arbeit wurden auf die wichtigste abhängige Variable - nämlich psychische Erkrankung - einige 'feed-back'-Beziehungen angenommen (s. Abschnitt 3.4. Abb. 3.4 und Abb. 3.5). In den vorhergehenden Abschnitten sind die vier rekursiven Modelle überprüft worden. Im folgenden werden nun die Ergebnisse der Überprüfung der vier nicht-rekursiven Modelle berichtet.

Funktionelle psychische Erkrankung: Modell A

In den Modellen mit funktioneller psychischer Erkrankung als abhängiger Variable war eine Rückkoppelung von der Krankheitsvariablen auf Sozialkontakthäufigkeit (SCOR2), auf 'anomia' (SCOR4) und auf Einsamkeit (EINGL) angenommen worden. Nach der Hereinnahme dieser Variablen war das Modell unteridentifiziert. Da dadurch die Lösungen beliebig werden, konnte das 'feed-back'-Modell nicht überprüft werden.

Die Einführung der Zuatzannahme, daß die Residuen nicht korrelieren, könnte dazu führen, daß das Modell identifizierbar würde, andererseits aber zu falschen Koeffizienten führen, wenn die Annahme selbst falsch ist. Deshalb muß die Frage, ob eine Rückkoppelung besteht, weiter offen bleiben.

Funktionelle psychische Erkrankung: Modell B

Auch hier treffen die Annahmen von Abschnitt 3.4. (Abb. 3.4)

über Rückkoppelungen von funktioneller psychischer Erkrankung auf Sozialkontakthäufigkeit (SCOR2), auf 'anomia' (SCOR4) und auf Einsamkeit (EINGL) zu.
Bei der Überprüfung des nicht-rekursiven Modells fand sich kein 'Effekt' von der Krankheitsvariablen auf eine dieser drei Variablen. Das nicht-rekursive Modell wurde also falsifiziert, die rekursiven Modelle können beibehalten werden (s. Abb. 5.7 und 5.8).

Organisches Psychosyndrom: Modell A und B

In diesen Modellen waren Rückkoppelungen von organischem Psychosyndrom auf 'anomia' und Einsamkeit angenommen worden (s. Abb. 3.5). Bei der Überprüfung des nicht-rekursiven Modells fanden sich keine 'feed-back'-Pfade von der Krankheitsvariablen auf diese beiden Variablen. Die beiden nicht-rekursiven Modelle sind also falsifiziert worden. Es können auch hier die beiden rekursiven Modelle beibehalten werden, die weiter oben bereits dargestellt worden sind (s. Abb. 5.9 und Abb. 5.10).

5.7.3. Zusammenfassung der Ergebnisse der multivariaten Analyse

In der Pfadanalyse wurden vier getrennte Modelle über die Wirkung von sozialen Variablen auf psychische Erkrankung im Alter überprüft: zwei auf funktionelle psychische Erkrankung einerseits und zwei auf organische Psychosyndrome andererseits.
Auf funktionelle psychische Erkrankung haben Mangel an außerfamiliären Kontakten (Modell A), 'anomia' und Einsamkeitsgefühle einen positiven Effekt. Die 'objektiven' Isolationsindizes erhöhen über 'anomia' und 'Einsamkeitsgefühle' indirekt das Risiko alter Menschen für eine funktionelle psychische Erkrankung. Frauen haben eher dieses psychische Leiden als Männer.
Alte Menschen leiden um so eher an einem organischen Psychosyndrom, je niedriger das Sozialschichtniveau in ihrem Kontext ist, je niedriger ihre eigene Schulbildung ist, je älter sie sind und je einsamer sie sich fühlen. Die Isolationsindizes, nämlich 'Mangel an Sozialkontakten', 'Mangel an Hilfs- und Unterstützungsmöglichkeiten' und 'anomia', erhöhen indirekt über Einsamkeitsgefühle die Wahrscheinlichkeit einer Diagnosenstellung von organischen psychischen Erkrankungen.
Von den Wirkungen, die sich auf die übrigen endogenen Variablen, nämlich die Indizes sozialer Isolation und Einsamkeits-

gefühle fanden, soll in dieser Zusammenfassung nicht nochmals die Rede sein, da sie nicht im Mittelpunkt des Interesses dieser Arbeit stehen.

Bei der Überprüfung der Linearitätsannahme ergaben sich bei beiden Krankheitsgruppen einige Abweichungen von linearen Modellen, so daß die überprüften Modelle nur mit Einschränkungen gelten.

Die Überprüfung möglicher Interaktionseffekte erbrachte, daß alte Menschen, die wenig Sozialkontakte haben und gleichzeitig anomisch sind bzw. wenige Hilfs- und Unterstützungsmöglichkeiten haben und gleichzeitig anomisch sind, über den rein additiven Effekt hinaus sich häufiger als funktionell psychisch gestört erweisen. Für organisches Psychosyndrom konnten keine Interaktionseffekte festgestellt werden. Bei der Mehrebenenanalyse zwischen Kontextvariablen und Individualvariablen konnten keine Interaktionen zwischen den Variablen auf den verschiedenen Ebenen im Hinblick auf psychische Erkrankung festgestellt werden.

Die angenommenen Rückkoppelungseffekte von psychischer Erkrankung mußten für organisches Psychosyndrom verworfen werden. Für funktionelle psychische Erkrankung konnte die Frage einer Rückkoppelung für Modell A aus methodischen Gründen nicht überprüft werden. Beim Modell B wurden die angenommenen 'feed-back'-Pfade falsifiziert.

Zusammenfassend kann man sagen, daß die aufgrund theoretischer Überlegungen und bisheriger empirischer Ergebnisse aufgestellten Modelle bei der Überprüfung an den Daten dieser Untersuchung im wesentlichen nicht falsifiziert wurden. Allerdings konnten zahlreiche angenommene Beziehungen nicht in die revidierten Modelle übernommen werden. Dies kann insofern nicht überraschen, als bisher noch keine vergleichbaren Modelle in multivariaten Analysen überprüft wurden und die in der Literatur gefundenen Ergebnisse sehr lückenhaft und widersprüchlich sind. Es liegt außerdem nahe zu vermuten, daß in der kausalen Kette Variablen, insbesondere Persönlichkeitsfaktoren, von Bedeutung sind, die in der vorliegenden Arbeit nicht erfaßt wurden.

5.8. Kontakte mit sozialen und medizinischen Einrichtungen

Von den 75 alten Menschen, die als psychisch krank klassifiziert wurden, war keiner zum Zeitpunkt des Interviews in fachpsychiatrischer Behandlung oder Überwachung. Ein Proband war vor einigen Monaten im Mannheimer Zentralinstitut für Seelische Gesundheit behandelt worden, aber stand nicht länger unter Betreuung. Bei einem anderen Probanden konnte eine frühere psychiatrische Behandlung ermittelt werden. Auch wenn man eine gewisse Unterschätzung annimmt, welche bei einer derartigen retrospektiven Untersuchung unvermeidlich ist, erscheint es klar, daß es sich hier um einen Teil der Bevölkerung handelt, der psychiatrische Dienste nur sehr wenig in Anspruch nimmt, es sei denn, institutionelle Versorgung wird unvermeidlich.

Der Beitrag, den professionelle oder freiwillige soziale Einrichtungen für die Versorgung der Altenbevölkerung in der Gemeinde leisten, erscheint ebenfalls gering. Im Zeitraum von vier Wochen, der von dem Sozialinterview erfaßt wird, hatten lediglich 53 alte Menschen (20 Fälle und 33 Nicht-Fälle), das sind 17% der Stichprobe, einen Kontakt mit einem Sozialarbeiter, Altenpfleger, Nachbarschaftshilfe, Gemeindeschwester, Pfarrer oder anderen professionellen Personen. Um zu überprüfen, ob sich die Alleinlebenden von den Nicht-Alleinlebenden hinsichtlich der Inanspruchnahme sozialer Dienste unterschieden, wurden die Kontakte dieser beiden Gruppen getrennt ausgezählt. Von den Alleinlebenden hatten 16,6% und von denjenigen, die mit anderen zusammen im Haushalt lebten, 17,2% Kontakte mit einer solchen Einrichtung. Von den alleinlebenden psychisch Kranken hatten in dem Zeitraum 27,6% Kontakt mit sozialen Diensten.

Ein ganz anderes Bild ergab sich in Bezug auf die allgemeinmedizinische Versorgung: 205 Probanden, das sind 65,7% der Stichprobe, hatten in den vier Wochen vor dem Sozialinterview einen Allgemeinpraktiker oder einen nicht-psychiatrischen Facharzt konsultiert. Dieses Ergebnis unterstreicht die potentielle Wichtigkeit der 'primären' medizinischen Versorgung als einen Ansatzpunkt für die Früherkennung und präventive Maßnahmen in der geriatrischen Medizin und Psychiatrie.

Auch hinsichtlich der medizinischen Kontakte wurde überprüft, ob sich die Alleinlebenden von den Nicht-Alleinlebenden in ihrer Kontakthäufigkeit unterschieden: 62,9% der Alleinlebenden und 67,8% der Nicht-Alleinlebenden und von den alleinlebenden psychisch Kranken sogar 72,4% hatten Kontakte zu medizinischen Einrichtungen.

Die psychisch Kranken unterschieden sich signifikant von den psychisch Gesunden hinsichtlich ihrer Arztkonsultationen (s. Tab. 5.41).

Bei Probanden, die keinen Arzt konsultierten, kommen psychiatrische Fälle weniger häufig vor, als bei denjenigen, die ihn einmal oder mehrmals konsultierten.

Insgesamt standen 54 alte Menschen, die als psychiatrische Fälle identifiziert worden waren (17,4% der untersuchten Stichprobe) unter einem doppelten Risiko, in dem Sinne, daß sie entweder mittel oder schwer behindert waren, oder daß sie allein lebten (s. Tab. 5.42).

Tab. 5.41
Arztkonsultationen und psychische Erkrankung

Psychische Erkrankung	Arztkonsultationen in den letzten 4 Wochen			
	keine	eine	mehrere	unbekannt
	%	%	%	%
Nicht-Fälle	85.4	70.0	73.9	1
Fälle	14.6	30.0	26.1	3
Summe	100.0	100.0	100.0	
N	103	90	115	4

$Chi^2 = 7.14$, df = 2, $p < 0.05$

Tab. 5.42
Verteilung der Interviewstichprobe nach 3 Risikofaktoren

Haushalts-typ	psychisch gestört		psychisch gesund	
	schwere o. mittlere körperliche Behinderung	keine o. nur schwache körperliche Behinderung	schwere o. mittlere körperliche Behinderung	keine o. nur schwache körperliche Behinderung
allein-lebend	13 (4.2%)	16 (5.1%)	18 (5.8%)	85 (27.2%)
nicht allein-lebend	25 (8.0%)	21 (6.7%)	28 (9.0%)	106 (34.0%)

Die psychisch kranke Gruppe umfaßt Probanden mit Störungen verschiedenen Schweregrades. Wenn man nur die Gruppe mit dem höchsten Schweregrad berücksichtigen würde, dann würde sich die Risikogruppe entsprechend einschränken.
  Die so definierte Subgruppe der älteren Bevölkerung verlangt weitere Untersuchungen, um die Bedürfnisse und Prioritäten für sekundäre präventive Maßnahmen festzulegen.

6. Diskussion und Schlussfolgerungen

6.1. Die Bedeutung von sozialer Isolation und Sozialschicht für die soziale Gerontologie

6.1.1. Zum Begriff sozialer Isolation und seiner Anwendung in der empirischen Forschung

In der Literatur finden sich sehr unterschiedliche Konzepte von 'sozialer Isolation'. In der vorliegenden Untersuchung wurden drei davon erfaßt.

Betrachtet man die Korrelationskoeffizienten zwischen den drei Indizes sozialer Isolation, so sieht man, daß sie untereinander in der älteren Bevölkerung nicht hoch genug korrelieren. Die Annahme, daß die unterschiedlichen Konzepte 'sozialer Isolation', wie sie für diese Arbeit aus der Literatur ausgewählt wurden, zu einem allgemeinen Faktor zusammengefaßt werden könnten, muß also verworfen werden, d.h. daß sie weitgehend nicht dasselbe erfassen. Allenfalls können sie als Teilaspekte eines Gesamtkonzepts 'soziale Isolation' aufgefaßt werden. Auch erscheint es plausibel, 'Mangel an Sozialkontakten' und 'Mangel an Hilfe und Unterstützungsmöglichkeiten' als zwei getrennte Indizes unter dem Begriff 'objektive soziale Isolation' zusammenzufassen, während 'anomia' getrennt davon eher einen verhältnismäßig subjektiven Aspekt von 'sozialer Isolation' wiedergibt.

Auch zwischen den drei Indizes 'sozialer Isolation' und dem subjektiven Einsamkeitsgefühl ist die Korrelation relativ niedrig, was der Vorannahme entspricht, daß es sich dabei um ein von Isolation differenzierbares Phänomen handelt, obwohl beide fälschlicherweise oft als Synonyma benutzt werden. Daß Isolation als ein objektiver Zustand und Einsamkeit als ein subjektiver Zustand nicht koindizieren, nennen TOWNSEND & TUNSTALL (1968, S. 273) eines der wichtigsten Ergebnisse der bereits erwähnten übernationalen Studie (SHANAS et al., 1968), an der sie selbst beteiligt waren. Ihre Schlußfolgerung steht auch in Übereinstimmung mit den Ergebnissen anderer Untersuchungen, in denen berichtet wird, daß die Art der Wohngruppe, die Häufigkeit der Sozialkontakte und die Einsamkeit in der älteren Bevölkerung nur teilweise miteinander korrelieren.

Nach den drei Isolationsindizes auf Individualebene soll
schließlich noch auf einen der Isolationsindizes auf Kontextebene näher eingegangen werden. Ein Auswahlkriterium für die
Erhebungsbezirke war der Anteil an Einpersonenhaushalten.
Dahinter stand die Vorstellung, daß sich alleinlebende Alte in
den Innenstadtbezirken häufen, während sie in den Außenbezirken häufiger in Familiengruppen leben. Es besteht jedoch
in den Erhebungsbezirken nur ein schwacher, nicht signifikanter Trend in dieser Richtung. Die Sozialkontakthäufigkeit unterscheidet sich jedoch sehr stark zwischen den Bezirken und
steht mit einigen Anomie- und Isolationsindizes auf Kontextebene in einem hochsignifikanten Zusammenhang.

Zusammenfassend kann man sagen, daß die Isolationsindizes
zwar keinen gemeinsamen Faktor bilden, daß sie aber das Bild
einander stark beeinflussender Variablen bieten.

6.1.2. Soziale Isolation in der Altenbevölkerung:
Die Größenordnung des Problems

Wenn man die Frage entscheiden will, ob das weitverbreitete
Bild von dem isolierten älteren Menschen stimmt, ist man gezwungen, 'cut-off'-Punkte zwischen Isolierten und Nicht-Isolierten festzulegen. In der vorliegenden Untersuchung ist die
Häufigkeitsverteilung aller drei Indizes sozialer Isolation unimodal; keine legt einen natürlichen 'cut-off'-Punkt zwischen
Isolierten und Nicht-Isolierten nahe. Für die Auswertungsverfahren in dieser Arbeit war die Festlegung eines artifiziellen
'cut-off'-Punktes nicht unmittelbar erforderlich. Es wäre jedoch
in vielen Situationen z.B. um sog. Risikogruppen zu definieren, vor allem bei dem Versuch, präventive Methoden für die
Sozialarbeit und die Psychiatrie zu entwickeln, von großem
Wert, gut festgelegte Grenzlinien zwischen Isolierten und Nicht-
Isolierten bzw. zwischen schwer und nur leicht Isolierten ziehen zu können. Solche Grenzlinien könnten z.B. durch Expertenrating von Sozialarbeitern als Außenkriterium validiert werden. Des weiteren wäre es für diesen Zweck wohl sinnvoll,
einen kombinierten Index der beiden 'objektiven' Indizes sozialer Isolation, nämlich 'Mangel an Sozialkontakten' und 'Mangel
an Hilfs- und Unterstützungsmöglichkeiten' zu bilden, z.B. nur
diejenigen als isoliert zu bezeichnen, die bei beiden Indizes
einen hohen Isolationsscore haben.

TUNSTALL (1966, S. 67) hat einen willkürlichen 'cut-off'-
Punkt zwischen Isolierten und Nicht-Isolierten aufgrund ihrer
Sozialkontakthäufigkeit vorgeschlagen. Er fand nur wenige extrem Isolierte, was mit den Ergebnissen der vorliegenden Ar-

beit und der internationalen Vergleichsstudie von SHANAS et al. (1968) über die soziale Situation älterer Menschen übereinstimmt. Auch in der übrigen Literatur wird allgemein die Überzeugung geteilt, daß es sich bei den isolierten älteren Menschen nur um eine Minderheit handelt. So sieht PARSONS als Konsequenz der beruflichen Differenzierung und der Bildung der modernen Kernfamilie die Gefahr der Isolierung älterer Menschen, schränkt dies allerdings nur auf eine Minderheit innerhalb dieser Population ein.

Aus vielen empirischen Untersuchungen läßt sich auch nachweisen, daß trotz Haushaltstrennung eine starke Tendenz besteht, daß Kinder sich in der Nähe der elterlichen Wohnung ansiedeln und nahezu täglichen Kontakt mit ihnen haben, daß außerdem trotz getrennter Haushaltsführung erhebliche gegenseitige Hilfeleistungen in den Dreigenerationsfamilien erbracht werden und enge emotionale Bindungen bestehen (vgl. u.a. STEHOUWER, 1966; SUSSMAN & BURCHINAL, 1962; REISS, 1962). SCHELSKY hat bereits 1961 von einer zunehmenden Intimisierung der Familie bei einer gleichzeitigen funktionellen Ablösung gesprochen. Andere Autoren haben diese Phänomen mit Schlagworten wie 'Intimität auf Abstand' (ROSENMAYER, 1965), 'Innere Nähe durch äußere Distanz' (TARTLER, 1961), 'Liebe per Distanz' (BLUME, 1970) und 'modified extended family' (LITWAK, 1959) gekennzeichnet.

6.1.3. Die Zusammenhänge von sozialer Isolation und Sozialschicht mit biomedizinischen Variablen im Alter

Bis jetzt hat sich die Diskussion ausschließlich mit einer der beiden zentralen Variablen dieser Arbeit, nämlich mit sozialer Isolation befaßt, nun wendet sie sich auch der anderen zu, nämlich psychische Störungen im Alter. Die Häufigkeit psychischer Störungen, wie sie in dieser Untersuchung gefunden wurde, stimmt gut mit derjenigen überein, die aus anderen Felduntersuchungen berichtet wurde (BREMER, 1951; ESSEN-MÜLLER, 1956; GRUENBERG, 1961; NIELSEN, 1962; KAY et al., 1964a).

Die Tatsache, daß sich kein Unterschied in der psychiatrischen Prävalenz zwischen den Innenstadtbezirken und den Außenbezirken ergab, steht im Widerspruch zu Ergebnissen der früheren Untersuchung in Mannheim von REIMANN & HÄFNER (1972), die auf psychiatrischen Konsultationsraten beruhte. Diese Diskrepanz ist vermutlich auf die Tatsache zurückzuführen, daß die Verteilung psychischer Störungen bei Älteren, wie sie sich in der Felduntersuchung gezeigt hat, stark differiert von der Inanspruchnahme medizinischer und psychiatrischer Versorgungseinrichtungen in dieser Bevölkerungsgruppe. Einer der Verzerrungseffekte könnte sein, daß die meisten psychiatrischen Behandlungseinrichtungen - und vor allem die Praxen der niedergelassenen Nervenärzte - nahe der Stadtmitte lokalisiert sind, was von sich selbst aus zu einer höheren Kontaktrate aus diesem Teil der Stadt führen kann (parochiale Inanspruchnahme).

Im Unterschied zu dem von FARIS & DUNHAM beschriebenen klassischen Muster einer zentripetalen Großstadt, wie z.b. Chicago, wo sich in der nekrotischen Innenstadt mit niedrigem Sozialschichtniveau der Bevölkerung die psychiatrischen Fallraten häuften, findet sich in Mannheim aufgrund städtebaulicher Maßnahmen ein recht kompliziertes Bild. So wurde z.B. in den 30er Jahren der Außenbezirk Gartenstadt als Arbeitersiedlung errichtet. Hier findet sich eine aufgelockerte Bebauung mit kleinen Einfamilienhäusern. Gartenstadt hat den höchsten Anteil psychisch Kranker von allen Erhebungsbezirken. Dies ist vor allem auf die Häufung von organischen Psychosyndromen zurückzuführen und kommt u.a. wahrscheinlich dadurch zustande, daß hier gehäuft mehrere Generationen zusammenleben und daher auch schwerer abgebaute alte Menschen in der Gemeinde verbleiben können.

Ein vergleichbares Ergebnis wird von HARE & SHAW (1965) aus einem Londoner Stadtteil berichtet, wo in den 50er Jahren in einem 'rehousing'-Projekt Teile der Bevölkerung aus einem innerstädtischen Slumgebiet in eine neue Siedlung außerhalb der Stadt, umgeben von ländlichen Gebieten, verpflanzt wurde. Es ergaben sich später keine Unterschiede in der psychiatrischen Prävalenz zwischen dem alten Innenstadtgebiet und dem neuen Vorort.

Was Anomie als Kontextvariable betrifft, so konnte in der vorliegenden Studie lediglich ein schwacher inverser Zusammenhang zwischen psychischer Auffälligkeit und Ausländeranteil in den Bezirken - einem der hier angewendeten Indizes für Anomie - gefunden werden. Dieses unerwartete Ergebnis kommt dadurch zustande, daß der Außenbezirk Gartenstadt mit seiner hohen Fallrate den niedrigsten Ausländeranteil unter den Erhebungsbezirken hat. Demgegenüber fanden LEIGHTON et al. (1959, 1963) in der sogenannten 'Stirling County Study', einem ländlichen Gebiet Kanadas, und DALGARD (1980) in Oslo, daß in Gemeinden bzw. in Stadtteilen mit ausgeprägter sozialer Desorganisation die Bevölkerung einem erhöhten Risiko psychischer Störungen ausgesetzt ist. Diese Ergebnisse sind jedoch mit der vorliegenden Studie nicht direkt vergleichbar. Die Untersuchung von LEIGHTON et al. wurde auf unter-60jährige eingeschränkt. DALGARDs Untersuchung bezog sich auf alle Altersgruppen über 20 Jahre. Darüber hinaus sind Ergebnisse dieser Studie ohnehin wegen der hohen Verweigerungsrate von 38% etwas problematisch.

Auf der Individualebene fand sich, daß soziale Isolation bei den meisten verwendeten Indizes eine unterschiedliche Bedeutung für die zwei großen Kategorien psychogeriatrischer Störungen hat. Entgegen der Annahme ergab sich kein Zusammenhang von psychischer Erkrankung im Alter und Alleinleben im Haushalt. Zwischen Familienstand und psychischer Erkrankung besteht ein leichter aber nicht signifikanter Zusammenhang.

Die Ergebnisse bisheriger Felduntersuchungen sind widersprüchlich hinsichtlich des Zusammenhangs von Alleinleben bzw. Familienstand als Indizes für soziale Isolation einerseits und psychischer Erkrankung im Alter andererseits. Die Ergebnisse der vorliegenden Studie stimmen gut mit denjenigen von NIELSEN (1962) auf der dänischen Insel Samsø und KAY et al. (1964) in Newcastle (Großbritannien) überein. Dagegen fand LOWENTHAL (1964) in San Francisco (USA) eine bedeutend höhere Rate psychischer Störungen bei Verwitweten und Ledigen als bei Verheirateten.

Es besteht auch entgegen der Annahme kein allgemeiner Zusammenhang zwischen Mangel an Sozialkontakten und psychischer Erkrankung. In der Gruppe mit leichtem Mangel an Sozialkontakten findet sich jedoch eine erhöhte Rate funktioneller psychischer Erkrankungen, während die Rate bei den extrem Isolierten, also denjenigen mit ganz wenigen Sozialkontakten, nicht erhöht ist. Dieses Ergebnis stimmt völlig mit demjenigen überein, das LOWENTHAL (1964) gefunden hat. Für seine Interpretation bieten sich die folgenden Möglichkeiten an:

1. Der Mangel an zwischenmenschlichen Beziehungen in der extrem isolierten Gruppe kann als ein psychisches Abwehrsystem dienen, das die Entwicklung offener psychogener Störungen verhindert: eine Möglichkeit, die von LOWENTHAL zur Debatte gestellt wird.
2. Eine weitere Erklärung liegt darin, daß extrem isolierte ältere Menschen, die psychisch krank werden, sich nicht mehr in der Gemeinde halten können, sondern in Institutionen eingewiesen werden.
3. Schließlich wäre es auch möglich, daß funktionell psychisch Kranke dazu neigen, leicht, aber nicht extrem isoliert zu werden, da sie an weniger sozialen Aktivitäten teilnehmen und sich meistens auf Familienkontakte beschränken.

Mit der letzteren Möglichkeit in Übereinstimmung steht die Tatsache, daß Mangel an außerfamiliären Kontakten in der vorliegenden Untersuchung mit funktioneller psychischer Erkrankung verbunden ist, nicht aber mit organischen Psychosyndromen.

Es gibt keine Untersuchung, die sich ausdrücklich mit der Qualität des supportiven Netzwerkes auf die psychische Gesundheit alter Menschen befaßt. DALGARD (1980) hat allerdings für die Allgemeinbevölkerung in einigen Stadtteilen Oslos gezeigt, daß unbefriedigende supportive soziale Netzwerke in Wohngebieten mit schlechter Qualität das Risiko erhöhen, an psychischen Störungen zu erkranken. Eine Vielzahl von Untersuchungen hat auch gezeigt, daß ein Mangel an Unterstützung ('support') direkt psychische Erkrankungen im Erwachsenenalter verursacht oder das Individuum ohne wichtige 'Puffer' gegenüber stressvollen Erfahrungen beläßt (CASSEL, 1974a und 1974b, BROWN et al., 1975; HENDERSON, 1977; DEAN & LIN, 1977; HENDERSON, 1981).

In der vorliegenden Untersuchung zeigte sich bei Männern ein Zusammenhang zwischen Mangel an Hilfs- und Unterstützungsmöglichkeiten und psychischer Erkrankung, nicht aber bei Frauen. Eine mögliche Erklärung für dieses Ergebnis liegt darin, daß ein Mangel an Hilfe und Unterstützung ein verhältnismäßig wichtiger Risikofaktor der 65-74jährigen Altersgruppe ist, daß er jedoch bei den über 75jährigen, die überwiegend weiblich sind, eine geringere Rolle spielt. Des weiteren könnte vermutet werden, daß Männer ohne gute Unterstützungsmöglichkeiten eher in Gefahr stehen in Heime eingewiesen zu werden als Frauen und so in dieser Untersuchung seltener angetroffen werden konnten. Das Ergebnis legt nahe, daß soziale Isolation, insbesondere bei Männern in dieser Altersgruppe hauptsächlich ein Faktor bei der selektiven Einweisung und dem Rückzug in die Pflegestation und Altenheime ist.

Von dem eben besprochenen Ergebnis abgesehen, ergab sich kein direkter Zusammenhang zwischen organischem Psychosyndrom und 'objektiver' sozialer Isolation, also dem Mangel an Sozialkontakten und dem Mangel an Hilfe und Unterstützung. Dies kann unter Umständen folgendermaßen erklärt werden: Auch wenn die Erhebungsprobleme mit solchen Meßinstrumenten bei Personen mit Demenzbedingungen ganz offensichtlich sind, zeigen die Ergebnisse, daß solche Bedingungen relativ selten zusammen mit sozialer Isolation bei alten Menschen gefunden werden, die in Privathaushalten leben. Wahrscheinlich ist eine solche Kombination biologischer und sozialer Handikaps so behindernd, daß ein hoher Prozentsatz der betroffenen Personen in einer frühen Stufe des Krankheitsprozesses in Institutionen aufgenommen wird, so daß sie nicht mehr in der Gemeinde angetroffen werden.

Von allen Indizes sozialer Isolation ist 'anomia' in der vorliegenden Untersuchung am eindeutigsten mit funktioneller psychischer Erkrankung verbunden. (Von den Probanden mit organischen Psychosyndromen konnten die meisten diese Einstellungsskala nicht beantworten; auch ist die Validität solcher Typen von Meßverfahren fragwürdig, wenn sie bei Personen mit schweren kognitiven Beeinträchtigungen angewendet werden.) Obwohl es aufgrund der theoretischen Überlegungen plausibel ist, wie MERTON (1964) einen Zusammenhang zwischen 'anomia' und psychischer Erkrankung zu postulieren, erbrachten, wie bereits dargestellt, die wenigen empirischen Untersuchungen zu dieser Fragestellung widersprüchliche Ergebnisse (MYERS & ROBERTS, 1959; LOWENTHAL, 1964).

Bei alten Menschen mit wenig Sozialkontakten hat 'anomia' eine schwächere Wirkung auf psychische Erkrankung als bei solchen mit vielen Sozialkontakten. Eine mögliche, wenn auch etwas spekulative Interpretation könnte sein, daß Persönlichkeitsfaktoren für die Entstehung psychischer Erkrankungen verhältnismäßig weniger wichtig sind, wenn die Umweltbedingungen ohnehin schlecht sind.

In der vorliegenden Untersuchung fand sich ein Zusammenhang von Einsamkeit sowohl mit organischer psychischer Erkrankung als auch mit funktioneller psychischer Erkrankung. Die Wirkung von Mangel an Sozialkontakten und Mangel an Hilfe und Unterstützung läuft zum großen Teil über Einsamkeit. Eine mögliche Interpretation wäre, daß einige alte Menschen prädisponiert sind, bei 'objektiver' Isolation sehr leicht einsam zu werden und darüber hinaus wiederum bei einer hohen Vulnerabilität psychisch krank zu werden.

In der psychiatrischen Epidemiologie ist, wie bereits dargestellt, ein weiteres sich wiederholendes Ergebnis eine inverse Beziehung zwischen Sozialschicht und berichteten Raten psychischer Störungen. Die sieben Erhebungsbezirke wurden daher so ausgewählt, daß die Sozialschicht ihre Bevölkerung stark streut. Die Ergebnisse der Untersuchung zeigte auch, daß ein niedriges Schichtniveau des Wohnbezirks und ein individuelles niedriges Schichtniveau das Risiko alter Menschen erhöht, an einem organischen Psychosyndrom zu erkranken. Dieses erhöhte Risiko besteht aber nicht für funktionelle psychische Erkrankungen. Wie jedoch dieses nun auch in der vorliegenden Untersuchung replizierte Ergebnis über einen Zusammenhang zwischen Sozialschicht und psychischen Störungen interpretiert werden könnte, hat bereits eine anhaltende Debatte in der Sozialpsychiatrie hervorgerufen, nämlich die bereits dargestellt Kontro-

verse um das 'social causation model' gegenüber dem 'social selection model' der Ätiologie psychischer Erkrankungen.
Zwei Felduntersuchungen bei älteren Menschen, die den Zusammenhang zwischen Sozialschicht und psychischen Störungen überprüft haben, kommen zu widersprüchlichen Ergebnissen. KAY et al. (1964b) in Newcastle, England, fand keinen Zusammenhang zwischen psychischer Alterserkrankung und sozialer Schicht, im Unterschied zu LOWENTHAL und BERKMANN (1967) in San Francisco, USA, die positive Zusammenhänge zwischen psychischer Erkrankung und niedrigen sozio-ökonomischem Status fanden.

Wie LOWENTHAL (1968, S. 188) berichtet, ist der inverse Zusammenhang zwischen Sozialschicht und psychischer Erkrankung bei Männern stärker ausgeprägt als bei Frauen. Die Autorin vermutet, daß dieses Ergebnis darauf zurückzuführen ist, daß Männer entsprechend den Anforderungen unserer Kultur einen größeren Wert auf instrumentelle Rollen legen, d.h. daß Männer emotional stärkeres Gewicht auf ökonomischen Erfolg und berufliche Leistung legen als Frauen, so daß niedriger sozio-ökonomischer Status bei Männern mit mehr Stress verbunden ist als bei Frauen. Bei der vorliegenden Untersuchung dagegen ist der Zusammenhang zwischen Sozialschicht und psychischer Erkrankung eindeutig nur auf einen solchen Zusammenhang bei Frauen zurückzuführen. Während bei Männern der Anteil der psychisch Kranken in allen Schichtgruppen fast gleich hoch ist, nimmt er bei Frauen von der oberen Schichtgruppe zur unteren Schicht hin kontinuierlich zu. Diese widersprüchlichen Ergebnisse weisen darauf hin, wie vorsichtig man mit der kausalen Interpretation von Ergebnissen sein muß, die nicht in einer größeren Anzahl von Untersuchungen repliziert worden sind.

Ein anderes Ergebnis von LOWENTHAL wird jedoch auch in dieser Untersuchung tendenziell bestätigt, wenn auch das Ergebnis hier nicht signifikant ist. Der Zusammenhang von Sozialschicht und psychischer Erkrankung nimmt mit zunehmendem Alter ab. LOWENTHAL meint, daß dieser sinkende Zusammenhang zwischen psychischer Beeinträchtigung und Sozialschicht mit zunehmendem Alter möglicherweise die Dissoziation von dem vorherrschenden Wert, der auf Leistung gelegt wird, mit zunehmendem Alter reflektiert. Eine naheliegendere Interpretation ist, daß alte Menschen aus der Unterschicht eher in Heime eingewiesen werden und eine erhöhte Mortalitätsrate haben.

Als viel bedeutsamer erscheint das Ergebnis der vorliegenden Untersuchung, daß der Zusammenhang zwischen Sozialschicht und psychischer Erkrankung verschwindet, wenn allgemeine körperliche Unfähigkeit konstant gehalten wird. Es wäre verlockend, mit diesem Ergebnis die ganze Diskussion über soziale Verursachung gegenüber sozialer Selektion als gegenstandslos zu betrachten, da der Zusammenhang zwischen Sozialschicht und psychischen Störungen lediglich durch den schlechten körperlichen Gesundheitszustand der Unterschichtbevölkerung vorgetäuscht zu werden scheint. Dagegen sprechen aber gewichtige Gründe. Erstens wurde ein Zusammenhang von Sozialschicht und psychischer Erkrankung auch bei jüngeren Bevölkerungsgruppen berichtet, wo der Zusammenhang zwischen körperlicher Gesundheit und psychischen Störungen nicht so eng sein dürfte. Wir wissen allerdings nicht, ob die psychisch Auffälligen in dieser Gruppe auch diejenigen sind, die im Alter psychisch krank werden. Es ist eine plausible Hypothese, daß dem im Alter festgestellten Zusammenhang zwischen Sozialschicht und psychischer Erkrankung altersbezogene körperliche Behinderungen vorangehen. Dies ist allerdings im Rahmen dieser Querschnittsstudie nicht überprüfbar. Wir wissen nur soviel, daß sowohl psychische als auch körperliche Behinderung bei Unterschichtangehörigen eher auftreten; der pathogenetische Prozeß, der dahintersteht, ist aber völlig unklar.

Zweitens stellt sich die allgemeine Schwierigkeit, im Rahmen einer Feldstudie dieser Art die psychische und körperliche Gesundheit der Probanden unabhängig voneinander einzuschätzen. Der körperliche Gesundheitszustand ist in Felduntersuchungen wie der vorliegenden meist wenig gut objektivierbar, d.h. man muß sich zum großen Teil auf die Angaben der Probanden über ihren Gesundheitszustand verlassen. Diese können jedoch bei dieser Altersgruppe durch sehr stark hypochondrische oder depressive Selbstwahrnehmung verzerrt sein. Hinzu kommt, daß ein großer Teil der Fragen im psychiatrischen Interview aus Fragen nach körperlichen Beschwerden besteht. Weiter gibt es Ergebnisse, wonach Unterschichtangehörige dazu tendieren, psychisches Unbehagen in physiologischen Begriffen zu äußern, oder daß es bei Unterschichtangehörigen mehr körperliche Krankheiten gibt (s. u.a. BRESLOW, 1957; GURALNICK, 1977).

Allgemeine körperliche Unfähigkeit wurde auch wegen der Schwierigkeit, sie unabhängig von psychischer Erkrankung zu messen, nicht in die multivariate Analyse aufgenommen. Man kann also weiterhin davon ausgehen, daß der auch in der multivariaten Analyse bestätigte Effekt von Sozialschicht auf Kontext- und Individualebene auf organisches Psychosyndrom eine plausible Arbeitshypothese ist, die durch Längsschnittstudien weiter empirisch geprüft werden müßte.

Faßt man die beiden vorangegangenen Abschnitte der Diskussion zusammen, so kann man zu dem Problem der sozialen Isolation der Altenbevölkerung einer Großstadt sagen, daß, sofern man die Heimbewohner außer Acht läßt, nur eine kleine Minderheit extrem sozial isoliert ist. Es gibt zwar eine gewisse Tendenz zur Mehrfachbenachteiligung, da schlechter körperlicher Gesundheitszustand sowohl mit sozialer Isolation als auch mit niedrigem Sozialschichtniveau verbunden ist. Allerdings hängen niedrige Sozialschicht und soziale Isolation nicht eng zusammen. So ist eine homogene sozial benachteiligte Gruppe nicht so leicht bestimmbar. Man kann vermuten, daß soziale Isolation mehr mit Lebensereignissen wie Verwitwung und mit Persönlichkeitsfaktoren zu tun hat, wie sie in allen Sozialschichtgruppen vorkommen.

6.2. Probleme der kausalen Interpretation und Modellbildung

6.2.1. Probleme der kausalen Interpretation der Forschungsergebnisse

Einige Soziologen, die sich mit dem Problem psychischer Erkrankungen beschäftigen, vermeiden es ganz, die Frage der Verursachung zu stellen. Dies könnte nach ROBINS (1969, S. 156) darauf zurückzuführen sein, daß sie befürchten, durch das Studium der Verursachung psychischer Störungen die Annahme des 'psychiatrischen Establishments' zu akzeptieren, daß psychiatrische Erkrankungen eine Realität unabhängig von dem Interesse des Psychiaters haben, sie zu behandeln. Damit kommt man auf die bereits oben dargestellte, vor allem in den 60iger Jahren weitverbreitete Kritik an der Soziologie abweichenden Verhaltens und u.a. auch an der Schulpsychiatrie zurück, die unter dem Begriff 'labelling'-Ansatz zusammengefaßt wurde. "Es bestand ein allgemeiner Nachdruck auf Bedeutung und ein großes Unbehagen gegenüber der Konzeption des Menschen, wie er in der ätiologischen Forschung implizit gesehen wurde" (BROWN, 1980, S. 17). Eine Reaktion in der Soziologie war ein Mangel an Vertrauen in das sogenannte 'medizinische Modell' und die diagnostischen psychiatrischen Kategorien. Gleichzeitig wurde ein starkes Gewicht auf beschreibende Studien gelegt.

Damit war man allerdings nur in der Lage, allgemeine Fälle der schädlichen Einflüsse von 'labelling'-Prozessen auf 'psychisch Kranke' zu demonstrieren. Auch wenn man den Skeptizismus über die Validität medizinischer Modelle teilt, muß man doch sehen, daß die Weigerung, Kategorien von psychischen

Störungen bzw. Behinderungen anzuerkennen, erklärende Forschung und damit handlungsrelevante Ergebnisse unmöglich macht. Man muß daher ROBINS (1969, S. 156) darin recht geben, daß es in Kauf genommen werden muß, Leiden mit dem 'label' Krankheit zu versehen, wenn dadurch die Möglichkeit besteht, Methoden zu entwickeln, um einzelne Menschen und ihre Familien vor Leiden zu bewahren.

Sofern sie überhaupt das Konzept 'psychischer Erkrankung' akzeptiert haben, haben Soziologen seit der DURKHEIMschen Studie über Selbstmord dazu tendiert, anzunehmen, daß soziale Korrelate von Krankheiten Erkrankungsraten erklären. Es wird sehr häufig angenommen, daß soziale Faktoren immer die unabhängigen Variablen und Erkrankungen immer die abhängigen Variablen sind: "...offensichtlich macht es mehr Spaß, Land in der Provinz der Ursachen zu besitzen als in der Provinz der Konsequenzen. Sozialwissenschaftler zeigen weiterhin wenig Interesse daran, zu diskutieren, in welchem Ausmaß psychische Erkrankungen oder andere Gesundheitsprobleme soziale Phänomene erklären können ..." (ROBINS, 1969, S. 154).

Für den Zusammenhang zwischen sozialen Variablen und psychischer Erkrankung gibt es im allgemeinen mehr als eine Interpretationsmöglichkeit. Wenn man z.B. von der Beobachtung ausgeht, daß in der vorliegenden Stichprobe ein Mangel an außerfamiliären Kontakten bei funktionell psychisch Kranken häufiger ist, ist die naheliegendste Interpretation, "daß hier ein sozialer Stressfaktor identifiziert wurde, der wahrscheinlich eine pathogenetische Wirkung hat. Aber diese Tatsache kann genausogut als das Ergebnis von Selektion interpretiert werden ... Selektion ist in der Psychiatrie wahrscheinlicher als in anderen Gebieten der Medizin, da prämorbide Persönlichkeitszüge oder erste Symptome einer sich heimtückisch entwickelnden Krankheit in der Regel den sozialen Status des Patienten beeinflussen" (ØDEGARD, 1975, S. 155). Und weiter: "Das Selektionsmodell impliziert nicht notwendigerweise ein genetisches Handicap. Es ist möglich, daß gewisse Individuen von Beginn an benachteiligt, d.h. 'non-starter' aufgrund rein sozialer Gründe sind, weil ihre Kindheitsumgebung nicht in der Lage war, ihnen die Gelegenheit für das notwendige soziale Lernen zu geben" (ØDEGARD, 1975, S. 69).

Statistische Beziehungen liefern an sich noch keine Information über Ursachen. Man muß erst sicher sein, daß die sogenannten unabhängigen Variablen wirklich unabhängig sind: d.h. z.B. daß eine Änderung im sozialen Netzwerk zu einer Änderung im psychischen Gesundheitszustand führt und nicht umgekehrt. Die Richtung der Beziehung kann 'a priori' offensichtlich sein, wie z.B. bei den Ergebnissen der vorliegenden Studie die Beziehung zwischen hohem Lebensalter und niedriger Schulbildung der alten Menschen einerseits und organischen Psychosyndromen andererseits oder z.B. zwischen Geschlecht und funktionellen psychischen Erkrankungen. In anderen Fällen ist dies keineswegs so eindeutig. Nehmen wir z.B. die Beziehung zwischen außerfamiliärer Kontakthäufigkeit, 'anomia' und Einsamkeit einerseits und funktioneller psychischer Erkrankung andererseits, oder zwischen Einsamkeit und organischer psychischer Erkrankung. Zwischen diesen Variablen ist die Frage der Richtung des kausalen Effektes nur schwer zu klären.

Auf welche Weise kann man nun kausale Hypothesen sinnvoll auswählen? Sinnvoll auswählen heißt noch nicht, eine Ursache bestätigen. Hierzu ist eine experimentelle Manipulation der angenommenen Ursache erforderlich (s. ROBINS, 1969, S. 157). Es könnten einige wichtige Kriterien verwendet werden, um die Annahme als verhältnismäßig gesichert anzusehen, daß die statistische Beziehung von kausaler Signifikanz ist (s. U.S. Dept. of Health, 1964; SUSSER, 1973; OPP & SCHMIDT, 1976, S. 42f).

Das wichtigste einzelne Kriterium ist die Zeitsequenz zwischen den Ereignissen. Man wird nur sagen, daß 'anomia' eine Ursache von funktioneller psychischer Erkrankung ist, wenn sie zeitlich vor dieser auftritt. Für die ätiologische Forschung ist es also erforderlich, den Zeitpunkt zu dem die Krankheit ausgebrochen ist, mit einiger Präzision festzulegen, was retrospektiv, wie sich in der vorliegenden Querschnittsstudie gezeigt hat, kaum möglich ist. "Wenn das Datum des Krankheitsausbruches unklar ist und wenn es ebenso gut möglich ist, daß die betroffene Person in einem gewissen Sinn abnormal seit ihrer Geburt war, gibt es sehr wenige soziale Variablen, die klar der Krankheit vorausgehen." (ROBINS, 1969, S. 161). Aber auch über den Zeitpunkt der Entwicklung von 'anomia' bei alten Menschen lassen sich retrospektiv keine Aussagen machen. Das gilt auch für verhältnismäßig objektive soziale Variablen, wie außerfamiliäre Kontakthäufigkeit, da das Erinnerungsbild, z.B. durch eine depressive Erkrankung negativ gefärbt sein kann.

Ein weiteres Kriterium ist, daß eine Aussage sich empirisch bewährt hat, also die Konsistenz der Ergebnisse oder ihre Replikation in unterschiedlichen Untersuchungen. Wie der Stand der Forschung zu der vorliegenden Arbeit und die Ergebnisse der eigenen Untersuchung gezeigt haben, kann dies wohl für kaum einen erfaßten Zusammenhang zwischen sozialen und psychologischen Variablen einerseits und psychischer Erkrankung im Alter behauptet werden. Eine konsistente Beziehung impli-

ziert andererseits selbstverständlich nicht notwendigerweise
einen kausalen Effekt, was z.B. die bei Untersuchungen von
Inanspruchnahmepopulation wiederholt gefundene, allerdings
in der vorliegenden Feldstudie nicht bestätigte Konzentration
von seniler Demenz in den Innenbezirken der Großstädte beweist.

Die Stärke der Korrelation kann, obschon sie kein logischer
Beweis ist, unter Umständen als Bestätigung für einen kausalen Zusammenhang benützt werden, vor allem, wenn es sich
um eine steile Regressionsgerade handelt. In der vorliegenden
Untersuchung ist z.B. der Regressionskoeffizient von Lebensalter auf organische psychische Erkrankung doppelt so hoch
wie der von niedriger Schulbildung.

Man kann auch Ursachenbehauptungen nur dann für akzeptabel halten, wenn es sich um 'deterministische Aussagen' handelt (so z.B. STEGMÜLLER, 1960, 1969); damit ist gemeint,
daß bei bestimmten Werten von Variablen immer das Auftreten
bestimmter Werte einer anderen Variablen behauptet wird. In
der vorliegenden Untersuchung gibt es keine soziale Variable,
die in einem solchen Zusammenhang mit psychischer Erkrankung
stehen würde. In den Sozialwissenschaften sind auch normalerweise nicht-deterministische Aussagen intendiert und bisher
auch nur bestätigt worden (s. OPP & SCHMIDT, 1976, S. 34).
Der Vorschlag von STEGMÜLLER muß daher als zu restriktiv
zurückgewiesen werden.

STEGMÜLLER will außerdem Ursachenbehauptungen nur dann
akzeptieren, wenn es sich dabei um quantitative Variablen handelt. "Gemäß dem Sprachgebrauch der Sozialwissenschaften"
würden OPP & SCHMIDT eine Ursachenbehauptung auch schon
dann für akzeptabel halten, wenn ihr Vokabular nur aus qualitativen oder ordinalen Variablen besteht. Andernfalls wären Ursachenbehauptungen für fast alle in dieser Arbeit verwendeten
sozialen Variablen nicht möglich.

Als weiteres Kriterium kann Spezifität genannt werden. In
den Sozialwissenschaften hat sich Spezifität, sofern sie eine
einzige, notwendige und hinreichende Ursache impliziert, oft
als eine Chimäre erwiesen. Man muß vielmehr nach denjenigen
Variablen suchen, die relativ spezifisch sind, d.h. daß sich
z.B. die meisten psychisch gestörten alten Menschen durch ein
niedriges außerfamiliäres Kontaktniveau auszeichnen, die meisten gesunden aber nicht.

Schließlich wäre noch die Plausibilität und Kohärenz zu nennen, die die beobachteten Assoziationen mit demjenigen verbindet, was über die Entstehung der Krankheit und möglicherweise über ein dahinter stehendes pathogenetisches Modell bekannt
ist.

Alle aufgeführten Kriterien helfen natürlich lediglich, kausale Hypothesen sinnvoll auszuwählen. Obwohl für die meisten der hier überprüften Hypothesen nicht alle der oben akzeptierten Kriterien zutreffen, kann man doch sagen, daß diese Untersuchung einen kleinen Schritt weiter führt auf der Suche nach den sinnvollsten Hypothesen.

Die vorliegende Untersuchung hat gezeigt, wie schwierig der Übergang von der deskriptiven zur erklärenden Forschung ist. BROWN (1980, S. 25) hat darauf hingewiesen, wie hilfreich es in einer solchen Situation ist, kausale Modelle zu bilden. Wichtig für die vorliegende Arbeit - in der manche Zusammenhänge nur schwer zu interpretieren waren - ist auch der Hinweis von BROWN, daß kausale Modelle nicht unbedingt theoretischen Gehalt haben müssen, daß sie vielmehr vollständig empirisch sein könnten und man sie wie MERTON (1957) auch 'empirical generalizations' nennen könnte. Damit stellt er nicht in Frage, daß alle Beobachtungen und Messungen im POPPERschen Sinne theoriegeladen sind, sondern er weist lediglich darauf hin, daß es möglich ist, zu sagen, daß X dazu tendiert zu Y zu führen in Gegenwart von T und keine Erklärung dafür zu haben, warum dies so ist.

Für die praktische Bedeutsamkeit einer Untersuchung wie der vorliegenden Querschnittserhebung muß man sich darüber hinaus auch vor Augen halten, daß es möglich sein kann, ohne vollständiges kausales Verständnis die Beziehung zwischen zwei Variablen allein als Basis für effektive präventive Maßnahmen zu benutzen, welche wiederum das Wissen vorantreiben, wenn die Aktivität sich als wirkungsvoll in der Vermeidung psychischer Krankheiten erweist (s. GRUENBERG, 1969, S. 167). Diese Arbeit hat deutlich gemacht, wie schwierig die sorgfältige Untersuchung von Ursachen für psychische Störungen sind. "Jedoch ist die mögliche Belohnung, die in der eventuellen Prävention psychischer Erkrankung liegt, wenn wir Ursachen finden, die wir kontrollieren können, so groß, daß wir die Arbeit nicht scheuen sollten" (ROBINS; 1969, S. 164).

6.2.2. Mögliche soziogenetische Modelle

Bei funktionellen psychischen Erkrankungen wäre im Einklang mit den Ergebnissen der Pfadanalyse als mögliches kausales Modell plausibel, daß Mangel an Sozialkontakten auf das Ausmaß von Mangel an Hilfe und Unterstützung wirkt, dieses zusammen mit 'Vulnerabilitätsfaktoren' zu 'anomia' und Einsamkeit und 'anomia' und Einsamkeit wiederum zusammen mit auslösenden Faktoren zu funktionellen psychischen Erkrankungen führen.

Obwohl es im Rahmen einer Querschnittsstudie nur mit Einschränkungen möglich ist, ein solches Modell zu überprüfen, sind die Ergebnisse zumindest konsistent mit einer solchen Interpretation.

Ein ähnliches Modell für die Entstehung von Depressionen bei Frauen findet sich bei BROWN und HARRIS (1978). Wenn man ihr Modell stark vereinfacht, dann haben Lebensereignisse wie z.B. Verlust oder drohender Verlust und langanhaltende Schwierigkeiten als auslösende Faktoren einen Einfluß darauf, wann Depression auftritt, Vulnerabilitätsfaktoren - wie etwa eine unglückliche Ehe oder frühe Verlusterlebnisse - bestimmen, ob diese auslösenden Faktoren einen Effekt haben.

Die Ergebnisse von HENDERSON et al. (1980), die eine Feldstudie über neurotische Erkrankungen in Canberra, Australien, durchgeführt haben, stimmen mit denen von BROWN und HARRIS (1978) überein. Widrige Lebensereignisse in den letzten 12 Monaten verstärken den Einfluß, den Mangel an Verfügbarkeit und Unangemessenheit gefühlsmäßiger Bindungen auf die Häufigkeit von Neurosen und Depressionen bei Frauen haben. Während die Ergebnisse von BROWN und HARRIS sich allerdings auf die Entstehung von depressiven Episoden beziehen, haben HENDERSON et al., wie dies auch in der vorliegenden Untersuchung der Fall ist, nur Punktprävalenz erfaßt. Die Richtung des kausalen Effekts bleibt daher unklar und könnte allenfalls durch Langzeitstudien, die im Präsenium beginnen, überprüft werden.

Auch TARNOPOLSKY et al. (1978), die entgegen ihrer Erwartung keinen direkten Zusammenhang zwischen Lärmbelästigung und der Häufigkeit psychischer Krankheiten in einer Großstadtpopulation fanden, nahmen an, daß Empfindlichkeit gegenüber Lärm auf einen Persönlichkeitsfaktor zurückzuführen ist, nämlich einen prädisponierenden oder hohen Risikofaktor für psychische Erkrankungen. Solche Probanden, die übersensitiv auf Lärm reagieren, zeigen einen höheren Prozentsatz positiver psychiatrischer Scores in der Untersuchung der Autoren als diejenigen mit mittlerer oder niedriger Empfindlichkeit. Lärm spielt in diesem Zusammenhang keine verursachende Rolle, außer einer auslösenden, d.h., daß er die Personen auf ihre Hypersensitivität aufmerksam macht.

Für organische Psychosyndrome kann man die Ergebnisse wahrscheinlich durch zwei miteinander verknüpfte Prozesse erklären. Auch hier ist in etwa eine analoge kausale Kette vorstellbar wie bei funktioneller psychischer Erkrankung. Die Ergebnisse sind wahrscheinlich durch zwei miteinander verknüpfte Prozesse zu erklären.

1. 'Organische' psychische Störungen manifestieren sich im Alter vor allem, wenn eine degenerative Hirnpathologie vorhanden ist. Alte Menschen, die in der Gemeinde gut integriert in ihren Familien leben, können auch bei Abbauprozessen länger psychisch stabil bleiben. Weil sie nicht selbständig zu sein brauchen und dadurch auch wenig Probleme lösen müssen, können sie auch Anforderungen, die von außerhalb der Familie kommen, leichter verkraften. Liegen solche Abbauprozesse bei alten Menschen vor, die allein leben bzw. wenig Sozialkontakte haben und die daher auch relativ wenig Hilfe und Unterstützung bei der Bewältigung ihrer alltäglichen Lebensprobleme erhalten, wird das Risiko einer psychischen Dekompensation viel größer. Sie sind vermehrtem Stress ausgesetzt, empfinden Einsamkeitsgefühle und reagieren mit psychischen Störungen verschiedener Art, d.h. sie werden entweder affektiv gestört, verhaltensgestört oder verwirrt.

Wenn die Hirnpathologie fortschreitet, dann wird jeder Mensch früher oder später unselbständig. Soziale Isolation und die damit verbundenen Einsamkeitsgefühle können diesen Zeitpunkt nach vorne verschieben, d.h. sie bewirkt als ein auslösender oder beitragender Faktor, daß der Zeitpunkt der Krankheitsmanifestation und die damit verbundene Krisensituation früher eintritt.

2. Dieser Prozeß wird jedoch durch einen anderen Vorgang überlagert, wodurch sich bei einer Untersuchung in der Gemeinde relativ wenige alte Menschen mit organischem Psychosyndrom finden lassen, die sozial isoliert sind. Es findet nämlich ein Selektionsprozeß statt, durch den diejenigen, die isoliert sind, eher in Heime eingewiesen werden. Dies führt zu einer Unterschätzung des Zusammenhangs von organischem Psychosyndrom mit sozialer Isolation. Die vorliegenden Ergebnisse und ihre Interpretation stehen also in Übereinstimmung mit denjenigen von KAY et al. (1964) in Newcastle (Großbritannien). Zur weiteren Erforschung dieses Problems sind deshalb Kohortenstudien erforderlich, in denen die in Heimen und anderen Institutionen eingewiesenen alten Menschen auch einbezogen werden müssen.

6.3. Methodische Probleme

Als schwierigstes methodisches Problem hat sich in dieser Untersuchung die relativ hohe Verweigerungsrate erwiesen. Gerade in dieser Untersuchung ist der Schluß von der Stichprobe auf die Grundgesamtheit bei einer hohen Verweigerungsquote besonders problematisch, da die Möglichkeit besteht, daß bei den Verweigerern die sozial Isolierten, die Unterschichtangehörigen und die psychisch Kranken überproportional vertreten sind. Sie können phobische oder paranoide Menschen als Ausdruck ihrer Krankheit den Kontakt mit einem Interviewer, der sie über ihre sozialen und Gesundheitsprobleme befragen will, ebenso konsequent vermeiden, wie hypochondrische oder hysterische Patienten eine solche Kontaktmöglichkeit suchen (s. KESSEL & SPHEPHERD, 1965).

Die Prävalenzschätzungen aber auch die festgestellten Zusammenhänge von sozialen Variablen mit psychischer Erkrankung sind insofern mit Vorsicht zu interpretieren. Dies gilt, obwohl sich unter den Verweigerern und Nicht-Kontaktierten keine bereits im Mannheimer psychiatrischen Fallregister erfaßten alten Menschen fanden. Gerade bei dieser Altersgruppe ist ja, wie sich auch hier wieder bestätigt hat, die Diskrepanz zwischen Inanspruchnahmeprävalenz und wahrer Prävalenz besonders hoch. Allerdings erwies sich die befragte Stichprobe als repräsentativ für die Mannheimer Altenbevölkerung.

Bei der Erhebung stellte sich als problematisch heraus, daß einige abgebaute Probanden ohne eine Bezugsperson als Informanten interviewt werden mußten, wodurch über sie nur unzuverlässige Daten gewonnen werden konnten. Die stärker abgebauten Probanden waren darüber hinaus nicht in der Lage, die komplexeren Teile des Sozialfragebogens wie z.B. die 'anomia'-Skala zu beantworten.

Der ursprüngliche Plan war, alle Probanden, so weit sie nicht zu abgebaut waren, alleine zu interviewen. Während der Feldarbeit zeigte sich dann allerdings, daß häufig die Anwesenheit eines Angehörigen akzeptiert werden mußte, um keine Verweigerung zu riskieren. Dies ist insbesondere bei Fragen, die die Beziehungen zu Angehörigen betrafen, eine mögliche Biasquelle, die sich jedoch nicht vermeiden ließ.

Das Forschungsdesign erfordert ein möglichst kurzes Zeitintervall zwischen Sozialinterview und psychiatrischem Interview. Dies konnte in der Regel eingehalten werden, da der Sozialinterviewer sofort einen Termin für den psychiatrischen Interviewer vereinbarte. In einigen Fällen aber ergab sich ein größerer Zeitabstand, z.B. wenn die Probanden zunächst das psychiatrische Interview verweigerten oder längere Zeit trotz Terminvereinbarung von dem psychiatrischen Erheber nicht angetroffen werden konnten. Bei diesen Probanden stimmen soziale Situation und psychischer Zustand zeitlich nicht überein. Dies ist allerdings insofern nicht so bedeutsam, als eine Überprüfung des psychiatrischen Anamnesen ergab, daß es sich bei den meisten

Fällen um chronische Krankheiten handelte, d.h. daß nur in
den seltensten Fällen eine Änderung des psychischen Zustandes zwischen zwei Terminen eingetreten sein dürfte.
Die Reliabilität der Meßinstrumente ist bei halbstrukturierten
Interviewverfahren, wie sie hier angewendet wurden, besonders
zu beachten. Die Interraterreliabilität hat sich jedoch bei beiden
Interviewverfahren als hoch erwiesen. Da das Sozialinterview
erst im Rahmen dieser Studie entwickelt wurde, war es erforderlich, getrennt von der Hauptfelderhebung eine Reliabilitätsuntersuchung durchzuführen. Da die üblichen Methoden zur
Reliabilitätsbestimmung in dieser Untersuchung nicht angewendet werden konnten, wurde der Begriff hier im Sinne der
Beurteilerübereinstimmung verwendet. Das Niveau der Beurteilerübereinstimmung, das in dieser Untersuchung gefunden
wurde, ist sehr befriedigend und bestätigt, daß das Interview zur Messung sozialer Isolation ein reliables Meßinstrument ist, wenn es von trainierten Sozialinterviewern angewendet wird.

6.4. Implikationen für weitere Forschung

Bei der Planung dieser Untersuchung wurde deutlich, daß es
zu wenige Meßinstrumente gibt, die die unmittelbare soziale Umgebung des Individuums erfassen. Aber gerade auf diesem mikrosozialen Niveau könnte die sozialepidemiologische Forschung
ätiologische Hinweise gewinnen, die von unmittelbarer therapeutischer Relevanz sind. Standarddemographische Variablen, wie
sie in der epidemiologischen Forschung bisher weitgehend verwendet worden sind, haben selbst keine oder wenig theoretische
Signifikanz. Dagegen hat die Primärgruppe des Individuums,
also diejenigen mit denen sowohl Interaktion als auch verpflichtende Bindungen bestehen, wahrscheinlich die meiste affektive
Bedeutung (s. DUNCAN-JONES, 1978, S. 1).
Die vorliegende Arbeit liefert Forschungsansätze und Instrumente für eine genauere Untersuchung der Ursache - Wirkungskette psychischer Störungen im Alter. Das Interview zur Messung sozialer Isolation wurde hier zwar zu diesem speziellen
Ziel angewendet, hat aber seine Bedeutung ganz getrennt von
der abhängigen Variablen, z.B. wäre eine Untersuchung von
sozialer Isolation und körperlicher Behinderung bei alten Menschen von Interesse.
Auf der sozialpsychologischen Ebene sind Probleme von Menschen, die objektiv isoliert sind, nur schwer meßbar. Die in
der Literatur vorfindbaren Operationalisierungen von 'anomia'
und Einsamkeit sind unbefriedigend. Hier ergibt sich ein wei-

tes Betätigungsfeld bei der Suche nach einer angemessenen Operationalisierung.

Die theoretischen Modelle über die Beziehung von sozialen Prozessen und psychischen Störungen im Alter sind noch in einem so vagen Zustand, daß Querschnittsuntersuchungen, wie die vorliegende, nützliche Ergebnisse liefern können. Obwohl auch nach dieser Untersuchung diese Beziehung ein Feld mit vielen Spekulationen und Verallgemeinerungen bleibt, legen die Ergebnisse doch einige soziale Variablen nahe, bei denen es sich um Ursachen psychischer Erkrankung im Alter handeln könnte bzw. umgekehrt einige soziale Konsequenzen psychischer Erkrankung im Alter.

Ein weiterer möglicher Ansatzpunkt wäre es, im Rahmen von Querschnittsstudien retrospektiv zu erheben, wie das in der vorliegenden Untersuchung nur mit sehr groben Rastern geschehen ist. LOWENTHAL et al. (1967) in San Francisco und BENNETT (1980) in New York haben dies bereits ausführlicher getan, wenn auch die BENNETTschen Ergebnisse nur teilweise vorliegen. Bereits LOWENTHAL (1965, S. 246) hatte als weiteren Forschungsschritt die Anordnung von Daten auf Lebensgeschichtsskalen gefordert, die die wichtigsten körperlichen, sozialen und psychischen Ereignisse jedes Individuums in chronologischer Ordnung enthalten, als Antecedenten von sozialer Isolation z.B. psychologische und interpersönliche Probleme in früheren Lebensphasen, Ehegeschichte und Familienstand, Berufsgeschichte, psychiatrische Erkrankungen bei Familienmitgliedern, frühe Trennung von Eltern, körperliche Erkrankungen usw. als Stimuli für sozialen Rückzug.

Auch bei diesem Forschungsansatz hat man jedoch Schwierigkeiten, gefundene Zusammenhänge kausal zu interpretieren, da man keine reliablen Indikatoren für frühere soziale Isolation und psychische Erkrankung in Querschnittsuntersuchungen erfassen kann, insbesondere da die Erinnerung an vergangene Ereignisse durch den gegenwärtigen Gemütszustand des Probanden beeinflußt wird, z.B. können Depressive die Vergangenheit in einem unglücklichen Licht verzerrt sehen.

Vielversprechender erscheint es, die in dieser Untersuchung überprüften Modelle in einer prospektiven Studie weiterzuverfolgen. Es liegen jetzt einige soziale Variablen nahe, die Ursachen von psychischer Erkrankung im Alter sein könnten bzw. Konsequenzen psychischer Erkrankung im Alter. Solche Studien dürften eher in der Lage sein, die Frage nach der Richtung des kausalen Effektes zu klären, insbesondere, wenn dabei pfadanalytische Verfahren wie in der vorliegenden Studie verwendet werden. Solche statistischen Verfahren sind bisher vor allem in der Ökonometrie und in der pädagogischen Forschung verwendet worden. Sie werden in der Soziologie allmählich weiter verbreitet. In der soziologischen Epidemiologie psychischer Erkrankungen sind sie bisher nur von der Arbeitsgruppe um HENDERSON in Canberra bei der Zielgruppe von erwachsenen Neurotikern und in der vorliegenden Arbeit angewendet worden.

Es müßten Kohortenstudien mit Probanden vom 50.-60. Lebensjahr beginnend durchgeführt werden. Ideal wäre es sicher, mit einer noch jüngeren Altersgruppe zu beginnen, weil man dann z.B. den Zustand vor der Berufsaufgabe mit erfassen könnte. Dies dürfte aber an Problemen der Durchführbarkeit scheitern. Wegen der hohen 'drop-out'-Rate gerade in dieser Altersgruppe dürfte es kaum möglich sein, Probanden länger als zehn Jahre zu verfolgen.

Ein Schritt, der noch näher an die kausalen Effekte heranführt, sind schließlich experimentelle Forschungspläne, etwa Interventionsstudien mit sozialarbeiterischer Gemeinwesen- oder Fallarbeit, die darauf gerichtet sind, das Niveau von Hilfe und Unterstützung durch das soziale Netz zu verbessern. Hierbei ergeben sich natürlich schwer zu lösende Probleme der Kontrolle von Störvariablen, wie bei jeder Feldstudie.

6.5. Praktische Implikationen und Schlußfolgerungen

Soziale Isolation und psychische Störungen im Alter haben erst in diesem Jahrhundert eine gesellschaftlich-politische Bedeutung gewonnen und sind daher als 'soziale Probleme' angesehen worden. Nach R.K. MERTON (1971) versteht man darunter "eine substantielle Diskrepanz zwischen weithin akzeptierten Standards and aktuellen Bedingungen sozialen Lebens".

Die vorliegende Untersuchung liefert zunächst als Grundvoraussetzung einer Sozialpolitik für psychisch gestörte alte Menschen eine Einschätzung der Anzahl sozialer Problemfälle unter alten Menschen in einer industriellen Großstadt.

Mit der vorliegenden Untersuchung ist auch ein weiterer Schritt in Richtung auf eine prognosefähige 'Theorie mittlerer Reichweite' (s. R.K. MERTON 1968, S. 39-72) über die Entstehung von psychischen Störungen bei alten Menschen getan worden. Wenn solche Theoriemodelle um die Wirkung darauf bezogener Formen der Rehabilitation ergänzt werden, können sie als "Grundlage einer wissenschaftlich fundierten Praxis der sozialpolitisch koordinierten Erstellung und Vermittlung von Leistungen, Diensten und Einrichtungen für Behinderte und psychisch Gestörte dienen" (HEGNER & SCHMIDT, 1977, S. 527).

Im Licht der hier vorliegenden Ergebnisse können sowohl einige 'allgemeine' sozialpolitische Maßnahmen, die sich an die Altenbevölkerung insgesamt richten, oder die zumindest der Altenbevölkerung besonders zugute kommen, als auch einige 'spezifische' Maßnahmen, die sich an psychisch kranke, körperlich behinderte oder extrem isolierte alte Menschen richten, vorgeschlagen werden.

Als 'allgemeine' Maßnahmen einer Sozialpolitik für ältere Menschen könnten dienen
- eine Stadtplanung, die die Bildung von Altenghettos in den Innenstädten durch die Abwanderung junger Familien in die Trabantenstädt vermeidet und die es ermöglicht, bereits in der Gemeinde bestehende soziale Beziehungen bzw. 'Intimität auf Abstand' mit Angehörigen aufrecht zu erhalten, oder die es sogar erleichtert, neue soziale Beziehungen zu knüpfen
- Schaffung von altersgerecht ausgestatteten, d.h. die Selbständigkeit unterstützenden Wohnungen
- Erhaltung und Ausbau der Infrastruktur in den Wohngebieten, insbesondere ein gut ausgebautes öffentliches Verkehrsnetz und eine gute Ausstattung mit Läden des täglichen Bedarfs, die es alten Menschen ermöglichen, ihre sozialen Kontakte selbständig aufrecht zu erhalten, Veranstaltungen aufzusuchen und sich selbst zu versorgen
- Einrichtung von leicht zugänglichen sozialen Begegnungsstätten und Veranstaltungen, die unterschiedliche Interessengruppen und Altersstufen ansprechen
- Aufstockung von Altersrenten, damit die alten Menschen die Möglichkeit haben, "bei Versorgungsdefiziten auf bestehende kommerzielle Angebote zurückzugreifen. Sie nehmen weiterhin auf normalem Wege am alltäglichen Leben in der Gesellschaft teil und können ihre Macht als autonomer Konsument nutzen" (GRONEMEYER & BUFF, 1981, S. 5).

In einem nächsten Schritt soll auf eine Sozialpolitik eingegangen werden, die sich an psychisch kranke, körperlich behinderte und extrem isolierte alte Menschen richtet.

Die Patientenkarriere psychisch gestörter älterer Menschen bzw. die Effektivität von Rehabilitationsmaßnahmen und der Krankheitsverlauf der sogenannten 'secret deviants' (BECKER, 1963), zu denen fast alle in dieser Untersuchung erfaßten psychisch gestörten alten Menschen gehören, die ohne psychiatrische bzw. gezielte medizinische Hilfe in der Gemeinde verbleiben, ist nicht nur vom klinischen Bild abhängig, sondern vor allem von sozialstrukturellen Bedingungen, wie Familienstruktur, den Nachbarschafts- und Freundschaftssystemen. Eine Sozialpolitik, die die psychische Gesundheit des alten Staatsbürgers in Betracht zieht, darf daher nicht nur seinen individualpathologischen Befund vor Augen haben, sondern muß auch versuchen, auf den sozialen Kontext Einfluß zu nehmen. So müssen z.b. auch notwendige Veränderungen der Funktionen und Strukturen von Institutionen wie Nachbarschaft, Familie usw. angestrebt werden (s. HEGNER & SCHMIDT, 1977).

Große soziale Veränderungen z.b. aufgrund redistributiver politischer Maßnahmen können kaum so spezifisch sein, um allein die Probleme behinderter oder isolierter alter Menschen zu lösen. Man muß sich daher gleichzeitig 'mikrosozialen' Faktoren zuwenden und die Lösungen in verschiedenen spezifischen sozialen Vorkehrungen und spezifischen Behandlungsmethoden suchen. Das heißt, daß bei so komplexen Notlagen, wie sie die Problemgruppen der psychisch gestörten, körperlich behinderten oder extrem isolierten Alten stellen, die herkömmliche (re-)distributive und einkommensbezogene Sozialpolitik durch eine intensive und dienstleistungsbezogene Sozialpolitik ergänzt werden muß (s. HEGNER & SCHMIDT, 1977, S. 543). Solche Dienstleistungssysteme dürfen allerdings nicht dazu führen, daß strukturelle Mängel wie unzureichende Einkommens- und Wohnsituation aufrecht erhalten werden, obwohl durch sie vielfach erst die Notwendigkeit der Inanspruchnahme dieser Dienste entsteht (s. BUFF & GRONEMEYER, 1981, S. 6). Es stellt sich nun die Frage, welche 'spezifischen' sozialpolitischen Maßnahmen für diese Problemgruppe ergriffen werden könnten. Man kann u.a. folgendes vorschlagen:
- Altersgerechte Wohnungen sollten bevorzugt denjenigen alten Menschen zur Verfügung gestellt werden, die durch soziale Isolation bzw. körperliche und psychische Gebrechlichkeit gefährdet sind, ihre Selbständigkeit zu verlieren. Ein solches Programm sollte auch Familienwohnungen umfassen, die es ermöglichen, pflegebedürftige alte Menschen in ihren Familien zu versorgen.
- Besuchsdienste bei älteren Menschen, die einem besonderen Risiko unterliegen, psychisch zu erkranken bzw. ihre Selbständigkeit zu verlieren, etwa den über 75jährigen, den körperlich Behinderten und den sozial Isolierten.
- Pflegegelder für Familien, die einen pflegebedürftigen alten Verwandten bei sich aufnehmen.

Von den psychisch kranken Personen, die in der Untersuchung identifiziert wurden, war nur eine zum Zeitpunkt des Interviews in psychiatrischer Versorgung, eine hatte eine frühere Behandlungsepisode. Auch wenn man voraussetzt, daß nicht alle Behandlungsfälle erfaßt wurden, ist es offensichtlich, daß man es hier mit einem Teil der Bevölkerung zu tun hat, der psychiatrische Dienste nur sehr wenig in Anspruch nimmt, es sei denn, eine Einweisung in ein Krankenhaus oder eine andere Institution wird unumgänglich. Bei nahezu allen Fällen, die in der Untersuchung identifiziert wurden, handelt es sich um 'secret deviants' im Sinne BECKERs (1963), die ohne Kontakt mit psychiatrischen Einrichtungen in einer 'alltäglichen' sozialen Welt lebten. Sozialpolitik für psychisch kranke alte Menschen darf nicht eine 'Psychiatrisierung' der noch nicht mit dem 'label' psychisch krank versehenen aber hilfsbedürftigen alten Menschen zur Folge haben.

Es stellt sich hier also das Problem der Identifikation der tatsächlich Hilfsbedürftigen, damit die Grenze zwischen versorgungsbedürftigen und nicht versorgungsbedürftigen alten Menschen nicht allmählich verschwimmt und alte Menschen immer mehr und mehr zu ärztlichen Patienten bzw. zu Klienten von Sozialexperten werden, wodurch sich ein unnötig hohes Maß an Stigmatisierung als 'Fälle' ergibt (s. BUFF & GRONEMEYER, 1981, S. 1).

Unter diesem Gesichtspunkt scheint der Allgemeinpraktiker eine wichtige Schlüsselfigur zu sein. In der vorliegenden Untersuchung hat sich gezeigt, daß die große Mehrheit aller hilfsbedürftigen alten Menschen häufig oder regelmäßig praktizierende Ärzte konsultieren. Sowohl für die Erkennung psychischer Störungen als auch für die Versorgung vieler psychisch kranker bzw. behinderter alter Menschen kann der Allgemeinarzt deshalb eine führende Rolle einnehmen, zumal dadurch eine Betreuung als Patient möglich wird, ohne daß die Schwelle der Psychiatriesierung überschritten werden müßte. Hier müßten jedoch Konsequenzen sowohl für die ärztliche Ausbildung und Weiterbildung als auch für die Struktur des Gesundheitswesens gezogen werden. Unter diesem Gesichtspunkt scheint der Allgemeinpraktiker auch eine mögliche Rolle als Vermittler bei der Versorgung sozial hilfsbedürftiger alter Menschen zu haben. Man muß dann allerdings, wenn eine Anbindung von sozialen Diensten an das Gesundheitswesen erfolgt, auf die Gefahr achten, daß dadurch möglicherweise Versorgungsdefizite in die Nähe von Krankheiten gerückt werden.

Es gibt Untersuchungen, die zeigen, daß es sinnvoll ist, sozialarbeiterische Kräfte für die Versorgung psychisch Kranker in der Gemeinde zu mobilisieren, bzw. das sozialarbeiterische Betreuungsnetz auszubauen. GOLDBERG (1973) hat in einer experimentellen Kontrollstudie die Wirkungen von Sozialarbeit überprüft und nachgewiesen, daß eine gezielte Einzelfallhilfe einen positiven Einfluß auf Lebenszufriedenheit, Allgemeinbefinden und Aktivität älterer Personen ausübt.

Bisher haben in unserer Gesellschaft soziale Dienste wenig Kontakt mit Hilfsbedürftigen, wie auch die vorliegende Arbeit wieder bestätigt hat, denn solche Dienste sind bei uns kontingent auf Inanspruchnahme. Hier wären durch eine Umorientierung und eine personelle Aufstockung sicherlich Verbesserungen möglich.

Um Selbsthilfepotentiale zu mobilisieren, müßten zusätzlich nicht formal organisierte Aktionsgruppen unterstützt werden, die nicht die 'stigmatisierenden' Nachteile professioneller Hilfe haben.

Schlusswort

Diese Arbeit hat einen ersten Schritt zur Überprüfung eines Modells psychischer Störungen im Alter getan und ist damit der Vorstellung POPPERs gefolgt: "Der einzige Weg, der den Sozialwissenschaften offensteht, besteht darin, alles verbale Feuerwerk zu vergessen und die praktischen Probleme unserer Zeit mit Hilfe jener theoretischen Methoden zu behandeln, die im Grunde allen Wissenschaften gemeinsam sind: mit Hilfe der Methode von Versuch und Irrtum, der Methode der Erfindung von Hypothesen, die sich praktisch überprüfen lassen und mit Hilfe ihrer praktischen Überprüfung."

In einem nächsten Schritt müßten die vorgeschlagenen sozialpolitischen Maßnahmen evaluiert werden, womit man seiner Forderung "eine Sozialtechnik ist von nöten, deren Resultate durch schrittweises soziales Bauen überprüft werden können" entsprechen würde, denn "Die Praxis ist nicht der Feind des theoretischen Wissens, sondern sein wertvollster Anreiz" (POPPER, 1977, S. 272f).

Literaturverzeichnis

ADAMS, B.N. (1967), Interaction Theory and the Social Network, Sociometry, 30, 64-78
ADELSTEIN, A.M.; DOWNHAM, D.Y.; STEIN, Z.; SUSSER, M.W. (1968), The Epidemiology of Mental Illness in an English City, Social Psychiatry, 3, 47-59
ALKER, H.R. (1965), Mathematics and Politics, New York
ALLISON, P.D. (1977), Testing for Interaction in Multiple Regression, The American Journal of Sociology, 83, 144-153
ANDREWS, G.; TENNANT, Ch.; HEWSON, D.; SCHONELL, M. (1978), The Relation of Social Factors to Physical and Psychiatric Illness, American Journal of Epidemiology, 108(1), 27-35
ASHFORD, J.R. & LAWRENCE, P.A. (1976), Aspects of the Epidemiology of Suicide in England and Wales, International Journal of Epidemiology, 5, 133-151

BARNES, J.A. (1969), Networks and Political Process, in: Mitchell, J.C. (ed.), Social Networks in Urban Situations, Manchester
BARTKO, J.J. & CARPENTER, W.T. (1976), On the Methods and Theory of Reliability, Journal of Nervous and Mental Diseases, 163(5), 307-317
BECKER, H.S. (1963), Outsiders. Studies in the Sociology of Deviance, New York
BELL, W. (1957), Anomie, Social Isolation and the Class Structure, Sociometry, 20, 105-116
BELLIN, S.S. & HARDT, R.H. (1958), Marital Status and Mental Disorders among the Aged, American Sociological Review, 23, 155-162
BENNETT, R. (1980), The Concept and Measurement of Social Isolation, in: Bennett, R. (ed.), Aging, Isolation and Resocialization, New York
BERGENER, M. (1970), Zum Problem sozialer und sozialpsychologischer Faktoren in der Pathogenese psychischer Störungen des höheren Lebensalters, Habilitationsschrift, Düsseldorf
BERGENER, M.; BEHRENDS, K.; ZIMMERMANN, R. (1974), Psychogeriatrische Versorgung in Nordrhein-Westfalen, Er-

gebnisse eines interdisziplinären Forschungsprojekts, Psychiatrische Praxis, 1, 18-33
BERGENER, M. & KÄHLER, H.D. (1978), Zum Stand des gerontologischen Forschungsprojekts in Köln. Durchführung der Befragung und der medizinischen Untersuchungen in der Hauptuntersuchung, 6. Symposion der Europäischen Arbeitsgemeinschaft für Gerontopsychiatrie, Hamburg, 1977, in: Lauter, H. (Hrsg.), Gerontopsychiatrie, Bd. 5 (Janssen Symposien), Düsseldorf
BERGER, P.L. & LUCKMANN, T. (1969), Die gesellschaftliche Konstruktion der Wirklichkeit, Frankfurt
BERICHT DER SACHVERSTÄNDIGEN-KOMMISSION (1975), Bericht über die Lage der Psychiatrie in der BRD - zur psychiatrischen und psychotherapeutisch/psychosomatischen Versorgung der Bevölkerung, Deutscher Bundestag, Drucksache 7/4200, Bonn
BERICHT DER VEREINIGTEN NATIONEN (1971), The Question of Aging and the Aged, Report presented by the Secretary General, United Nations, New York
BERKMAN, P.L. (1967), Cumulative Deprivation and Mental Illness, in: Lowenthal, M.F. et al., (eds.), Aging and Mental Disorder in San Francisco, San Francisco
BERKMAN, L.F. & SYME, S.L. (1979), Social Networks, Host Resistance and Mortality. A Nine-Year Follow up of Alameda County Residents, American Journal of Epidemiology, 109(2), 186-204
BLAU, Z.S. (1961), Structural Constraints on Friendship in Old Age, American Sociological Review, 26, 429-439
BLAU, Z.S. (1973), Old Age in a Changing Society, New York
BLUME, O. (1970), Über die soziologische Situation der Mehrgenerationsfamilie, in: Störmer, A. (Hrsg.), Veröffentlichungen der Deutschen Gesellschaft für Gerontologie, Bd. 4, Geroprophylaxe, Infektions- und Herzkrankheiten, Rehabilitation und Sozialstatus im Alter, Darmstadt
BOTT, E. (1970), Family and Social Network. Roles, Norms and External Relationships, in: Ordinary Urban Families, 2. Auflage, New York
BOTWINICK, J. (1978), Aging and Behaviour, 2. Auflage, New York
BOWLBY, J. (1969), Attachment and Loss. Bd. 1, Attachment, New York
BOWLBY, J. (1975), Attachment and Loss, Bd. 2, Separation, Anxiety and Anger, New York
BOWLBY, J. (1980), Attachment and Loss, Bd. 3, Sadness and Depression, New York

BREMER, J. (1951), A Social Psychiatric Investigation of a Small Community in Northern Norway, Acta Psychiatrica et Neurologica Scandinavica, Supplement 62
BRESLOW, L. (1957), Uses and Limitations of the California Health Survey for Studying the Epidemiology of Chronic Disease, American Journal of Public Health, 47, 168-172
BRILL, N.Q. & LISTON, E.H. (1966), Parental Loss in Adults with Emotional Disorders, Archives of General Psychiatry, 14, 307-314
BROOM, L. & SELZNICK, P. (1973), Sociology, New York
BROWN, G.W. (1959), Social Factors Influencing Length of Hospital Stay of Schizophrenic Patients, British Medical Journal, 2, 1300-1302
BROWN, G.W. (1972), Die Familie des schizophrenen Patienten, in: Cranach, M. von; Finzen, A. (Hrsg.), Sozialpsychiatrische Texte, 196-217, Berlin-Heidelberg-New York
BROWN, G.W.; BHROLCHAIN, M.N.; HARRIS, T. (1975), Social Class and Psychiatric Disturbance among Women in an Urban Population, Sociology, 9, 225-254
BROWN, G.W. & HARRIS, T. (1978), Social Origins of Depression. A Study of Psychiatric Disorder in Women, London
BROWN, G.W. (1980), Social Causes of Disease, in: Tukett, D. & Kaufert, J.M. (eds.), Basic Readings in Medical Sociology, London
BUCK, C.; WANKLIN, J.M.; HOBBS, G.E. (1955), A Symptom Analysis of Rural-Urban Differences in First Admission Rates, Journal of Nervous and Mental Disease, 122, 80-82
BUFF, W. & GRONEMEYER, R. (1981), The Concept of Self-Help in Social Work with the Elderly, Unveröffentlichter Vortrag auf dem XIIth International Congress of Gerontology, Hamburg
BUNGARD, W. (1975), Isolation und Einsamkeit im Alter - eine sozialpsychologische Studie, Köln

CAPLOW, T. (1955), The Definition and Measurement of Ambience, Social Forces, 34, 28-33
CASSEL, J. (1974a), Psychiatric Epidemiology, in: Arieti, S. & Caplan, G. (eds.), The American Handbook of Psychiatry, Vol. 2, 401-410
CASSEL, J. (1974b), Psychosocial Processes and "Stress". Theoretical Formulation, International Journal of Health Services, 4, 471-482
CASSEL, J. (1976), The Contribution of the Social Environment to Host Resistance, American Journal of Epidemiology, 104, 107-123
CAVAN, R.S. (1928), Suicide, Chicago

CIOMPI, L. (1972), Allgemeine Psychopathologie des Alters, in: Kisker, K.P.; Meyer, J.-E.; Müller, M.; Strömgren, E. (Hrsg.), Psychiatrie der Gegenwart, Forschung und Praxis, Bd. II, 2, 1001-1036
COBB, S. (1979), Social Support and Health through the Life Course, in: Withe Riley, Aging from Birth to Death, American Association for the Advances of Sciences, Selected Symposia Series
COHEN, J. (1960), A Coefficient of Agreement for Nominal Scales, in: Educational and Psychological Measurement, Vol. II, 1, 37-46
COOLEY, C.H. (1909), Social Organization. A Study of the Larger Mind, New York
COOPER, B. (1972), Clinical and Social Aspects of Chronic Neurosis, in: Williams, P. & Clare, A. (eds.), Psychosocial Disorders in General Practice, London
COOPER, B.; HARWIN, B.G.; DEPLA, C.; SHEPHERD, M. (1975), Community Mental Health Care. An Evaluative Study, Psychological Medicine, 5, 372-380
COOPER, B. & MORGAN, H.G. (1977), Epidemiologische Psychiatrie, München-Wien-Baltimore
COOPER, B. (1978), Epidemiology, in: Wing, J.K. (ed.), Schizophrenia, Towards a New Synthesis, London
COOPER; B. & SCHWARZ, R. (1982), Psychiatric Case-Identification in an Elderly Urban Population, Social Psychiatry, 17, No. 1 (in Druck)
CUMMING; E. & HENRY, W.E. (1961), Growing Old. The Process of Disengagement, New York

DALGARD, O.S. (1971), Migration and Functional Psychoses in Oslo, Oslo
DALGARD, O.S. (1980), Mental Health, Neighborhood and Related Social Variables in Oslo, Acta Psychiatrica Scandinavica, Supplementum 285, 298-304
DEAN, E. (1961), Alienation. Its Meaning and Measurement, American Sociological Review, 26, 753-758
DEAN, A. & LIN, M. (1977), The Stress-Buffering Role of Social Support. Probleme and Prospects for Systematic Investigation, Journal of Nervous and Mental Disease, 165, 403-417
DEGRAZIA, S. (1948), The Political Community. A Study of Anomie, Chicago
DESOR; J.A. (1972), Towards a Psychological Theory of Crowding, Journal of Personality and Social Psychology, 21, 79 ff.
DIEKMANN, A. (1979), Die statistische Analyse von Variablenzusammenhängen. Ein Überblick über die angewendeten Ver-

fahren, in: Opp, K.H. (Hrsg.), Strafvollzug und Resozialisierung, München

DOHRENWEND, B.P. & CHIN-SHONG, E. (1967), Social Status and Attitudes toward Psychological Disorder. The Problem of Tolerance of Deviance, American Sociological Review, 32, 417-433

DOHRENWEND, B.P. & DOHRENWEND, B.S. (1969), Social Status and Psychological Disorder. A Causal Inquiry, New York

DOHRENWEND; B.S. (1973a), Life Events as Stressors. A Methodological Inquiry, Journal of Health and Social Behavior, 14, 167-175

DOHRENWEND, B.S. (1973b), Social Status and Stressful Life Events. Journal of Personality and Social Psychology, 28, 225-235

DOHRENWEND; B.S. & DOHRENWEND, B.P. (1974), Overview and Prospects for Research on Stressful Life Events, in: Dohrenwend, B.S. & Dohrenwend B.P. (eds.), Stressful Life Events. Their Nature and Effects, New York

DOVENMÜHLE; R.H.; NEWMAN, E.G.; BUSSE, E.W. (1960), Physical Problems of Psychiatrically Hospitalized Elderly Persons, Journal of the American Geriatric Society, 8, 838-846

DREITZEL, H.P. (1968), Die gesellschaftlichen Leiden und das Leiden an der Gesellschaft, Stuttgart

DUNCAN, O.D. (1975), Introduction to Structural Equation Models, New York

DUNCAN-JONES; P. (1978), The Interview Measurement of Social Interaction, Paper presented at the International Sociological Assocation World Congress, Uppsala

DURKHEIM, E. (1893), De la Division du Travaille Sociale, Paris

DURKHEIM, E. (1897), Le Suicide, (Neue deutsche Auflage: Der Selbstmord (1973), Neuwied-Berlin)

ESSEN-MÖLLER, E. (1956), Individual Traits and Morbidity in a Swedish Rural Population, Acta Psychiatrica Scandinavica, Supplement 100

EVERITT, B.S. (1968), Moments of the Statistics Kappa and Weighted Kappa, British Journal of Mathematical and Statistical Psychology, 21, 97-103

FARIS, R.E.L. (1934), Cultural Isolation and the Schizophrenic Personality, American Journal of Sociology, XL, 155-164

FARIS, R.E.L. & DUNHAM, H.W. (1939), Mental Disorders in Urban Areas, Chicago

FISCHER, A. (1932), Soziale Hygiene, mit besonderer Berücksichtigung der sozialen Medizin, in: Klemperer, G. & Klemperer, F. (Hrsg.), Neue Deutsche Klinik, X, 34-138, Berlin
FISCHER, A. (1970), Die Entfremdung des Menschen in einer heilen Welt. Materialien zur Adaption und Denunziation eines Begriffes, München
FISHER, F.M. (1970), Causation and Specification in Economic Theory and Econometrics, Synthese, 20, 489-500
FISHER, F.M. (1970), A Correspondence Principle for Simultaneous Equation Models, Econometrica, 38, 73-92
FRANK, J.P. (1779-1827), System einer vollständigen medizinischen Polizey, 6 Bände, Mannheim-Frankenthal
FREIDSON, E. (1971), Professions of Medicine. A Study of the Sociology of Applied Knowledge, New York
FROMM-REICHMANN, F. (1959), Loneliness, Psychiatry, 22, 1-15

GARSIDE, R.F. et al. (1965), Old Age Mental Disorders in Newcastle upon Tyne. Part III. A Factorial Study of Medical Psychiatric and Social Characteristics, British Journal of Psychiatry, 111, 939-946
GEBÄUDE- UND WOHNUNGSZÄHLUNG (1968), Beiträge zur Statistik der Stadt Mannheim, Heft 64 (November 1970)
GERARD, D.L. & HOUSTON, L.G. (1953), Family Setting and the Social Ecology of Schizophrenia, Psychiatric Quarterly, 27, 90-101
GOLDBERG, D.P.; COOPER, B.; EASTWOOD, M.R.; KEDWARD, H.B.; SHEPHERD, M. (1970), A Standardized Psychiatric Interview for Use in Community Surveys, British Journal of Preventive and Social Medicine, 24, 18-24
GOLDBERG, D.P. & BLACKWELL, B. (1970), Psychiatric Illness in General Practice. A Detailed Study Using a New Method of Case Identification, British Medical Journal, 2, 439-443
GOLDBERG, E.M.; MORTHERY, A.; WILLIAMS, B.T. (1970), Helping the Aged. A Field Experiment in Social Work, London
GOLDFARB, A.I. (1961), Mental Health in the Institution, Gerontologist, 1, 178-184
GORER, G. (1967), Death, Grief and Mourning, New York
GRAD de ALARCON, J. (1971), Social Causes and Social Consequences of Mental Illness in Old Age, in: Kay, D.W.K. & Walk, A. (eds.), Recent Developments in Psychogeriatrics, Ashford, Kent
GREGORY, I. (1958), Studies in Parental Deprivation in Psychiatric Patients, The American Journal of Psychiatry, 115, 432-442

GROTJAHN, A. (1923), Soziale Pathologie, 3. Auflage, Berlin
GRUENBERG, E.M. (1961), A Mental Health Survey of Older People, New York
GRUENBERG, E.M. (1969), Diskussionsbeitrag, in: Redlich, F.C. (ed.), Social Psychiatry Proceedings of the Association for Research in Nervous and Mental Disease, Baltimore (Dec. 1 and 2), 166 f
GUNDERSON, E.K. & RAHE, R.H. (eds.) (1974), Life Stress and Illness, Springfield, Ill.
GUNNER-SVENSSON, F. & JENSEN, K. (1976), Frequency of Mental Disorders in Old Age, Acta Psychiatrica Scandinavica, 53, 283-297
GURALNICK, L. (1967), Selected Family Characteristics and Health Measures Reported in the Health Interview Survey. Vital and Health Statistics Publication No. 1000, National Center for Health Statistics, Washington
GURLAND, B.; BENNETT, R.; WILDER; D. (1980), Planning for the Elderly in New York City. An Assessment of Depression, Dementia and Isolation. Proceedings of Research Utilization. Proceedings of Research Utilization Workshop, Community Council of Greater New York, New York

HAECKEL, E. (1866), Generelle Morphologie der Organismen, 2. Bd., Allgemeine Entwicklungsgeschichte der Organismen, Berlin
HÄFNER, H. & REIMANN, H. (1970), Spatial Distribution of Mental Disorders in Mannheim (1965), in: Hare, E.H. & Wing, J.K. (eds.), Psychiatric Epidemiology, London
HARDER; Th. & PAPPI, F.U. (1976), Mehrebenen-Regressionsanalyse von Umfrage- und ökologischen Daten, in: Hummel, H.J. & Ziegler, R. (Hrsg.), Korrelation und Kausalität, Bd. 3, Stuttgart
HARE, E.H. (1955), Mental Illness and Social Class in Bristol, British Journal of Preventive and Social Medicine, 9, 191-199
HARE, E.H. & SHAW, G. (1965), Mental Illness on a New Housing Estate, London
HARLOW, H.F. (1969), The Primary Socialization Motives, Social Psychiatry, Vol. 1, New York
HARTMANN, H. (1967), Stand und Entwicklung der amerikanischen Soziologie. Einführung zu Hartmann, H. (Hrsg.), Moderne amerikanische Soziologie. Neuere Beiträge zur soziologischen Theorie, Stuttgart
HARWIN, B. (1973), Psychiatric Morbidity among the Physically Impaired Elderly in the Community. A Preliminary Report, in: Wing, J.K. & Häfner, H. (eds.), Roots of Evaluation, London-New York-Toronto

HAVIGHURST, R.J.; NEUGARTEN, B.L.; TOBIN, S.S. (1964), Disengagement, Personality and Life Satisfaction in the Later Years, in: Per From Hansen (ed.), Age with a Future, Copenhagen

HEGNER, F. & SCHMIDT, E.H. (1977), Aspekte und Probleme einer Gesellschaftspolitik für Behinderte und für psychisch Gestörte in der BRD, in: Ferber von, Ch. & Kaufmann, F.-X. (Hrsg.), Soziologie und Sozialpolitik, Sonderheft 19 der Kölner Zeitschrift für Soziologie und Sozialpsychologie, 524-568

HENDERSON, S. (1977), The Social Network, Support and Neurosis, British Journal of Psychiatry, 131, 185-191

HENDERSON, S.; BYRNE, D.G.; DUNCAN-JONES, P.; ADCOCK, S.; SCOTT, R.; STEELE, G.P. (1978), Social Bonds in the Epidemiology of Neurosis. A Preliminary Communication, British Journal of Psychiatry, 132, 463-466

HENDERSON, S.; BYRNE, D.G.; DUNCAN-JONES, P.; SCOTT, R.; ADCOCK, S. (1980), Social Relationships, Adversity and Neurosis. A Study of Associations in a General Population Sample, British Journal of Psychiatry, 136, 574-583

HENDERSON, S. (1981), Social Relationship, Adversity and Neurosis. An Analysis of Prospective Observations, British Journal of Psychiatry, 138, 391-398

HERMALIN, J.A. (1976), A Predictive Study of Schizophrenic Patient Rehospitalization, Doctoral Dissertation, Brown University, Providence, Rhode Island

HILGARD, J.R. & NEWMAN, M.F. (1963), Parental Loss by Death in Childhood as an Etiological Factor among Schizophrenic and Alcoholic Patients Compared with a Non-Patient Community Sample, The Journal of Nervous and Mental Disease, 137, 14-20

HOLLINGSHEAD, A.B. & REDLICH, F.C. (1958), Social Class and Mental Illness, New York

HOMANS, G.C. (1960), Theorie der sozialen Gruppe, Köln-Opladen

HUMMELL, H.J. (1972), Probleme der Mehrebenenanalyse, Stuttgart

INTERNATIONALE STANDARDKLASSIFIKATION DER BERUFE, Deutsche Ausgabe (1968), Statistisches Bundesamt, Wiesbaden-Stuttgart-Mainz

INTERNATIONAL CLASSIFICATION OF DISEASES (ICD), 9. Revision (1975), World Health Organization (WHO), Genf

JACO, E.G. (1954), The Social Isolation Hypothesis and Schizophrenia, American Sociological Review, 19, 567-577

JAMBOR, H. (1962), Employment Patterns of Old Men, in: Tibbitts, C. & Donahue, W. (eds.), Social and Psychological Aspects of Aging, Columbia

JÖRESKOG, K.G. & VAN THILLO, M. (1973), LISREL. A General Computer Program for Estimating a Linear Structural Equation System Involving Multiple Indicators of Unmeasured Variables, Research Report 73-75, Uppsala

JOHNSON, D.A.W. (1970), Rehousing and Psychiatric Illness, British Medical Journal, IV, 120-125

KÄHLER, H.D. (1975), Das Konzept des sozialen Netzwerks. Eine Einführung in die Literatur, Zeitschrift für Soziologie, 4, 283-290

KAHN, R.L. (1979), Aging and Social Support, in: White Riley, M. (ed.), Aging from Birth to Death, American Association for the Advancement of Science-Selected Symposia Series, 77-91

KAPFERER, B. (1973), Norms and the Manipulation of Relationships in a Work Context, in: Mitchell, J.C. (ed.), Social Networks in Urban Situations, Manchester

KAPLAN, B.H.; CASSEL, J.C.; GORE, S. (1977), Social Support and Health, Medical Care, 15, 47-59

KATSCHNIG, H. & STROTZKA, H. (1977), Epidemiologie der Neurosen und psychosomatischen Störungen, in: Blohmke, M. et al. (Hrsg.), Handbuch der Sozialmedizin, Bd. 2, 272-310, Stuttgart

KAY, D.W.K.; BEAMISH, P.; ROTH, M. (1964a), Old Age Mental Disorders in Newcastle upon Tyne, Part I, British Journal of Psychiatry, 110, 146-158

KAY, D.W.K.; BEAMISH, P.; ROTH, M. (1964b), Old Age Mental Disorders in Newcastle upon Tyne, Part II, British Journal of Psychiatry, 110, 668-682

KESSEL, N. & SHEPHERD, M. (1965), The Health and Attitudes of People, Who Seldom Consult a Doctor, Medical Care, 3, 6-10

KEUPP, H. (1972), Psychische Störungen als abweichendes Verhalten. Zur Soziogenese psychischer Störungen, München-Berlin-Wien

KIM, J.-O. (1975), Multivariate Analysis of Ordinal Variables, American Journal of Sociology, 81, 261-298

KLEE, G.D.; SPIRO, E.; BAHN, A.K.; GORWITZ, K. (1967), An Ecological Analysis of Diagnosed Mental Illness in Baltimore, in: Monroe, R.R.; Klee, G.D.; Brody, E.B. (eds.), Psychiatric Epidemiology and Mental Health Planning, Psychiatric Research Report 22, 107-148, Washington

KLEINING, G. & MOORE, H. (1968), Soziale Selbsteinstufung. Ein Instrument zur Messung sozialer Schichten, Kölner Zeitschrift für Soziologie und Sozialpsychologie, 20, 502-552
KRAUSS, B.; CORNELSEN, J.; LAUTER, H.; SCHLEGEL, M. (1975), Vorläufiger Bericht über eine epidemiologische Studie der 70jährigen und Älteren in Göttingen, 5. Symposion der Europäischen Arbeitsgemeinschaft für Gerontopsychiatrie, Freiburg, 1975, in: Degkwitz, R. et al. (Hrsg.), Gerontopsychiatrie, Bd. 4 (Janssen Symposien, Düsseldorf)
KRIZ, J. (1973), Statistik in den Sozialwissenschaften, Reinbeck
LAMBERT, K. (1973), Agape as a Therapeutic Factor in Analysis, Journal of Analytical Psychology, 18, 25-46
LANDER, B. (1954), Towards an Understanding of Juvenile Delinquency, New York
LANGNER, T.S. & MICHAEL, S.T. (1963), Life Stress and Mental Health. The Midtown Manhattan Study, London
LAUTER, H. (1974), Epidemiologische Aspekte alterspsychiatrischer Erkrankungen, Nervenarzt, 45, 277-288
LAUTER, H. (1977), Epidemiologie der großen psychiatrischen Störungen, in: Blohmke, M. et al. (Hrsg.), Handbuch der Sozialmedizin, 374-447, Stuttgart
LEHR, U. (1976), Zur Frage der sozialen Benachteiligung älterer Menschen, Medizin, Mensch und Gesellschaft, 1, 207-214
LEHR, U. (1977), Psychologie des Alterns, 3. Auflage, Heidelberg
LEIDERMAN, P.H. (1969), Loneliness. A Psychodynamic Interpretation, in: Shneidman, E.S. & Ortega, M.J. (eds.), Aspects of Depression, Boston
LEIGHTON, A.H. (1959), My Name ist Legion. Vol. I of the Stirling County Study, New York
LEIGHTON, A.H.; LAMBO, T.A.; HUGHES, C.C. et al. (1963), Psychiatric Disorders among the Yoruba, Ithaca, New York
LEIGHTON, A.H. (1965), Poverty and Social Change, Scientific American, 212, (5), 21-27
LEIGHTON, D.C. & LEIGHTON, A.H. (1967), Mental Health and Social Factors, in: Freedman, A.M. & Kaplan, H.I. (eds.), Comprehensive Textbook of Psychiatry, Baltimore
LEIGHTON, D.C.; HAGNELL, O.; LEIGHTON, A.H. et al. (1971), Psychiatric Disorder in a Swedish and a Canadian Community. An Exploratory Study, Social Science and Medicine, 5, 189-209

LEMERT, E.M. (1951), Social Pathology, New York
LEVINE, S. (1962), The Effects of Infantile Experience on Adult Behaviour, in: Bachrach, A.W. (ed.), Experimental Foundations of Clinical Psychology, New York
LEVY, L. & ROWITZ, L. (1970), The Spatial Distribution of Treated Mental Disorders in Chicago, Social Psychiatry, 5, 1-11
LEWIS, A.J. (1953), Health as a Social Concept, British Journal of Sociology, 4, 109-124
LIENERT, G.A. (1969), Testaufbau und Testanalyse, 3. Auflage, Weinheim
LIN, N.; SIMEONE, R.S.; ENSEL, W.M.; KUO, W. (1979), Social Support, Stressful Life Events, and Illness. A Model and an Empirical Test, Journal of Health and Social Behavior, 20, 108-119
LINDENBERG, S. (1977), Individuelle Effekte, kollektive Phänomene und das Problem der Transformation, in: Eichner, K. & Habermehl, W. (Hrsg.), Probleme der Erklärung sozialen Verhaltens, Meisenheim am Glan
LITWAK, E. (1959/60), The Use of Extended Family Groups in the Achievement of Social Goals, Social Problems, 7
LOGAN, W.P.D. & CUSHION, A.A. (1980), Morbidity Statistics from General Practice, General Register Office Studies on Medical and Population Subjects, Vol. II, 14, London
LOWENTHAL, M.F. (1964), Social Isolation and Mental Illness in Old Age, American Sociological Review, 29, 70-95
LOWENTHAL, M.F. & BOLER, D. (1965), Voluntary versus Involuntary Social Withdrawal, Journal of Gerontology, 20, 363-371
LOWENTHAL, M.F. (1965), Antecedents of Isolation and Mental Illness in Old Age, Archives of General Psychiatry, 12, 245-254
LOWENTHAL, M.F. & BERKMAN, P.L. (1967), Aging and Mental Disorder in San Francisco, San Francisco
LOWENTHAL, M.F. (1968), The Relationship between Social Factors and Mental Health in the Aged, in: Simon, A. & Epstein, L.J. (eds.), Aging in Modern Society, Psychiatric Research Reports of the American Psychiatric Association, 23, 161-169
LOWENTHAL, M.F. & HAVEN, C. (1968), Interaction and Adaptation. Intimacy as a Critical Variable, American Sociological Review, 33, 20-30
LUDZ, P.Ch. (1975), "Alienation" als Konzept in den Sozialwissenschaften, Kölner Zeitschrift für Soziologie und Sozialpsychologie, 27, 1-32

McMAHON, B. & PUGH, T.F. (1970), Epidemiology, Principles and Methods, Boston
MADDOX, G.L. (1965), Fact and Artifact, Evidence Bearing on Disengagement Theory from the Duke Geriatrics Project, Human Development, 8, 117-138
MADDOX, G.L. (1969), Themes and Issues in Sociological Theories of Human Ageing. Proceedings of the 8th International Congress of Gerontology, Washington
MANN, G. (1967), Gesundheitswesen und Hygiene in der Zeit des Übergangs von der Renaissance zum Barock. Medizinhistorisches Journal, 2, 107-123
MARSELLA, A.; ESCUDERO, M.; GORDON, P. (1970), The Effect of Dwelling Density on Mental Disorders in Fillipino Men, Journal of Health and Social Behavior, 11, 288-294
MAXWELL, A.E. & PILLINER, A.E.G. (1968), Deriving Coefficients of Reliability and Agreement for Ratings, British Journal of Mathematical and Statistical Psychology, Part I, 21, 105-116
MAYER, K.U. (1979), Berufliche Tätigkeit, berufliche Stellung und beruflicher Status, in: Pappi, F.U. (Hrsg.), Sozialstrukturanalysen mit Umfragedaten, Königstein
MECHANIC, D. (1970), Problems and Prospects in Psychiatric Epidemiology, in: Hare, E.H. & Wing, J.K. (eds.), Psychiatric Epidemiology, London-New York-Toronto
MEIER, D.L. & BELL, W. (1959), Anomia and Differential Access to the Achievement of Life Goals, American Sociological Review, 24, 189-202
MERTON, R.K. (1938), Social Theory and Social Structure, Glencoe, Ill.
MERTON, R.K. (1949), Social Structure and Anomie. Revisions and Extensions, in: Anshen, R.A. (ed.), The Family: Its Function and Destiny, New York
MERTON, R.K. (1957), Social Theory and Social Structure, rev. ed., New York
MERTON, R.K. (1957a), Social Structure and Anomie, in: Merton, R.K. (ed.), Social Theory and Social Structure, New York
MERTON, R.K. (1957b), Continuities in the Theory of Social Structure and Anomie, in: Merton, R.K. (ed.), Social Theory and Social Structure, New York
MERTON, R.K. (1964), Anomie, Anomia and Social Interaction. Contexts of Deviant Behaviour, in: Clinard, M.B. (ed.), Anomie and Deviant Behaviour. A Discussion and Critique, New York
MERTON, R.K. (1968), On Sociological Theories of the Middle Range (1957), in: Merton, R.K. (ed.), Social Theory and

Social Structure, 3. erweiterte Auflage, New York-London
MERTON, R.K. (1971, Social Problems and Sociological Inquiry, in: Merton, R.K. & Nisbet, R. (eds.), Contemporary Social Problems, 3. Auflage, New York
MILLER; P. McC. & INGHAM, J.G. (1976), Friends, Confidants and Symptoms, Social Psychiatry, 11, 51-58
MIZRUCHI, E.H. (1960), Social Structure and Anomia in a Small City, American Sociological Review, 25, 645-654
MOORE, H. & KLEINING, G. (1960), Das soziale Selbstbild der Gesellschaft in Deutschland, Kölner Zeitschrift für Soziologie und Sozialpsychologie, 12, 86-119
MUNNICHS, J.M.A. (1964), Loneliness, Isolation and Social Relations in Old Age. A Pilot Study, Vita Humana, 7, 228-258
MYERS, J.K. & ROBERTS, H. (1959), Family and Class Dynamics in Mental Illness, New York
MYERSON, A. (1940), Buchrezension, Mental Disorders in Urban Areas, American Journal of Psychiatry, 96, 995-997
NAMBOODIRI, N.K.; CARTER, L.F.; BLALOCK, H.M. (1975), Applied Multivariate Analysis and Experimental Design, New York
NEUMANN, S. (1847), Die öffentliche Gesundheitspflege und das Eigentum, Berlin
NIE, N.H.; HULL, C.H.; JENKINS, J.G.; STEINBRENNER, K.; BENT, D.E. (1975), Statistical Package for the Social Sciences (SPSS) 2nd Edition, New York
NIELSEN, J. (1962), Geronto-Psychiatric Period-Prevalence Investigation in a Geographically Delimited Population, Acta Psychiatrica Scandinavica, 38, 307-330
ØDEGARD, Ø. (1971), Epidemiologie der Psychosen, Nervenarzt, 42, 569-574
ØDEGARD, Ø. (1975), Social and Ecological Factors in the Etiology, Outcome, Treatment and Prevention of Mental Disorders, in: Kisker, K.P.; Meyer, J.-E.; Müller, C. (Hrsg.), Psychiatrie der Gegenwart III, 2. Auflage, Heidelberg-New York
OPP, K.-D. & SCHMIDT, P. (1976), Einführung in die Mehrvariablenanalyse, Hamburg
OWEN, M.B. (1941), Alternative Hypotheses for the Explanation of some of Faris' and Dunham's Results, American Journal of Sociology, 47, 48-52
PAPPI, F.U. (1979) (Hrsg.), Sozialstrukturanalysen mit Umfragedaten, Probleme der standardisierten Erfassung von Hintergrundmerkmalen in allgemeinen Bevölkerungsumfragen, ZUMA Monographien, Sozialwissenschaftliche Methoden Bd. 2, Königstein

PARK, R.E. & BURGESS, E.W. (1921), An Introduction to the Science of Sociology, Chicago
PARKES, C.M. (1964), Recent Bereavement as a Cause of Mental Illness, British Journal of Psychiatry, 110, 198-204
PARSONS, T. (1937), The Structure of Social Action, New York
PARSONS, T. (1951), The Social System, Glencoe, Ill.
PARSONS, T. (1954), The Incest Taboo in Relation to Social Structure and Socialisation, British Journal of Sociology; deutsch in: Parsons, T. (1968), Beiträge zur soziologischen Theorie, Neuwied-Berlin
PARSONS, T. (1962), The Aging in American Society, Law and Contemporary Problems, 27
PARSONS, T. (1968a), Alter und Geschlecht in der Sozialstruktur der Vereinigten Staaten, in: Parsons, T., Beiträge zur soziologischen Theorie, Neuwied-Berlin
PARSONS; T. (1968b), Sociocultural Pressures and Expectations, in: Simon, A. & Epstein, L.J. (eds.), Aging in Modern Society, Psychiatric Research Reports of the American Psychiatric Association, Washington
PFLANZ, M. (1973), Allgemeine Epidemiologie. Aufgaben, Technik, Methoden, Stuttgart
PHILLIPS, B.S. (1957), A Role Theory Approach to Adjustment in Old Age, American Sociological Review, 22, 212-217
POPPER, K.R. (1977), Die offene Gesellschaft und ihre Feinde, 5. Auflage, München

REIMANN, H. & HÄFNER, H. (1972), Psychische Erkrankungen alter Menschen in Mannheim, Social Psychiatry, 7, 53-69
REISS, P.J. (1962), The Extended System, Correlations of and Attitudes on Frequency of Interaction, Marriage and Family Living, 24, 337-345
RICHARDSON, I.M. (1965), Retirement and Health, in: Psychiatric Disorders in the Aged, Manchester (Geigy U.K.)
ROBINS, L. (1969), Social Correlates of Psychiatric Illness. Can we Tell Causes from Consequences, in: Redlich, F.C. (ed.), Social Psychiatry Proceedings of the Association for Research in Nervous and Mental Disease, (Dec. 1 and 2), Baltimore
ROBINSON, W.S. (1950), Ecological Correlations and Behaviour of Individuals, American Sociological Review, 15, 352-357
ROBINSON, J.P. & SHAVER, Ph.R. (1970), Measures of Social Psychological Attitudes, Survey Research Center, Institute for Social Research, 2. Auflage, Ann Arbor, Mich.
ROSE, A.M. (1962), Alienation and Participation. A Comparison of Group Leaders and the "Mass", American Sociological Review, 27, 834-838
ROSENMAYR, L. & KÖCKEIS, E. (1965), Umwelt und Familie alter Menschen, Neuwied-Berlin

ROSENMAYR, L. (1969), Soziologie des Alters, in: König, R. (Hrsg.), Handbuch der empirischen Sozialforschung, Bd. II, Stuttgart
SAINSBURY, P. (1955), Suicide in London, Maudsley Monograph No. 1, London
SCHELSKY, H. (1961), Schule und Erziehung in der industriellen Gesellschaft, Würzburg
SCHEUCH, E.K. (1972), Social Context and Individual Behaviour, in: Dogan, M. & Rokkan, S. (eds.), Quantitative Ecological Analysis in the Social Sciences, Cambridge, Mass.
SCHNEIDER, A. (1970), Expressive Verkehrskreise. Eine Untersuchung zur freundschaftlichen und verwandtschaftlichen Beziehungen, in: Lüschen, G. & Lupri, E. (Hrsg.), Soziologie der Familie, Sonderheft 14 der Kölner Zeitschrift für Soziologie und Sozialpsychologie, 443-472
SCHWAB, J.J. & SCHWAB, M.E. (1978), Sociocultural Roots of Mental Illness. An Epidemiologic Survey, New York-London
SCOTT, J.P. (1963), The Process of Primary Socialization in Canine and Human Infants, Monographs of the Society for Research in Child Development, 28, 1-47
SEEMAN, M. (1959), On the Meaning of Alienation, American Sociological Review, 24, 783.791
SEIDLER, E. (1977), Probleme der Tradition, in: Blohmke, M. et al. (Hrsg.), Handbuch der Sozialmedizin, Bd. 1, 47-77, Stuttgart
SELIGMAN, M.E.P. (1975), Helplessness. On Depression, Development and Death, San Francisco
SHANAS, E.; TOWNSEND, P.; WEDDERBURN, D.; FRIIS, H.; MILHØJ, P.;STEHOUWER, J. (1968), Old People in Three Industrial Societies, New York-London
SHELDON, J.H. (1948), The Social Medicine of Old Age Report of an Inquiry in Wolverhampton, London
SHEPHERD, M.; COOPER, B.; BROWN, A.C.; KALTON, G. (1966), Psychiatric Illness in General Practice, London
SILBERFELD, M. (1978), Psychological Symptoms and Social Support, Social Psychiatry, 13, 11-17
SIMON, A. & TALLERY, J.E. (1963), The Role of Physical Illness in Geriatric Mental Disorders, in: Psychiatric Disorders in the Aged, Manchester (Geigy U.K.)
SROLE, L. (1956), Social Integration and Certain Corollaries. An Exploratory Study, American Sociological Review, 21, 709-716
SROLE, L.; LANGNER, T.S.; MICHAEL, S.T. et al. (1975), Mental Health in the Metropolis. The Midtown Manhattan Study, (revised and enlarged), in: Scrole, L. & Fischer, A. (eds.), Book I, New York

STEGMÜLLER, W. (1960), Das Problem der Kausalität, in: Topitsch, E. (Hrsg.), Probleme der Wissenschaftstheorie, Festschrift für Victor Kraft, 171-190, Wien
STEGMÜLLER; W. (1969), Probleme und Resultate der Wissenschaftstheorie und Analytischen Philosophie, Bd. I, Berlin-Heidelberg-New York
STEHOUWER, J. (1965), Relations between Generations in Denmark, in: Shanas, E. & Streib, G.F. (eds.), Social Structure and the Family. Generational Relations, New York
STEHOUWER, J. (1966), Isolation and Integration in Old Age - Myth or Counter-Myth, A Review of Current Empirical Research and Theory in the Field of Social Gerontology, International Association of Gerontology, Bd. 8, 1966
STEIN, C. & SUSSER, M. (1969), Widowhood and Mental Illness, British Journal of Preventive and Social Medicine, 23, 106-116
STEIN, C. & SUSSER, M. (1970), Bereavement as a Precipitating Event in Mental Illness, in: Hare, E.H. & Wing, J.K. (eds.), Psychiatric Epidemiology, 327-334, London
STERNBERG, E. & GAWRILOWA, S. (1978), Über klinisch-epidemiologische Untersuchungen in der sowjetischen Alterspsychiatrie, Nervenarzt, 49, 347-353
STROTZ, R.H. & WOLD, H.O.A. (1971), Recursive versus Nonrecursive Systems. An Attempt at Synthesis, in: Blalock, H.M. (ed.), Causal Models in the Social Sciences, 179-189, Chicago
SURTEES, P.G. (1980), Social Support, Residual Adversity and Depressive Outcome, Social Psychiatry, 15, 71-80
SUSSER, M. (1973), Causal Thinking in the Health Sciences. Concepts and Strategies of Epidemiology, Oxford
SUSSMAN, M.B. & L. BURCHINAL (1962), Parental Aid to Married Children. Implications for Family Functioning, Marriage and Family Living, 24, 320-333

TARNOPOLSKY, A.; BARKER, S.M.; WIGGINS; R.D.; McLEAN, E.K. (1978), The Effect of Aircraft Noise on the Mental Health of a Community Sample. A Pilot Study, Psychological Medicine, 8, 219-233
TARTLER, R. (1961), Das Alter in der modernen Gesellschaft, Stuttgart
TEWS, H.P. (1968), Vereinsamung und Isolation. Unveröffentlichtes Manuskript
TEWS, H.P. (1979), Soziologie des Alterns, Heidelberg
THOMAE, H. (1968), Zur Entwicklungs- und Sozialpsychologie des alternden Menschen, in: Thomae, H. & Lehr, U. (Hrsg.), Altern - Probleme und Tatsachen, Frankfurt
THOMAS, W.I. (1928), The Child in America, New York

TOWNSEND, P. (1957), The Family Life of Old People, London
TOWNSEND, P. & TUNSTALL, S. (1968), Isolation, Desolation and Loneliness, in: Shanas, E.; Townsend, P.; Wedderburn, D.; Friis, H.; Milhøj, P.; Stehouwer, J. (eds.), Old People in Three Industrial Societies, New York-London
TOWNSEND, P. (1973), Isolation and Loneliness of the Aged, in: Weiss, R.S. (ed.), The Experience of Emotional and Social Isolation, Cambridge, Mass.
TREIMANN; D. (1979), Begriff und Messung des Berufsprestiges in der international vergleichenden Mobilitätsforschung, in: Pappi, F.U. (Hrsg.), Sozialstrukturanalysen mit Umfragedaten, Königstein
TUNSTALL, J. (1966), Old and Alone, London
URBAN, U. (1973), Isolation und Einsamkeit der alten Menschen. Eine Literaturübersicht. Unveröffentlichte Diplomarbeit, Köln
U.S. DEPARTMENT OF HEALTH EDUCATION AND WELFARE (1964), Smoking and Health, Report of the Advisory Committe to the Surgeon General, Public Health Service, Washington, D.C.
VALKONEN, T. (1969), Individual and Structural Effects, in: Dogan, M. & Rokkan, S. (eds.), Quantitative Analysis in the Social Sciences, Cambridge, Mass.
VIRCHOW, R. (1848), Mitteilungen über die in Oberschlesien herrschende Typhusepidemie, Berlin
VIRCHOW, R. (1856), Gesammelte Abhandlungen zur wissenschaftlichen Medizin, Frankfurt
VOLKS- UND BERUFSZÄHLUNG (1970), Bevölkerungsstrukturdaten in mehrstufiger kleinräumiger Gliederung, in: Amt für Stadtforschung, Statistik und Wahlen, Mannheim (Hrsg.), Beiträge zur Statistik der Stadt Mannheim, Heft 67 (1972), Heft 68 (1973), Mannheim
WEEDE, E. (1972), Zur Pfadanalyse. Neuere Entwicklungen, Verbesserungen und Ergänzungen, Kölner Zeitschrift für Soziologie und Sozialpsychologie, 1, 101-117
WEINBERG, K. (1950), A Sociological Analysis of a Schizophrenic Type, American Sociological Review, XV, 600-610
WEISS, R.S. (1969), The Fund of Sociability, Trans-Action, 6, 36-43
WEISS, R.S. (1973), Loneliness. The Experience of Emotional and Social Isolation, Cambridge, Mass.-London
WEISS, R.S. (1974), The Provisions of Social Relationships, in: Rubin, Z. (ed.), Doing unto Others, New York
WERTS, C.E. & LINN, R.L. (1970), Path Analysis, Psychological Examples, Psychological Bulletin, 74, 193-212

WERTS, E.C.; LINN, R.L.; JÖRESKOG, K.G. (1973), Identification and Estimation in Path Analysis with Unmeasured Variables, American Journal of Sociology, 78, 1469-1484

WILNER, D.M.; WALKLEY, R.P.; PINKERTON, T.C.; TAYBACK, H. (1962), The Housing Environment and Family Life, Baltimore

WORLD HEALTH ORGANIZATION (WHO) (1960), Technical Report Series No. 185, Epidemiology of Mental Disorders, Eigth Report of the Expert Committee on Mental Health, Genf

WORLD HEALTH ORGANIZATION (WHO) (1975), Diagnoseschlüssel und Glossar psychiatrischer Krankheiten. Deutsche Ausgabe der internationalen Klassifikation der Krankheiten, 4. Auflage, Berlin-Heidelberg-New York

ZINTL-WIEGAND, A.; COOPER, B.; KRUMM, B. (1980), Psychisch Kranke in der ärztlichen Allgemeinpraxis: Eine Untersuchung in der Stadt Mannheim, Weinheim

ZNANIECKI LOPATA, H. (1973), Loneliness. Forms and Components, in: Weiss, R.S. (ed.), Loneliness, The Experience of Emotional and Social Isolation, Cambridge, Mass.

Danksagung

Bei dieser Arbeit handelt es sich um die gekürzte Fassung einer Dissertation an der Fakultät für Sozial- und Verhaltenswissenschaft der Universität Heidelberg. Sie entstand im Rahmen eines Forschungsprojekts unter Leitung von Herrn Professor Dr. B. Cooper im Sonderforschungsbereich 116, Psychiatrische Epidemiologie, an der Universität Heidelberg, mit Unterstützung der Deutschen Forschungsgemeinschaft.
Eine Untersuchung dieser Art wäre nicht ohne die Beratung und Unterstützung von verschiedener Seite möglich gewesen. Insbesondere danke ich herzlich Herrn Professor Dr. B. Cooper, Herrn Professor Dr. U. Schleth, meinen Mitarbeitern H. G. Abt, H. Häberle, B. Mahnkopf, Dr. R. Schwarz, K. Seebohm und Dr. M. Vinzelberg-Sommer sowie dem Zentrum für Umfragen, Methoden und Analysen (ZUMA) in Mannheim, vorallem Herrn Dr. P. Schmidt.

Reihe Campus Forschung

197 Schmitz, Theorie und Praxis des politischen Skandals
198 Stoll, Produktion als Arbeitsprozeß
199 Busch u.a., Tätigkeitsfelder und Qualifikationen von Wirtschafts-, Sozial- Ingenieur- und Naturwissenschaftlern
200 Rattemeyer, Ausbildung und Berufstätigkeit von Bildenden Künstlern
201 Cerych u.a., Gesamthochschule – Erfahrungen, Hemmnisse, Zielwandel
202 Hoffmann, Arbeitskampf im Arbeitsalltag
203 Abromeit, Staat und Wirtschaft
204 Treuheit, Politische Didaktik und Kritische Theorie: Entscheidungsspiel
205 Luetkens, Die unglückliche Rückkehr
206 Meyer-Renschhausen, Das Energieprogramm der Bundesregierung
207 Migdal, Die Frühgeschichte des Frankfurter Instituts für Sozialforschung
208 Mitschein, Die Dritte Welt als Gegenstand gewerkschaftlicher Theorie und Praxis
209 Mohl, Verelendung und Revolution oder das Elend des Objektivismus
210 Müller-Sachse, Unterhaltungssyndrom: Massenmediale Praxis und medientheoretische Diskurse
211 Ochmann, Nichtverbale Kommunikation und Adoleszenz
212 Rahimzadeh-Oskui, Das Wirtschafts- und Erziehungssystem in der Geschichte Irans
213 Paul-Calm, Ostpolitik und Wirtschaftsinteressen in der Ära Adenauer (1955–1963)
214 Portele, Entfremdung bei Wissenschaftlern
215 Priester, Studien zur Staatstheorie des italienischen Marxismus: Gramsci und Della Volpe
216 Ritter, Theorie und Praxis des demokratischen Sozialismus in der Weimarer Republik
217 Rüsch, Zur Theorie der Verkehrsplanung
219 Brinckmann u.a., Automatisierte Verwaltung
220 Eberle, Internationales Handeln und gesellschaftliche Entwicklung
221 Flohr, Arbeiter nach Maß
222 Gladrow, Herzinfarkt und Arbeit
223 Holly, Fernsehcutterinnen
224 John, Das Reserveoffizierskorps im Deutschen Kaiserreich 1890–1914
225 Schildt, Militärdiktaturen mit Massenbasis?
226 Krohn, Wirtschaftstheorien als politische Interessen
227 Meyer, Die sowjetische Dissidentenbewegung in der bundesdeutschen Presse
228 Müller, Computergesteuerte Maschinen
229 Nemeth, Otto Neurath und der Wiener Kreis
230 Heger, Die Politik Thomas Hobbes
231 Rudel, Die Entwicklung der marxistischen Staatstheorie in der Bundesrepublik Deutschland
232 Schöfer, Berufsausbildung und Gewerbepolitik
233 Schubert, Politik in der 'Technokratie'
234 Weber, Soziologie des Betriebsrates
235 Widmaier, Partizipation und kommunale Psychiatrie
236 Gottschalch, Bedürfnisse und Motive der Produzenten
237 Hörburger, Judenvertreibung im Spätmittelalter
238 Keim, Stadtstruktur und alltägliche Gewalt
239 Dirrheimer, Marktkonzentration und Wettbewerbsverhalten von Unternehmen

Campus Verlag · Myliusstraße 15 · 6000 Frankfurt 1

Reihe Campus Forschung

240 Steininger-Fetzer, Investitionslenkung als Konzeption zur Steuerung wirtschaftlicher Strukturen
241 Frank, Rentenanwartschaften in der Bundesrepublik
242 Recker, Die Großstadt als Wohn- und Lebensbereich im Nationalsozialismus
243 Ernst u.a., Meeresverschmutzung und Meeresschutz
244 Hegemann, Identität und Selbstzerstörung
245 Jacoby, Wissen und Reichtum
246 Karmaus, Bewältigung von arbeitsbezogenen Belastungen und Beschwerden
247 Koeppinghoff, Einkommenssicherung von Frauen im Alter
248 Köpper, Gewerkschaften und Sozialismus
249 Leitner, Lebenslauf und Identität
250 Meyer, Ressourcenumverteilung zugunsten von Problemregionen
251 Osterwald, Die Entstehung des Stabilitätsgesetzes
252 Rang, Pädagogische Geschichtsschreibung in der DDR
253 Schütte, die Einübung des juristischen Denkens
254 Schiek, Rückeroberung der Subjektivität
255 Schöttler, Die Entstehung der 'Bourses du Travail'
256 Zimmermann-Buhr, Die katholische Kirche und der Nationalsozialismus in den Jahren 1930–1933
257 Wilson, Das Institut für Sozialforschung und seine Faschismusanalysen
258 Zurhorst, Gestörte Subjektivität
259 Hermanns u.a., Integrierte Hochschulmodelle
260 Bachmayer, Der Wert, die Zeichen, die Maschine
261 Weinzen, Gewerkschaften und Sozialismus
262 Krämer-Friedrich, Technik, Natur, Gesellschaft
263 Hein, Der Künstler als Sozialtherapeut
264 Ewert, Die problematische Kritik der Ideologie
265 Grabsch, Identität und Tod
266 Seidelmann, Die Entspannungspolitik der BRD
267 Hoppe u.a., Berufsbildung
268 Boehm u.a., Rationalisierung der Büroarbeit und kaufmännische Berufsausbildung
269 Drechsel u.a., Didaktik beruflichen Lernens
270 Boehm, Technische Entwicklung, Arbeitsteilung und berufliche Bildung
271 Gerds u.a., Jugendliche ohne Ausbildungsvertrag
272 Kortmann, Verknüpfung und Ableitung personen- und haushaltbezogener Mikrodaten
273 Weigend, Lohndynamik und Arbeitsmarktstruktur
274 Vogt, Apartheid und Unterentwicklung
275 Crusius/Wilke, Einheitsgewerkschaft und Berufspolitik
276 Crusius, Berufsbildungs- und Jugendpolitik der Gewerkschaft
277 Schäfer/Hüttner, Regionalisierte ökonometrische Prognosesysteme
278 Forneck, Alltagsbewußtsein und Erwachsenenbildung
279 Held, Sozialdemokratie und Keynesianismus
280 Lahmer, Lorenz von Stein
281 Mantler, Partizipatorische Stadtentwicklungspolitik
282 Malsch u.a., Organisation und Planung der industriellen Instandhaltung
283 Tacke, Stagnation der Industrie – Krise der Region?
284 Wörmann, der Osthandel der Bundesrepublik
285 Heijl, Sozialwissenschaft als Theorie selbstreferentieller Systeme

Campus Verlag · Myliusstraße 15 · 6000 Frankfurt 1

Reihe Campus Forschung

286 Streiffeler, Sozialpsychologie des Neokolonialismus
287 Schneider, Analytische Arbeitsbewertung
288 Holling/Bammé, Die Alltagswirklichkeit des Berufsschullehrers
290 Greinert/Jungk, Berufliche Grundbildung
291 Hoppe u.a., Technikentwicklung, Berufsausbildung und Lehrerbildung im Metallbereich
292 Wagner, Campesinokinder in Peru
293 Meißner/Uhle-Fassing, Weiche Modelle und iterative Schätzung
295 Klein, Der deutsche Zionismus und die Araber Palästinas
296 Breger, Die Natur als arbeitende Maschine
297 Kaestner, Die politische Theorie August Thalheimers
298 Eser, Die politische Kontrolle der Multinationalen Unternehmen
299 Meyer-Krahmer u.a., Innovationsförderung bei kleinen und mittleren Unternehmen
300 Weigelt, Chaos als Chance
301 Treu, Die Interessenvertretung von Angestellten
302 Rosner, Arbeit und Reichtum
303 Park/Yu, Chinas Integration in die Weltwirtschaft
304 Schicha, Angst vor Freiheit und Risiko
305 Piper, Der Stadtplan als Grundriß der Gesellschaft
306 Herlyn u.a., Stadt im Wandel
307 Leitner, Gastarbeiter in der städtischen Gesellschaft
308 Vogel, Gesellschaftliche Subjektivitätsformen
309 Helberger/Rolf, Die Gleichstellung von Mann und Frau in der Alterssicherung
310 Friedmann/Weimer, Arbeitnehmer zwischen Erwerbstätigkeit und Ruhestand
311 Bennholdt-Thomsen, Bauern in Mexiko
312 Schneider/Dennerlein, Mikrosimulation im Gesundheitswesen
313 List, Alltagsrationalität und soziologischer Diskurs
314 Lippe, Gewerkschaftliche Frauenarbeit
315 Treutner, Planende Verwaltung zwischen Recht und Bürgern
317 Roemfeld, Minorisierung als Herrschaftssicherung
318 Scibel, Regierbarkeit und Verwaltungswissenschaft
319 Gröbl, Geltung und Gegenstand
320 Huber, Betriebliche Sozialplanung und Partizipation in der UdSSR
321 Münch, Jugendberatungsstelle zwischen Anspruch und Anpassung
322 Witzel, Verfahren der qualitativen Sozialforschung
323 Böhm, Verinnerlichung des Anderen
324 Horch, Strukturbesonderheiten freiwilliger Vereinigungen
326 Albrecht, Hermann Hellers Staats- und Demokratieauffassung
327 Hergrüter, Therapie in der Gemeinschaft
328 Raeithel, Tätigkeit, Arbeit und Praxis
330 v. Neumann-Cosel, Verfahren zur Lösung von Problemen mit mehrfacher Zielsetzung
331 v. Rabenau, Einkommensverteilung in Entwicklungsländern
332 Elwert, Bauern und Staat in Westafrika
333 Reich/Stahmer, Gesamtwirtschaftliche Wohlfahrtsmessung und Umweltqualität
334 Janssen/Richter, Arbeitsbedingungen der Bauarbeiter
335 Armanski, Rationalisierung
336 Fischer u.a., Arbeitsstrukturierung und Organisationswandel in der Bekleidungsindustrie
337 Klages/Herbert, Wertorientierung und Staatsbezug
338 Schultz-Wild, Flexible Fertigungssysteme

Campus Verlag · Myliusstraße 15 · 6000 Frankfurt 1